國家古籍整理出版專項經費資助項目

清·傅山 著
尹協理 主編

傅山全書

第七册

山西出版傳媒集團
山西人民出版社

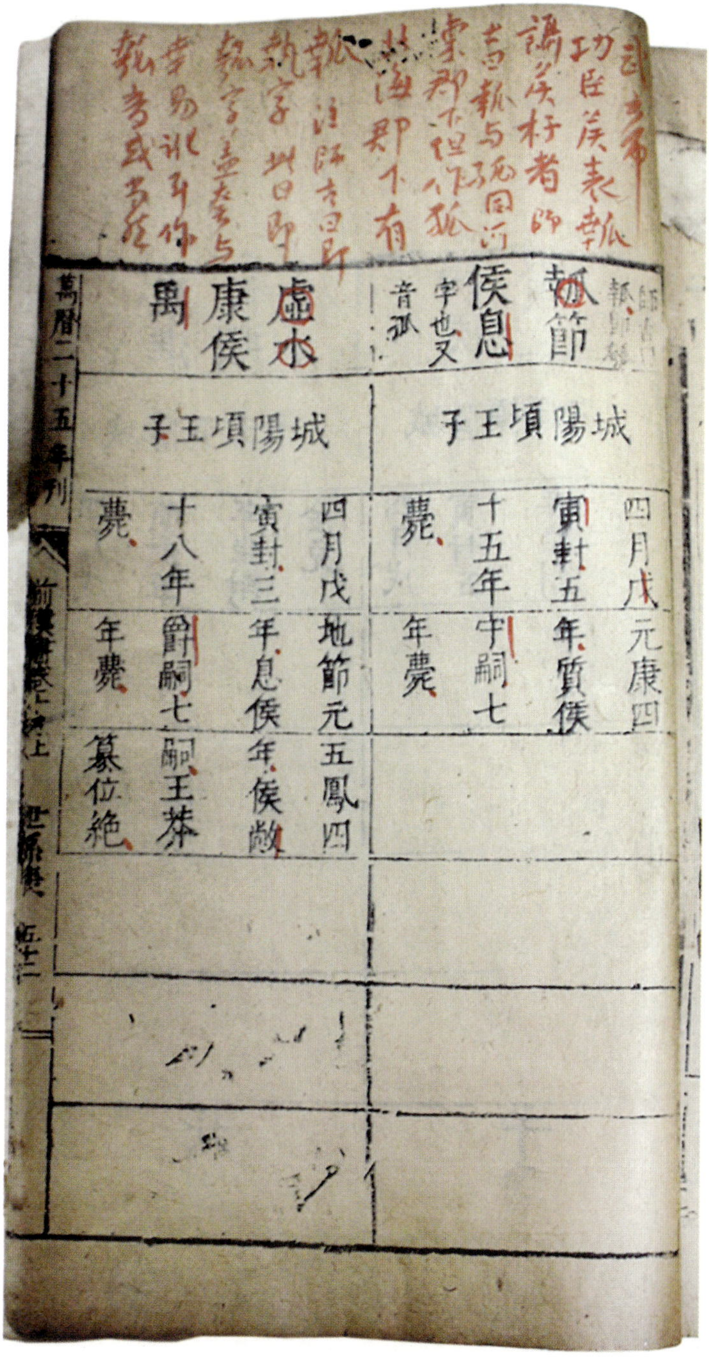

傅山漢書批注手稿（山西博物院藏）

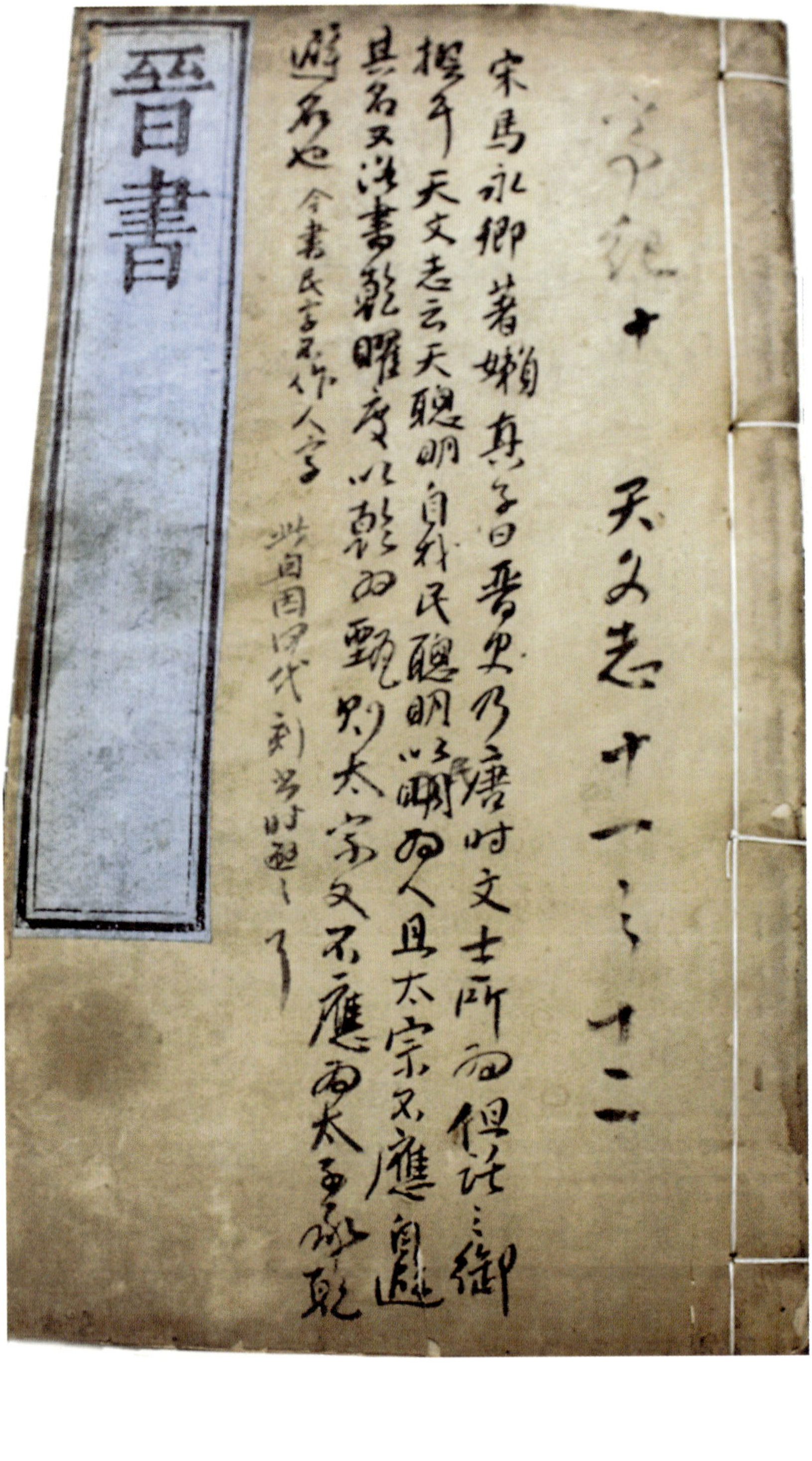

傅山晉書批注手稿（山西博物院藏）

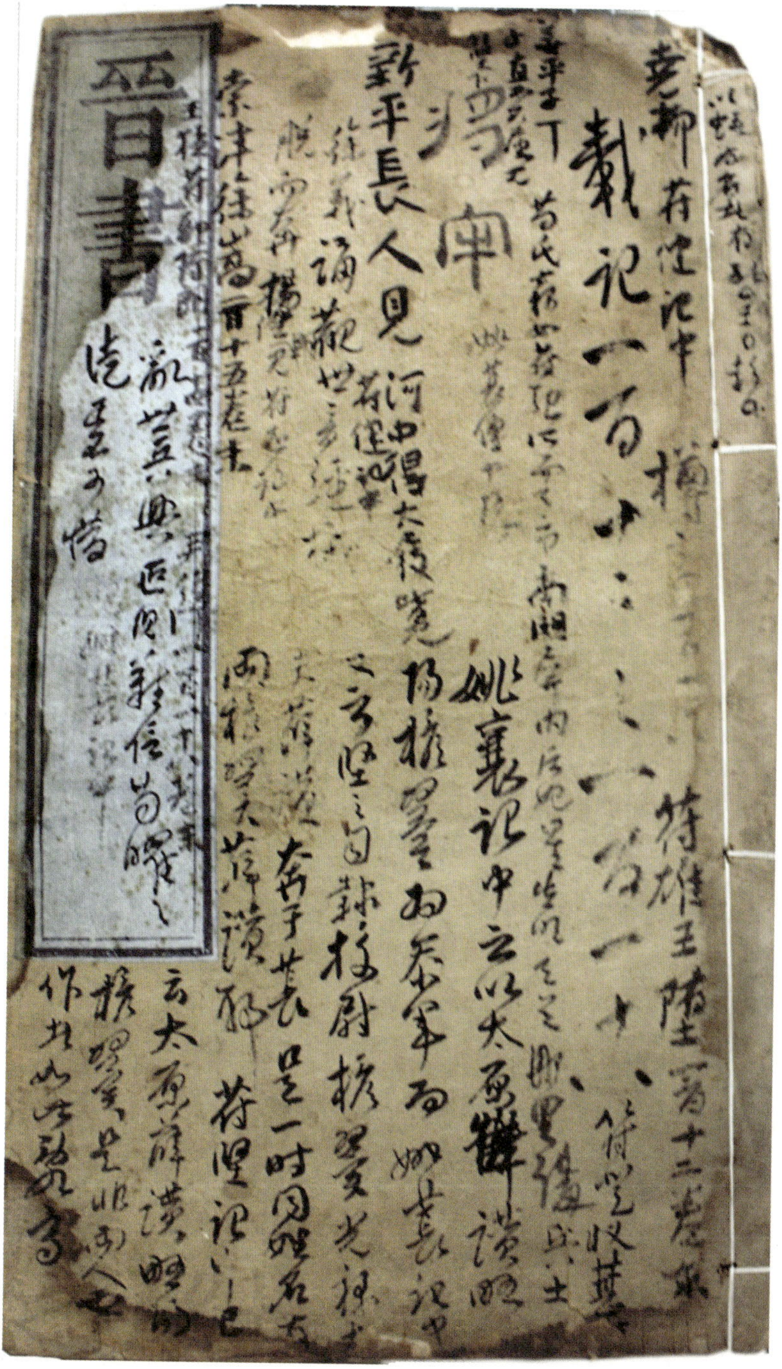
晉書
載記一百
姚襄記中云以太原
劉平長人見

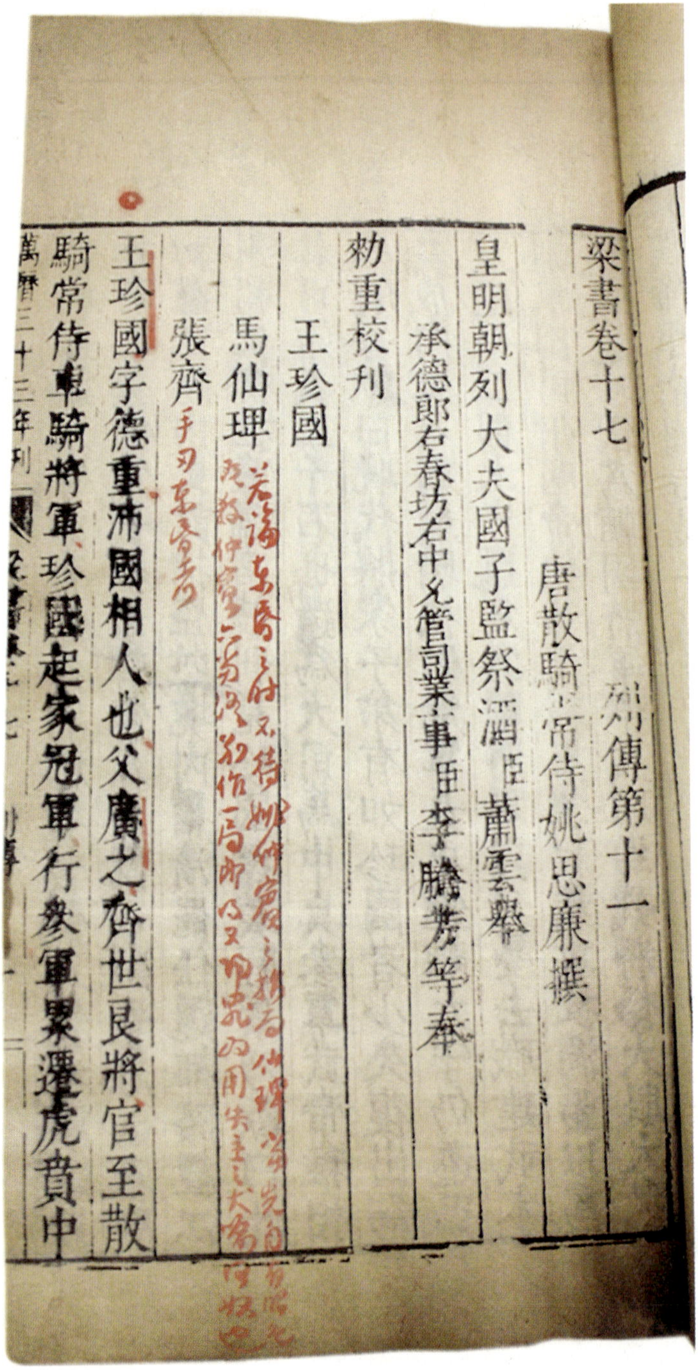
梁書卷十七
列傳第十一
唐散騎常侍姚思廉撰
皇明朝列大夫國子監祭酒臣蕭雲舉
承德郎右春坊右中允管司業事臣李騰芳等奉
勅重校刊
王珍國
馬仙琕
張齊 手刃東昏者
王珍國字德重沛國相人也父廣之齊世良將官至散
騎常侍車騎將軍珍國起家冠軍行參軍累遷虎賁中
萬曆三十三年刊

傅山梁書批注手稿（山西博物院藏）

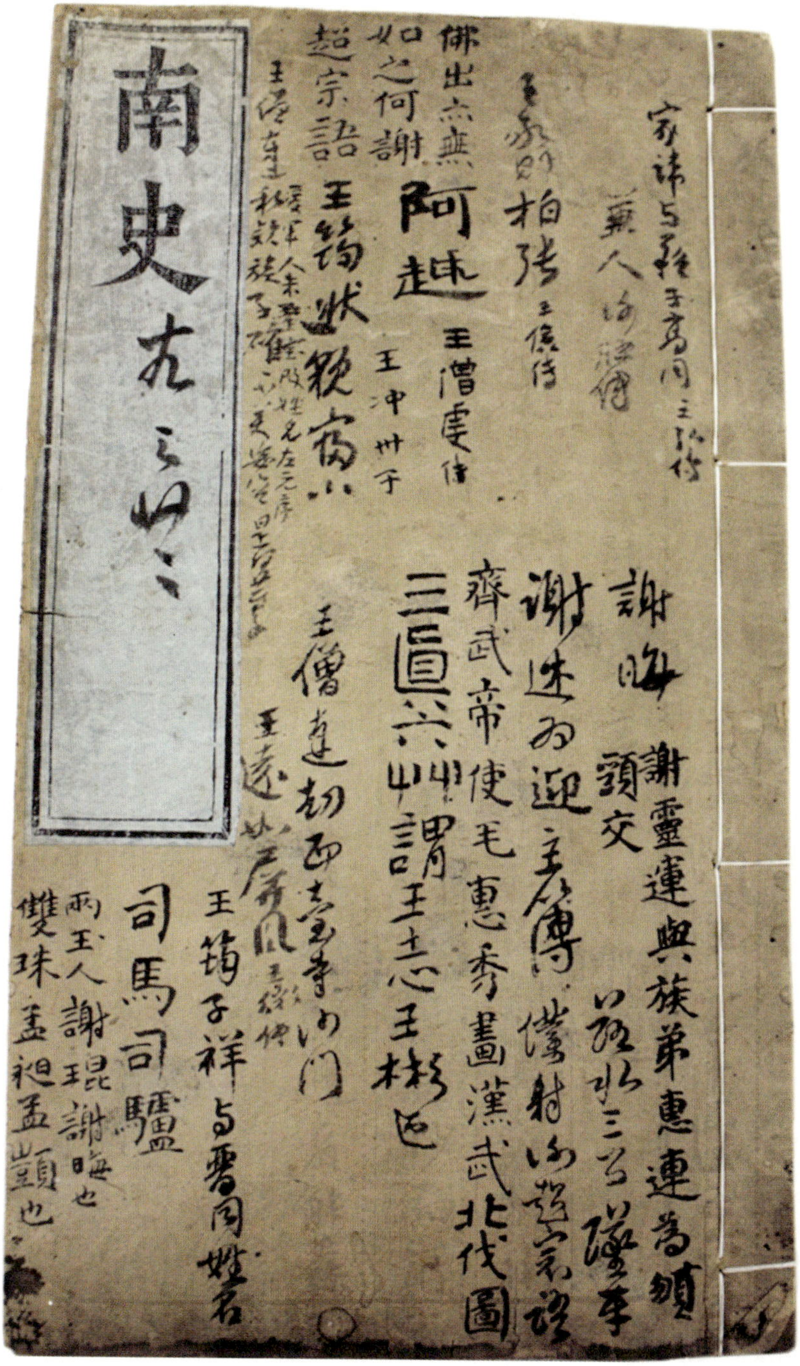

傅山南史批注手稿（山西博物院藏）

詣尚書令沈約面試之因戲昇曰卿年少何乃不
逡巡未達其旨約乃曰天下唯有文義棊書卿一
去可謂不廉也尋上書言建康宜置獄司比廷尉
尚書詳議從之舊制年二十五方得釋褐時昇適
一特敕擢爲揚州議曹從事史尋有詔求異能之
經博士明山賓表薦昇年時尚少德備老成在獨
逸之想處闇有對賓之色器宇弘深神表峰峻金
丈縁陟未登玉海千尋窺映不測加以珪璋新琢
初搆觸響鏗鏘遇采便發觀其信行非唯十室所
使負重遙途必有千里之用武帝召見說孝經

第七册 目錄

卷八十七　漢書批注（中）……四三

卷八十九　後漢書批注（上）……一〇一

卷九十五　梁書批注(下)

卷八十五　史記列傳批注（殘本）〔一〕

封面墨筆批：「列傳五二：平津侯公孫弘。主父偃。徐樂。嚴安。五三：南越尉陀。智慮殖。蒼梧趙光。五四：東越。五五：朝鮮。五六：西南夷。五七：司馬相如，聞雅甚都。五八：淮南厲王。淮南王安。衡山王賜。五九：循吏。」

卷五十二　平津侯主父列傳

「徐樂曰：臣聞天下之患，在於土崩，不在於瓦解，古今一也。」硃筆眉批：「土崩。瓦解。」
「故諸侯無境外之助，此之謂瓦解。」硃筆眉批：「瓦解。」
「不安故易動，易動者，土崩之勢也。」硃筆眉批：「土崩。」

卷五十三　南越尉佗列傳

題下硃批：「連讀南越、閩越、朝鮮三傳，皆有楊僕，不知其人將略何如，而數數與此辟土服

〔一〕此篇錄自上海圖書館藏批注手稿。底本史記列傳存卷五十二至五十九，明鍾人傑輯評本。其中卷五十二至五十五，有傳山批注。由張文穎釋文整理。

遠之事，亦奇遇也。封將梁侯，只以『先陷南越之尋陜，破石門』一功，餘别無戰業可見。後攻番隅擇便處，失之於伏波。後攻朝鮮之王險，又欲獨有招降之功而失之於荀彘。」

「南越王尉佗者，眞定人也，姓趙氏。」墨筆眉批：「趙佗。」

「至二世時，南海尉任囂病且死。」墨筆眉批：「任囂。」

「召龍川令趙佗語曰：聞陳勝等作亂，秦爲無道，天下苦之，項羽、劉季、陳勝、吳廣等州郡各共興軍聚衆，虎爭天下。」墨筆眉批：「陳勝。項羽。劉季。吳廣。」

「卽被佗書，行南海尉事。囂死，佗卽移檄」云云。硃筆眉批：「檄。」

「漢十一年，遣陸賈因立佗爲南越王」云云。墨筆眉批：「陸賈。」

「高后時，有司請禁南越關市鐵器。」墨筆眉批：「高后。」

「高后遣將軍隆慮侯竈往擊之。」墨筆眉批：「隆慮周竈。」

「佗因此以兵威邊，財物賂遺閩越、西甌、駱，役屬焉，東西萬餘里。」墨筆眉批：「賂遺閩越、西甌、駱。」

「詔丞相陳平等舉可使南越者，平言好時陸賈」云云。墨筆眉批：「陳平。陸賈。」

「陸賈至南越，王甚恐，爲書謝，稱曰：蠻夷大長老夫臣佗」云云。硃筆眉批：「老夫。」

「老臣妄竊帝號，聊以自娛，豈敢以聞天王哉！」硃筆眉批：「妄竊帝號，聊以自娛。」

「然南越其居國竊如故號名，其使天子，稱王朝命如諸侯。至建元四年卒。」墨筆旁批：「武帝第四年。」硃筆眉批：「建元四年。」

「佗孫胡爲南越王。」墨筆眉批：「趙胡。不見佗之子爲誰。」

「此時閩越王郢興兵擊南越邊邑。」墨筆眉批：「閩越。郢。」

「兵未踰嶺，閩越王弟餘善殺郢以降，於是罷兵。」墨筆眉批：「餘善。」

「天子使莊助往諭意南越王，胡頓首曰」云云。墨筆眉批：「莊助。趙胡。」

「遣太子嬰齊入宿衛。」墨筆眉批：「趙嬰齊。」

「嬰齊其入宿衛在長安時，取邯鄲樛氏女，生子興。」墨筆眉批：「樛氏女。」「趙興。」

「遣子次公入宿衛。」墨筆眉批：「趙次公。」

「太后自未爲嬰齊姬時，嘗與霸陵人安國少季通。」墨筆眉批：「安國少季。」

「及嬰齊薨后，元鼎四年，漢使安國少季往諭王、王太后以入朝。」墨筆旁批：「必欲如此牽扯，令來朝何意？」

「令辯士諫大夫終軍等宣其辭，勇士魏臣等輔其缺，衛尉路博德將兵屯桂陽，待使者。」墨筆眉批：「終軍。魏臣。路博德。」

「於是天子許之，賜其丞相呂嘉銀印。」墨筆眉批：「呂嘉。」

「及蒼梧秦王有連。」墨筆眉批：「蒼梧秦王。」

「王、王太后亦恐嘉等先事發，乃置酒，介漢使者權。」注：「介者，因也，欲因使者權，誅呂嘉也。」「謀誅嘉等。」墨筆眉批：「『權』字似當連下『謀』字一氣讀下。」

「欲使莊參以二千人往使。」墨筆眉批：「莊參。」

「郟壯士故濟北相韓千秋奮曰」云云。墨筆眉批：「韓千秋。」

「於是天子遣千秋與王太后弟樛樂將二千人往，入越境。」墨筆眉批：「樛樂。」

「乃與其弟將卒攻殺王、太后及漢使者。」墨筆旁批：「就本國論，殺之良矣。」

「立明王長男越妻子術陽侯建德爲王。」墨筆眉批：「越妻子趙建德。」

「封其子延年爲成安侯。」墨筆眉批：「韓延年。」

「封其子廣德爲龍亢侯。」墨筆眉批：「樛廣德。」

「元鼎五年秋。」硃筆眉批：「元鼎五年。」又墨筆眉批：「武帝廿九年。」

「衞尉路博德爲伏波將軍。」墨筆眉批：「路博德。伏波。」

「主爵都尉楊僕爲樓船將軍。」墨筆眉批：「楊僕。樓船。」

「使馳義侯因巴蜀罪人，發夜郎兵。」墨筆眉批：「馳義侯遺。」

「元鼎六年冬。」墨筆旁批：「武帝卅年。」硃筆眉批：「元鼎六年。」

「樓船將軍。」墨筆旁批：「僕。」

「將精卒，先陷尋陜，破石門。」硃筆旁批：「此贊中所謂陷堅得封侯者。」

「以數萬人待伏波。」墨筆旁批：「博德。」

「建德、嘉皆城守。」「建德」旁墨筆批：「趙。」「嘉」旁墨筆批：「呂。」

「樓船自擇便處。」「樓船」旁墨筆批：「僕。」

「伏波居西北面。」「伏波」旁墨筆批：「博德。」

「會暮，樓船攻敗越人。」「樓船」旁墨筆批：「僕。」

「越素聞伏波名。」「伏波」旁墨筆批：「博德。」

「樓船力攻燒敵。」「樓船」旁墨筆批：「僕。」

「城中皆降伏波。」硃筆眉批：「皆降伏波。」

「以其故校尉司馬蘇弘得建德。」墨筆眉批：「蘇弘。」

「越郎都稽得嘉。」墨筆眉批：「都稽。」

「蒼梧王趙光者，越王同姓，聞漢兵至，及越揭陽令定自定屬漢；越桂林監居翁諭甌駱屬漢，皆得爲侯。」墨筆眉批：「趙光。定。居翁。」

「遂爲九郡。伏波將軍益封。」墨筆於「伏波」旁批：「博德。」

「樓船將軍兵以陷堅爲將梁侯。」墨筆於「樓船」旁批：「僕。」硃筆於「陷堅」旁批：「陷尋陝，破石門。」

「伏波困窮，智慮愈殖，因禍爲福。成敗之轉，譬若糾墨。」墨筆眉批：「因困窮而智慮殖。『糾墨』兩字亦須解透。」

卷末墨筆批：「海常侯蘇弘。臨蔡侯都稽。將梁侯楊僕。趙光、揭陽令定、桂林監居翁，皆得爲侯，不云何侯也。」

卷五十四　東越列傳

「閩越王無諸及越東海王搖者」云云。墨筆眉批：「無諸。搖。」

「秦已并天下，皆廢爲君長，以其地爲閩中郡。」墨筆於「閩中」旁批：「秦郡。」

「無諸、搖率越歸鄱陽令吳芮。」墨筆旁批：「便不如老陀本領。」墨筆眉批：「吳芮。」

「項籍主命，弗王。」墨筆旁批：「既從滅秦，亦當與王。」墨筆眉批：「項籍。」

「王閩中故地，都東冶。」硃筆眉批：「東冶。」墨筆旁批：「此時如何不及搖？」

「乃立搖爲東海王，都東甌。」硃筆眉批：「東甌。」

「後數世，至孝景三年，吳王濞反。」墨筆眉批：「濞。」

「欲從閩越。」墨筆旁批：「欲從，是欲閩越從也。」

「閩越未肯行。」墨筆旁批：「不從。」

「吳王子子駒亡走閩越。」墨筆眉批：「子駒。」

「常勸閩越擊東甌。」墨筆旁批：「此是子駒之情同子胥處。」

「天子問太尉田蚡。」墨筆眉批：「田蚡。」

「蚡對曰：越人相攻擊，固其常，又數反覆，不足以煩中國往救也。自秦時棄弗屬。」硃筆旁批：「若得此文，則必以『自秦時棄弗屬』句在『不足』句上。」

「於是中大夫莊助」云云。墨筆眉批：「莊助。」

「上曰：太尉未足與計。」墨筆旁批：「漢亦念殺吳王濞之事，不能不救。」

「吾初即位，不欲出虎符發兵郡國。乃遣莊助以節發兵會稽。」墨筆旁批：「有節無符。」

「會稽太守欲距不爲發兵。」墨筆旁批：「以其無符耶？」

「東甌請舉國徙中國，乃悉舉衆來，處江淮之間。」墨筆於「東甌」旁批：「搖。」又硃筆眉批：「東甌本處江淮間。」

「至建元六年。」墨筆旁批：「武帝第六年。」硃筆眉批：「建元六年。」

「上遣大行王恢出豫章，大農韓安國出會稽。」墨筆眉批：「王恢。韓安國。」

「兵未踰嶺，閩越王郢發兵距險。」硃筆於「郢」旁批：「郢是無諸之子耶。」又墨筆眉批：「郢。」

「皆曰善。即鏦殺王。」墨筆於「殺王」旁批：「殺郢訖。」

「使使奉其頭致大行。」硃筆於「大行」旁批：「恢。」又墨筆眉批：「餘善。」硃筆眉批：

「餘善在漢則爲知義，在郢終逆事矣。」

「今王頭至，謝罪，不戰而耘，利莫大焉。」墨筆眉批：「耘。」

「乃以便宜案兵告大農軍。」硃筆於「農軍」旁批：「安國。」

「詔罷兩將兵，曰：郢等首惡，獨無諸孫繇君丑不與謀焉。」墨筆眉批：「繇君丑。」

「因立餘善爲東越王，與繇王並處。」硃筆眉批：「立餘善爲東越王。」

「至元鼎五年。」墨筆旁批：「武帝廿九年。」硃筆眉批：「元鼎五年。」

「南越反，東越王餘善上書，請以卒八千人從樓船將軍擊呂嘉等。」墨筆於「樓船」旁批：「楊僕。」又墨筆眉批：「呂嘉。楊僕。」

「是時樓船將軍楊僕使使上書，願便引兵擊東越。」墨筆於「東越」旁批：「餘善。」

「號將軍騶力等爲吞漢將軍，入白沙、武林、梅嶺，殺漢三校尉。是時漢使大農張成、故山州侯齒將屯，弗敢擊。」墨筆眉批：「騶力。張成。齒。」

「天子遣橫海將軍韓說出句章。」「樓船將軍楊僕出武林，中尉王温舒出梅嶺，越侯爲戈船、下瀨將軍，出若邪、白沙。」墨筆眉批：「韓說。王温舒。越侯。」

「元封元年。」墨筆旁批：「武帝第卅一年。」硃筆眉批：「元封元年。」

「樓船將軍率錢唐轅絡古斬徇北將軍，爲禦兒侯。」墨筆眉批：「轅絡古。」又墨筆於「爲」字旁批：「『爲』字何說？」

「故越衍侯吳陽前在漢。」墨筆眉批：「吳陽。」

「及橫海將軍先至，越衍侯吳陽以其邑七百人反，攻越軍於漢陽，從建成侯敖，與其率，從繇王居股謀曰：『餘善首惡，劫守吾屬。今漢兵至，衆彊，計殺餘善，自歸諸將，儻幸得脫。』乃遂俱殺餘善。」硃筆於「横海將軍」旁批：「説。」又墨筆眉批：「建成侯敖。居股。」又硃筆眉批：「餘善殺其兄郢，繇王居股殺餘善，天報也。」

「以其衆降横海將軍。」墨筆旁批：「説。」

「封横海校尉福爲繚嫈侯。」又墨筆眉批：「福。」

「東越將多軍，漢兵至，棄其軍降，封爲無錫侯。」墨筆眉批：「多軍。」又硃筆眉批：「多軍爲吳錫侯。」

「於是天子曰東越狹多阻，閩越悍，數反覆，詔軍吏皆將其民徙處江淮間。東越地遂虚。」墨筆尾批：「難説東越爲丘墟耶！」

卷末原注：「羅洪先曰：莊助言辭剴切，天子竟遣助發兵，得御夷之體。助兵未至，而閩越引兵去，東甌卒舉國徙中國。助亦有見哉！」硃筆尾批：「念庵何爲有此常言？」

卷末墨筆批：「東成侯居股。按道侯韓説。開陵侯敖。繚嫈侯劉福。北石侯吳陽。無錫侯多軍。郢被餘善殺，餘善又被吳陽居股殺。」

卷五十五　朝鮮列傳

「朝鮮王滿者，故燕人也。」墨筆眉批：「滿。」

「自始全燕時，嘗略屬眞番、朝鮮。」「眞番」下原注：「始全燕時，謂六國燕方全盛之時，嘗略二國以屬己也。」墨筆旁批：「此注當列在『朝鮮』下，謂眞番、朝鮮爲二。」

「燕王盧綰反，入匈奴。」墨筆眉批：「盧綰。」

「會孝惠、高后時，天下初定，遼東太守卽約滿爲外臣。」硃筆眉批：「外臣。」

「傳子至孫右渠。」墨筆眉批：「右渠。」

「元封二年，漢使涉何誘諭右渠，終不肯奉詔。」墨筆眉批：「涉何。」

「何去至界上，臨浿水，使御刺殺送何者朝鮮裨王長。」原注：「卽送何之御也。」硃筆旁批：「『御』卽何之左右耳，何必曰『卽送何之御也』？」又硃筆旁批：「裨王長是朝鮮使送何者。」又墨筆眉批：「裨王長。」

「卽渡，馳入塞，遂歸報天子曰：殺朝鮮將。」硃筆旁批：「奴才該死！」

「朝鮮怨何，發兵襲攻殺何。」硃筆於「襲攻殺何」旁批：「該！此屈本在何。」並墨筆眉批：「涉何此舉奴才樣，自然該教朝鮮人殺！」

「其秋，遣樓船將軍楊僕從齊浮渤海，兵五萬人。左將軍荀彘出遼東，討右渠。」墨筆眉批：「楊僕。荀彘。」

「左將軍卒正多率遼東兵先縱，敗散，多還走，坐法斬。」墨筆於「左將軍」旁批：「荀彘。」又硃筆於「坐法斬」旁批：「斬卒正也。」

「天子爲兩將未有利，乃使衛山因兵威往諭右渠。」墨筆眉批：「衛山。」

「使者及左將軍疑其爲變。」硃筆旁批：「此是使者無膽識。」

「謂太子已服降，宜命人毋持兵。太子亦疑使者左將軍詐殺之。」硃筆於「太子」旁批：「兩家怕。」

「左將軍破浿水上軍。」硃筆於「左將軍」旁批：「荀。」

「左將軍素侍中。」硃筆旁批：「荀。」

「其先與右渠戰，困辱亡卒，卒皆恐，將心慙，其圍右渠，常持和節。左將軍急擊之」云云。硃筆於「左將軍」旁批：「荀。」又硃筆眉批：「元封二年。」

「左將軍數與樓船期戰，樓船欲急就其約。」硃筆於「左將軍」旁批：「荀。」又硃筆於「就其約」旁批：「私意如此。」

「左將軍心意樓船前有失軍罪，今與朝鮮私善而又不降，疑其有反計。」硃筆旁批：「也錯疑了些。」並眉批：「荀彘左疑楊僕。」

「使濟南太守公孫遂往征之，有便宜得以從事。」硃筆眉批：「公孫遂。」又硃筆於「有便」句旁批：「此卽執捕樓船之由。」

「言樓船數期不會，具以素所意告遂。」硃筆旁批：「也足令遂聽從。」

「卽命左將軍麾下執捕樓船將軍，并其軍。」硃筆旁批：「此亦莽幹。」

「左將軍已并兩軍，卽急擊朝鮮。」硃筆旁批：「并軍後得意。」

「朝鮮相路人、相韓陰、尼谿相參、將軍王唊」云云。硃筆於「路人」旁批：「先降。」於「韓陰」旁批：「先降。」於「王唊」旁批：「先降。」原注：「凡五人也。」硃筆眉批：「注列前路人以下爲五人，是以『尼谿』爲一人名也。下云『尼谿相參殺右渠』，而後列封但有『參爲澅清』，無尼谿之名，是『尼谿相參』直一人耳。」

「元封三年夏。」硃筆眉批：「元封三年。」

「王險城未下。」硃筆旁批：「王已殺訖，而王險城未下。」

「故右渠之大臣成巳又反，復攻吏。」硃筆旁批：「此亦忠義之不可沒者。」又硃筆眉批：「成巳。」

「左將軍徵至，坐爭功相嫉，乖計，棄市。樓船將軍亦坐兵至列口，當待左將軍，擅先縱，失亡多，當誅，贖爲庶人。」硃筆旁批：「其實彘不獨嫉僕，僕亦嫉彘，但擅執捕僕是其罪耳。然旣執僕，後攻益急，亦能使陰㕣等先降，必畢使參殺右渠，又能使長最等告論誅成巳而定四郡，不爲無功；獨坐『相嫉，乖計』死，不無失利。」

篇末硃筆批：「楊僕攻番在元鼎五年，此在元封三年。」又墨筆批：「元鼎六年、元封六年，此相去共三年。」

卷八十六　漢書批注〔一〕（上）

叙例

「文穎，字叔良，南陽人，後漢末荆州從事，魏建安中爲甘陵府丞。」墨筆尾批：「王粲贈叔良詩有『聘西隣』、『伊思梁岷』〔二〕、『瞻彼墨水』諸句，不知所謂『西隣』者何謂？所用皆蜀地面事。」

目録

卷四：「文帝恒。」題下墨筆批：「元年十六年，後元七年，共廿三年。」

卷五：「景帝啓。」題下墨筆批：「元年七年，中元六年，後元三年，共十六年。」

卷六：「武帝徹。」題下墨筆批：「建元六年，元光六年，元朔六年，元狩六年，元鼎六年，元封六年，太初四年，天漢四年，太始四年，征和四年，後元二年，共五十四年。」

卷七：「昭帝弗陵。」題下墨筆批：「始元六年，元鳳六年，元平一年，凡十二年。」

〔一〕此篇據山西博物院藏批點手稿整理，批點底本爲明萬曆二十五年刊本。卷一至十九由白春娥釋文，卷二十至二十七中之下由張淑榮釋文，卷四十四至五十一由張治平釋文，其他由吳連城釋文，重復書中詞句的批語未録。全文由李鳳琴校補。

〔二〕「岷」，傅山全書初版本誤作「眠」，據手稿改。

卷八：「宣帝詢。」題下墨筆批：「本始三年，〔一〕地節四年，元康四年，神爵四年，五鳳四年，甘露四年，黃龍一年，凡廿四年。」

卷九：「元帝奭。」題下墨筆批：「初元五年，永光五年，建昭五年，竟寧一年，凡十六年。」

卷十：「成帝驁。」題下墨筆批：「建始四年，河平三年，〔二〕陽朔四年，鴻嘉四年，永始四年，元延四年，綏和一年，〔三〕凡廿五年。」

卷十一：「哀帝欣。」題下墨筆批：「建平三年，〔四〕元壽二年，凡五年。」〔五〕

卷十二：「平帝衎。」題下墨筆批：「元始五年。」

卷一上

「高祖嘗告歸之田，呂后與兩子居田中，有一老父過，請飲，呂后因餔之。」墨筆眉批：「『過』字不音。」

「因曰：沛公不先破關中兵，公巨能入乎？」墨筆眉批：「巨、詎同。」〔六〕

「五月，漢王屯滎陽，蕭何發關中老弱未傅者悉詣軍。」注：「孟康曰：古者二十而傅。」硃筆

〔一〕「三年」，當爲「四年」。

〔二〕「三年」，當爲「四年」。

〔三〕「一年」，當爲「二年」。

〔四〕「三年」，當爲「四年」。

〔五〕建平中尚有太初元將一年，哀帝凡七年。

〔六〕此條，傅山全書初版本脫，據批點手稿補。

眉批：「景帝二年，又令男子二十始傅。」

卷一下

「軍吏卒會赦，其亡罪而亡爵及不滿大夫者，皆賜爵爲大夫。」注：「劉攽曰：予謂有罪者會赦，免罪而已，不得賜爵也。」墨筆旁批：「然『皆』字似連上文來。」

「其七大夫以上，皆令食邑。」墨筆眉批：「七大夫以上皆食邑，不知當食多少。」

「非七大夫以下，皆復其身及戶，勿事。」墨筆眉批：「非七大夫以下，皆復其身及戶，勿事，免差徭者多矣。」

「太公曰：『帝，人主，奈何以我亂天下法！』於是上心善家令言，賜黃金五百斤。」注：「師古曰：晉太子庶子劉寶云：善其發悟己心，因得尊崇父號，非善其令父敬己。」墨筆眉批：「劉說好文飾。」

「上奉玉卮爲太上皇壽，曰：始大人常以臣亡賴，不能治產業，不如仲力。今某之業所就孰與仲多？」墨筆眉批：「家庭之言。」

二月，詔曰：「欲省賦甚。今獻未有程，吏或多賦以爲獻，而諸侯王尤多，民疾之。令諸侯王、通侯常以十月朝獻，及郡各以其口數，率人歲六十三錢，以給獻費。」墨筆眉批：「每人一歲限錢六十三文，不知何故如此定數。」

卷二

「二年冬十月，齊悼惠王來朝，獻城陽郡以益魯元公主邑，尊公主爲太后。春正月癸酉，有兩龍見蘭陵家人井中。」硃筆眉批：「此紀何爲先十月而後正月耶？仍用秦法故爾。」

卷三

「二月，賜民爵，户一級。初置孝弟力田二千石者一人。」墨筆眉批：「賜民爵，户一級，無注。」

「章已殺産，帝令謁者持節勞章。章欲奪節，謁者不肯。章迺從與載。」墨筆眉批：「史記作『章剛從與載』。」

卷四

「高祖十一年，誅陳豨，定代地，立子恒爲代王，都中都。」墨筆眉批：「中都在太原郡。」

「朕初卽位，其赦天下，賜民爵一級，女子百户牛酒，酺五日。」注：「蘇林曰：男賜爵，女子賜牛酒。師古曰：賜爵者，謂一家之長得之也。」墨筆眉批：「賜民爵一級，解都不明。」

「因立皇太子武爲代王，參爲太原王，揖爲梁王。」末句旁墨筆批：「史記作『勝爲梁王』。」

「作顧成廟。」注：「如淳曰：身存而爲廟，若尚書之顧命也。景帝廟號德陽，武帝廟號龍淵，昭帝廟號徘徊，宣帝廟號樂游，元帝廟號長壽，成帝廟號陽池。」墨筆眉批：「六廟之名不知何謂。」

「朕卽不敏，常畏過行，以羞先帝之遺德；惟年之久長，懼于不終。今乃幸以天年，得復供養于高廟，朕不明與嘉之，其奚哀念之有！」注：「晉灼曰：若以朕不明，當嘉善朕之儉約，何哀念之有也？師古曰：與，讀曰歟，音弋於反。」墨筆眉批：「『朕之不明與嘉之』文義，自『得供養高廟』來，句義不盡而言有餘。晉灼可謂一竅不通之人，而輒好臆爲解書。」又「朕之不明與嘉之」旁墨筆批：「『與』字亦不必作平聲讀。」

「無禁取婦、嫁女、祠祀飲酒食肉。自當給喪事服臨者，皆無踐。」墨筆眉批：「『自當』與下『皆』字連，想舊制給喪事服臨者皆踐，今不使踐也。」

「以下，服大紅十五日，小紅十四日，纖七日，釋服。」注：「應劭曰：凡三十六日而釋服矣。」墨筆眉批：「卅六日之制，以葬後論。」

卷五

「孝景皇帝。」硃筆旁批：「立十六年。」墨筆眉批：「景帝在位凡十六年，賜民爵者七次。」

「二年冬十二月，有星孛于西南。」硃筆眉批：「先書十二月，何也？」

「令天下男子年二十始傅。」硃筆眉批：「『傅』解，見高紀元年『發關中老弱未傅者』下。」

「今訾筭十以上迺得官，廉士算不必衆。」注：「應劭曰：限訾十算，迺得爲吏。十算十萬也。」墨筆眉批：「訾筭十以上乃得官，是料計其家資有十萬以上者許爲吏。」

卷六

卷六至十二之册封面墨筆批：「至于技巧、〔一〕工匠、器械，自元、成間鮮能及之，亦足以知吏稱其職，民安其業也。海丞、果丞並見。癸辛雜識論閏一條别于此册。」

「十二月，江都王非薨。春三月甲子，立皇后衛氏。」硃筆眉批：「先書十二月，後書三月。」〔二〕

「詩云：九變復貫，知言之選。」墨筆眉批：「引詩不注。」

「辛卯夜，若景光十有二明。易曰：先甲三日，後甲三日。」墨筆眉批：「後『著見景光』，即指此景光也。」

「春正月，行幸緱氏。詔曰：「朕用事華山，至於中嶽，獲駮麃，見夏后啓母石。」注：「事見淮南子。」墨筆眉批：「啓母石，以引淮南子。」〔三〕

「翌日親登嵩高，御史乘屬，在廟旁吏卒咸聞呼萬歲者三。登禮罔不答。」墨筆眉批：「後『肩然有聞』指此。」

「朕以眇身承至尊，兢兢焉惟德菲薄，〔四〕不明于禮樂，故用事八神。遭天地況施，著見景象，屑然如有聞。震于怪物，欲止不敢，遂登封泰山，至於梁父，然後升禮肅然。」〔五〕墨筆眉批：「著見景

〔一〕「至」，傅山全書初版本作「□」，據漢書宣帝紀補。
〔二〕此條，傅山全書初版本脱，據批點手稿補。
〔三〕此條，傅山全書初版本脱，據批點手稿補。
〔四〕此句，傅山全書初版本脱一「兢」字，據批點底本補。
〔五〕「泰山」，傅山全書初版本作「太山」，據批點底本改。

象，屑然如有聞，史記作若有象，景光屑如有望。」

「夏，朝鮮斬其王右渠降，以其地爲樂浪、臨屯、玄菟、眞番郡。」注：「臣瓚曰：茂陵書：臨屯郡治東暆縣，去長安六千一百三十八里。」墨筆眉批：「東暆縣。暆，東从日，此作月，當訛。」

卷七

「四年春正月丁亥，帝加元服。」注：「如淳曰：『元服，謂初冠加上服也。』師古曰：『如氏以爲衣服之服，此說非也。元，首也。冠者，首之所著，故曰元服。其下汲黯傳序云『上加元服』，是知謂冠爲元服。』」墨筆眉批：「孝昭用成王冠辭，見稗海博物志：成王冠，周公使祝雍曰：『辭達而勿多也。』祝雍曰：『近于民，遠于佞；近于義，嗇于時，惠于財，任賢使能。陛下摛顯先帝光耀，以奉皇天之嘉祿。欽順仲壹之言，曰遵竝大道，郊域康阜。萬國之休靈，始明元服。推遠童稚之幼志，弘積文武之就德，[一]肅勲高祖之清廟。六合之内，靡不蒙德，歲歲與天無極。』」

「三年以前逋更賦未入者，皆勿收。」注：「如淳曰：更有三品，有卒更，有踐更，有過更」云云。墨筆眉批：「翟方進傳注：張宴曰：『百人爲卒，取一人所贍，常爲之月用二千，使人直之，謂之過更。』與如淳似異。」

[一]「就」，傅山全書初版本脱，據手稿補。

卷八

「地節元年春正月」云云。墨筆眉批：「表，是年于定國爲廷尉。」

「四年春正月，詔曰：朕惟耆老之人，髮齒墮落，血氣衰微，亦亡暴虐之心，今或罹文法，拘執囹圄，不終天命，朕甚憐之。自今以來，諸年八十以上，非誣告殺傷人，佗皆勿坐。」墨筆眉批：「八十以上誣告與殺傷並坐者，正以其老而尚有暴虐之心也，可見誣告之罪，定當反坐矣。」

「冬十二月乙酉朔，日有蝕之。左馮翊韓延壽有罪，棄市。」墨筆尾批：「此死最不平，而于定國何云平也？」

「甘露元年春正月」云云。墨筆眉批：「表，是年田聽天爲廷尉，三年遷。」

卷九

「少而好儒，及即位，徵用儒生，委之以政。貢、薛、韋、匡，迭爲宰相。」注：「迭音大綞反。」硃筆眉批：「迭，大綞反。綞或謞。」又緊接硃筆批文以墨筆批：「去聲，如遞。」

卷十

「元延元年春正月己亥朔，日有蝕之。三月，行幸雍，祠五畤，夏四月丁酉，無雲有雷聲，光耀四面下至地，昏止，赦天下。」硃筆眉批：「翟方進傳，『闢門牡飛』，注：張晏曰：元延元年，章門、函谷門牡自亡。」

卷十二

「微天下通知逸經、古記、天文、曆算、鐘律、小學、史篇、方術、本草及以五經、論語、孝經、爾雅教授者，在所爲駕一封軺傳，遣詣京師。」墨筆眉批：「難説不是好擺調。」

本册封底墨筆批：「張忠，成紀，同宋人。」

卷十三

卷十三至十五上之册封面墨筆批：「今見，王子侯，安衆侯丹下書『今見』兩字。顔注：『作表時見爲侯也。』命恩，恩澤侯，張安世六世純下書『命恩』兩字，亦云是『今見』。襄嚵侯建旁小字：晉灼曰：『音内，言嚵莬。』猇節侯起旁小字：晉灼曰：『音内，言鷍。』」

卷十五上

「朱虚侯章。」〔一〕硃筆眉批：「地理志朱虚下不注侯國。」

「杒侯辟光。」墨筆眉批：「杒屬平原郡下不書侯國。」

「襄嚵侯建。」注：「晉灼曰：音内，言嚵莬。」硃筆眉批：「嚵，何義？」

「肻侯信。」墨筆眉批：「『肻』不成字。」

〔一〕「章」，傅山全書初版誤作「章」，據漢書中華書局標點本改。

「土軍侯郢客。」墨筆眉批：「字書有『⿱土軍』字，言如還，曰里名，不分作『土軍』讀也。」

「重侯擔。元鼎二年，坐不使人爲秋請免。」墨筆旁批：「『秋請』不解。」

「衆陵節侯賢。」墨筆眉批：「莽傳，泉陵侯劉上書言，宜令安漢公行天子事。此云衆陵，衆、泉形象易混耳。」又墨筆尾批：「泉陵屬零陵，今表作『衆』，誤。」

「扐節侯讓。」墨筆眉批：〔二〕「前有侯羣光，後封爲濟南王。」

「挍靖侯雲。」墨筆尾批：「挍，志闕。史記表，索隱曰音効。說者或以爲琅邪被縣，恐非。」

「瓡節侯息。」注：「師古曰：『瓡』即『瓠』字也。」〔三〕硃筆眉批：「武帝功臣侯表，『瓡讘侯杅者』。師古曰：『瓡與孤同。』河東郡下但作『孤』。北海郡下有『瓡』，注，師古曰即『執』字。此曰即『瓠』字。蓋『夸』與『幸』易訛耳。作『瓠』音或當然。」

「湝侯不疑。」墨筆尾批：「廣韻寘韻列一『𣶒』字，『以醉切，出漢書王子侯表。』今表中無此字，獨有此『湝』字耳。」

「襄隄侯聖。地節四年，坐奉酎金斤八兩，少四兩，免。」硃筆旁批：「何也？」

「虒節侯起。」硃筆眉批：「虒屬濟南郡。」

「揤裴戴侯道。」硃筆眉批：「地理志，即裴屬魏郡。」

〔二〕自上一條「泉陵屬零陵」至此，傅山全書初版本脫，據手稿補。

〔三〕「瓡」，傅山全書初版本脫，據批點底本補。

卷十五下

卷十五下至十六之册封面墨筆批：「安丘侯、張拾邔侯黃遂皆以搏揜爲城旦。」注：搏或作博，謂意錢之屬。」

封二墨筆批：

蕭何—祿無子。

延筑陽。—遺亡後。

—則遺之弟，紹封武陽，免。

嘉則之弟。—勝耐爲隸。

慶以何曾孫紹封酇。—壽成坐爲太常犧牲瘦，死。

—建世以何玄孫紹封。—輔—獲城旦。

喜以何玄孫之子。—尊—章—禹

「松茲戴侯霸。」墨筆眉批：「廬江郡。」

「蘭旗頃侯臨朝。」墨筆眉批：「東海。」

「容丘戴侯方山。」墨筆眉批：「東海。」

「良成頃侯文德。」墨筆眉批：「東海。」

「蒲領煬侯祿。」墨筆眉批：「東海。」

「新鄉侯豹。侯佟嗣，始元五年上書言」云云。墨筆尾批：「此始元誤。」

「鍾武節侯度。」墨筆眉批：「江夏。」

「海昏侯賀。二年四月壬子」云云。墨筆眉批：「四月列之五月之後，何也？」〔二〕

卷十六

「封爵之誓曰：『使黃河如帶，泰山若厲，國以永存，爰及苗裔。』於是申以丹書之信，重以白馬之盟，又作十八侯之位次。」注：「孟康曰：『唯作元功蕭、曹等十八人位次耳。高后乃詔作位次下竟。』師古曰：『謂蕭何、曹參、張敖、周勃、樊噲、酈商、奚涓、夏侯嬰、灌嬰、傅寬、靳歙、王陵、陳武、王吸、薛歐、周昌、丁復、蟲達，從第一至十八也。』」硃筆眉批：「班固十八侯贊，蕭何第一，樊噲第二，張良第三，周勃第四，曹參第五，陳平第六，張敖第七，酈商第八，灌嬰第九，夏侯嬰第十，傅寬第十一，靳歙第十二，王陵第十三，韓信第十四，陳武第十五，蟲達第十六，周昌第十七，王吸第十八，與此不同。無奚涓、薛歐、丁復，而有韓王信、張良、陳平。」

「平陽懿侯曹參。以中涓從起沛。」硃筆眉批：「班贊十八。」又墨筆眉批：「中涓凡九。」〔三〕

「汝陰文侯夏侯嬰。」墨筆眉批：「史表此第四，清河第三。」

「清河定侯王吸。」墨筆眉批：「史表清河作清陽，索隱引楚漢春秋作王隆。」

「堂邑安侯陳嬰。」墨筆眉批：「史表堂邑在曲逆之後。」

〔二〕「列之」，傅山全書初版本誤作「列子」，據手稿改。

〔三〕此條，傅山全書初版本脫，據手稿補。

「酇文終侯蕭何」云云，「高后二年，封何夫人祿母同爲侯。」硃筆眉批：「婦人封侯。」〔二〕

「舞陽武侯樊噲。孝文元年，荒侯市人以噲子紹封。孝景七年，侯它廣嗣。」墨筆眉批：「史記表，中元五年，侯他廣非荒侯市人子，國除。』墨筆旁批：「樊噲傳，侯家舍人得罪他廣，怨之，乃上書曰：市人病，不能爲人，令其夫人與其弟亂，而生他廣。他廣實非市人子，不當代後。」

「棘蒲剛侯陳武。」硃筆眉批：「今欒城坊表曰棘蒲侯故里，不知何本。」

「曲成圉侯蟲達。」墨筆眉批：「班固銘。謚法，威德剛武曰圉。注：禦患亂。史記表作蟲達。」墨筆旁批：「銘曰：晏晏曲成，輿從龍騰。安危從主，赤曜以升。赫赫皇皇，道彌光明。惟德御國，流及後萌。」

「祁穀侯繒賀。」「漢王顧謂賀祁王」云云。硃筆眉批：「此時謂祁王，當是已有祁封矣始得，因祁而綴以王，着急之詞也，不然但當云繒王。」

「斥丘懿侯唐厲。」墨筆眉批：「史記索隱，斥丘屬魏郡。」

「蒯成制侯周緤。」墨筆眉批：「蒯，廣韻从阝。緤傳曰：封蒯城侯。『制』字豈謚邪？注：服虔曰：音管蒯之蒯。蘇林曰：音薄催反。晉灼曰：功臣表屬長沙。師古曰：从崩从邑，音蒯非也。呂忱音陪。而楚漢春秋作憑城侯陪。憑聲相近，此其實也。又音普肯反。」又墨筆根批：「地理志，長沙郡無蒯縣。」

「北平文侯張蒼。」墨筆眉批：「封五十年而薨，柰何哉！」

「厭次侯爰類。」墨筆眉批：「史記表作元頃。」「孝文元年，侯嗣，五年，謀反誅。」硃筆旁

〔二〕此條，傅山全書初版本脫，據手稿補。

批：「無名。」

「中水嚴侯呂馬童。」硃筆眉批：「中水屬涿郡。」

「揤頃侯溫疥。」墨筆眉批：「揤不知屬何郡。」硃筆眉批：「志有栒縣無『揤』字。」

「安丘懿侯張說。以卒從起方與。」墨筆旁批：「志，方與屬山陽郡。」〔一〕

「陸量侯須無。」墨筆眉批：「此不言功。」

「慎陽侯樂說。淮陰侯韓信舍人，告信反，侯。」硃筆旁批：「此封不義，而乃及其門孫買之，天也。」

「長脩平侯杜恬。以漢王二年用御史初從出關，以內史擊諸侯，攻項昌，以廷尉死事，侯，千九百戶。」墨筆眉批：「凡死事子侯，皆先列父名，此獨曰『以廷尉死事侯』，不知何義。若就本身言之，死事矣，不得曰封四年薨。」

「土軍式侯宣義。」墨筆眉批：「王子侯表有土軍侯，郢人。」

「中牟共侯單右車。」墨筆眉批：「中牟在河南郡。」

「邔嚴侯黃極忠。以羣盜長爲臨江將。」硃筆尾批：「邔屬南郡。」「元鼎元年，坐揜搏奪公主馬，髡爲城旦。」注：「師古曰：搏字或作博，已解於上。」硃筆尾批：「『揜搏』連下讀，則前解『搏擊掩襲』是矣。」

「高陵圉侯王虞人。」墨筆眉批：「威德剛武曰圉。」

「紀信匡侯陳倉。」硃筆眉批：「紀信，志無。」

〔一〕此條，傅山全書初版本脫，據手稿補。

「景嚴侯王競。」〔二〕墨筆眉批：「史記作甘泉侯王敬。」「孝惠七年，戴侯眞粘嗣，十九年薨。」墨筆旁批：「史記作莫搖。」「孝文十一年，侯嬰嗣。」墨筆旁批：「史記作『嫖』。」

「貰棗端侯革朱。」墨筆眉批：「地理志無貰棗。史記徐廣曰在宛句。」

「便頃侯吳淺。」墨筆眉批：「編，地理志屬南郡。芮傳：至孝惠、高后時，封芮庶子二人爲列侯，傳國數世絕。」

「軑侯黎朱蒼。」硃筆旁批：「軑屬江夏，故弦子國。」

「南宮侯張買。」墨筆眉批：「志，北海郡無南宮。」

「平定敬侯齊受。以卒從起留。以家車吏入漢，以驍騎都尉擊項籍，得樓煩將，用齊丞相侯。」注：「師古曰：家車吏，主漢王之家車，非軍國所用。」墨筆眉批：「呂后紀，封齊丞相侯。係朱虛侯。下注但云丞相齊受，不云齊丞相，覩此『以齊丞相侯』，則知是齊國之丞相侯，又姓齊也。」

「龍頟。」墨筆眉批：「史記龍頟，索隱曰：漢表以龍頟、按道爲二人封，非也。」

卷十七

卷十七至十九下之册封面墨筆批：「恩澤表中有孝惠子四人，不入王侯表。訾，十七卷末。部刺史六條，見百官表注。命恩，恩澤表富平侯張安世下書此二字。」

「容城攜侯徐盧。」硃筆眉批：「『攜』字又異。」

「衆利侯郝賢。」墨筆眉批：「後有衆利伊卽軒。」

〔二〕「嚴」，傅山全書初版本誤作「陵」，據批點底本改。

「潦悼侯王援訾」云云，「舞陽。」墨筆眉批：「後有瞭侯次公，下亦曰舞陽。」〔一〕

「下摩侯謼毒尼。元鼎五年，煬侯伊卽軒嗣。」墨筆眉批：「伊卽軒，後衆利同名。」「神爵三年，詔居戈居山，坐將家屬闌入惡師居，免。』墨筆尾批：『戈居山，今猗氏當有此山名。惡施。」

「衆利侯伊卽軒。」墨筆眉批：「前有郝賢。」

「瞭侯次公。」墨筆眉批：「後有瞭侯畢取，下曰南陽。」

「成安侯韓延年。」硃筆眉批：「郭忠亦封此。」

「梁期侯任破胡。太始四年，坐賣馬一匹價錢十五萬。過平，臧五百以上，免。」墨筆尾批：「一馬價十五萬，不知當時錢數如何算。如此事，是誰告發耶？若買主願出，亦可原之。若是駿馬，日有五百里脚程，也直得過。」

「瞭侯畢取。」墨筆眉批：「前有瞭侯次公，下曰舞陽。」

「將梁侯楊僕。元封四年，坐爲將軍擊朝鮮畏懦，入竹二萬箇，贖完爲城旦。」墨筆尾批：「若一枝一分估之，也不過二百兩。」

「湘成侯監居翁。以南越桂林監聞漢兵破番禺，諭甌駱民四十餘萬降。」墨筆旁批：「也好口舌立功。」「五鳳四年，坐爲九眞太守，盜使人出買犀、奴婢，臧百萬以上，不道，誅。」墨筆尾批：「臧是謂買犀、奴婢費百萬以上，是其婪奢不道處邪，卻不是沒入人財之臧。」

「下鄜侯左將黃同。」墨筆眉批：「今行史記，鄜逕作酈。」

「瓡讘侯杆者。」硃筆眉批：「王子侯表有瓡節侯。」硃筆尾批：「地理志北海郡有瓡，師古曰

〔一〕「下」，傅山全書初版本脱，據手稿補。

卽『執』字，蓋『瓠』之訛也。」墨筆尾批：「讘，志作狐讘。」

「轑陽侯江喜。永光四年，坐使家丞上書還印符，隨方士，免。」硃筆下批：「還印隨方士，亦奇事，有所不屑，何也侯？」

「宜城戴侯燕倉。」墨筆眉批：「謚：愛民好治曰戴。」

「成安嚴侯郭忠。」硃筆眉批：前韓延年封此。」「陽朔三年，郻侯長嗣。」注：「師古曰：郻音泉。」硃筆改「泉」爲「臬」。硃筆眉批：「郻，此謚法中所無字。」

「樓虛侯訾順。」硃筆眉批：「樓虛屬平原郡。」

卷十八

「周陽懿侯田勝。元狩三年，坐當歸軹侯宅不與，免。」硃筆眉批：「軹侯李朔，見前。」

「冠軍景栢侯霍去病。」硃筆改「栢」爲「桓」。硃筆眉批：「景桓傳注曰：景，武謚也，布義行剛曰景。桓，廣土謚也，調土服遠曰桓。」

「富平敬侯張安世。甘露三年，繆侯敞嗣，四年薨。」硃筆眉批：「陳湯傳，富平侯勃以舉湯不實，謚謬，此云名敞。」墨筆眉批：「敞字訛。」「命恩。」硃筆眉批：「命恩亦云是『今見』。」

「安平夷侯舜。建昭四年，剛侯章嗣。」墨筆眉批：「外戚孝成許皇后傳，后姊子平安剛侯夫人謁。此有安平剛侯章。」

「建成定侯黄霸。甘露三年，思侯賞嗣，三十年薨。」墨筆旁批：「自甘露三年，至成帝鴻嘉元年爲三十年。立定陶爲太子事，在綏和元年，去賞薨年已十二年矣。」「居攝二年，侯輔嗣，王莽敗，絕。」硃筆改「輔」爲「忠」。墨筆尾批：「霸傳，輔子忠。」
「蒙鄉侯逯普。」硃筆眉批：「王莽傳作逯並。」

卷十九上

「僕射，秦官，自侍中，尚書、博士、郎皆有。古者重武官，有主射以督課之，軍屯吏、騶、宰、永巷宫人皆有，取其領事之號。」墨筆眉批：「廣川王去傳，使大婢爲永巷僕射。」
「長樂、建章、甘泉衛尉皆掌其宫，職略同，不常置。」墨筆眉批：「李廣爲未央衛尉，程不識爲長樂衛尉。」
「爵：一級曰公士。」墨筆眉批：「凡稱賜民爵一級者，當是公士之名。」
「監御史，秦官，掌監郡。漢省，丞相遣史分刺州，不常置。」硃筆眉批：「刺史掌監郡，而漢制往往以刺史遷太守。如王尊以徐州刺史遷東郡太守，是自上而遷下者，然秩皆二千石。」注：「師古曰：二條，二千石不奉詔書，遵承典制，倍公向私，旁詔守利。」墨筆眉批：「旁詔，似謂依傍詔書之言，以爲姦也。」

卷十九下

「建昭三年七月戊辰，衛尉李延壽爲御史大夫，三年卒。一姓繁。」硃筆眉批：「李延壽一姓繁耶？爲别有一姓，繁之人爲御史大夫，而史失其名也，自是李延壽一姓繁也？」

卷二十

封二硃筆批：「王意既癡，而位置復亂，不勝正也。」〔二〕

「因兹以列九等之序，究極經傳，繼世相次，總備古今之略要云。」注：「張晏曰：老子玄默，仲尼所師，雖不在聖，要爲大賢，文伯之母達於禮典，動爲聖人所歎，言爲後世所則，而在第四。田單以卽墨孤城復强齊之大，魯連之博通，忽於榮利，藺子申威秦王，退讓廉頗，乃在第五。」墨筆眉批：「老子，表在第一，此云第四。」又硃筆眉批：「後表格藺在『仁人』中，此謂第五，何也？」〔三〕

「共工氏。」墨筆下批：「路史共工氏，羲氏之代侯者也，是曰康同。」

「柏皇氏。」墨筆下批：「路史禪通紀，柏皇氏姓柏名芝。」

「中央氏。」墨筆下批：「路史禪通紀中皇氏一曰中央氏。」

「栗陸氏。」墨筆下批：「路史禪通紀，栗陸氏是爲栗睦。」

「赫胥氏。」墨筆下批：「路史禪通紀，赫蘇氏是爲赫胥。」

「尊盧氏。」墨筆下批：「路史禪通紀，尊盧氏是爲宗盧。」

「昊英氏。」墨筆下批：「路史昊英氏或曰子英。注：見三墳策，皇辟，云爲太昊臣。」

「葛天氏。」墨筆下批：「路史禪通紀，葛天者，權天也。」

〔二〕此條，傅山全書初版本脫，據手稿補。

〔三〕此條，傅山全書初版本脫，據手稿補。

「炎帝神農氏。」墨筆下批：「路史，炎帝師于悉諸，九靈學于老龍吉。注：悉諸，新序作悉老。」

「封鉅，黄帝師。」墨筆下批：「路史，黄帝師于封鉅。」

「大填，黄帝師。」墨筆下批：「路史大庭氏大填爲黄帝師。」

「大山稽，黄帝師。」墨筆下批：「路史大庭氏，大山稽爲黄帝司徒。」墨筆眉批：「帝有三師。」

「孔甲。」墨筆下批：「路史黄帝紀，孔甲爲史。」

「五鳥。」墨筆下批：「路史小昊青陽氏紀，乙鳥司分，伯趙司至，蒼鳥司啓，丹鳥司閉，鳳鳥爲曆正。」

「五鳩。」墨筆下批：「祝鳩、鳺䳚司教，且鳩、王雎別司制，尸鳩、鴶鵴均司空，爰鳩、摯司寇，滑鳩、鶻鵃多聲司事。」

「柏夷亮父，〔二〕顓頊師。」墨筆下批：「路史柏亮又爲顓畜師。」

「簡逷，帝嚳妃，生禼。」墨筆眉批：「逷即狄。」

「赤松子，帝嚳師。」墨筆下批：「路史炎帝紀，赤松子者，諸侯也。移老襄城于昰下之致，爲雨師。又路史，黄帝學于赤誦。注：赤松也。」

「韋。師古曰：豕韋國彭姓。」硃筆眉批：「韋、鼓、昆吾皆以國名爲人名。」

〔二〕「柏夷」二字，傅山全書初版本脫，據批點底本補。

「帝湯殷商氏。師古曰：禹、湯皆字。三王去唐虞之文，〔一〕從高古之質，故夏殷之王皆以名爲號也。」硃筆眉批：「此處不列萊朱。趙岐孟子注云：萊朱，湯左相，一曰仲虺。路史又曰：得仲虺、萊朱，又似是兩人者，不知卽是一人，有字與名合四字稱也。新安陳氏曰：必是仲虺。呂覽曰：湯染于伊尹、仲虺。」

「衞武公，釐公子。」硃筆眉批：「衞武公第六，虧，有弑君之過耶？」

「史伯。」墨筆眉批：「如何不見史籀？」

「管仲。」硃筆眉批：「管仲列在仁品，不如在智品。」

「衞元咺。」硃筆旁批：「元咺中下，大虧。」

「鬬伯比。」墨筆旁批：「廉。」

「范文子。」墨筆根批：「晉羅茷，晉大夫，成公十年使楚。」

「鄭賈人。」硃筆眉批：「鄭賈人當第三。」

「屠顏賈。」注：「師古曰：卽屠岸賈也。」墨筆根批：「屠岸作屠顏。」〔二〕

「叔山舟。」硃筆旁批：「傳作『冉』。」

「鄭游眅。」硃筆眉批：「游眅，奪人妻者，中上之，吾不知。」

「欒王鮒。」硃筆眉批：「欒王鮒當列知門耶？」

「齊崔杼。」硃筆旁批：「殺君。」硃筆眉批：「崔杼、慶封尚下上耶？」

〔一〕「文」，傅山全書初版本誤作「交」，据批點底本改。

〔二〕此條，傅山全書初版本脫，據批點手稿補。

「鄭子產。」硃筆眉批：「子產與季札等，不倫。」

「宰我。」墨筆眉批：「宰我亦在知列。若以先聖朽木之教論之，當降下一等。而死于陳恆之難，不知所由。若是不黨陳氏，則在此可也。」

「老子。」墨筆眉批：「邊韶老子碑銘曰：『班固以老子絕聖棄智，禮爲亂首，與仲尼道違，述漢古今人表，檢以法度，抑而下之。老子與楚子西同科，材不及孫卿、孟軻。』此表本則老子固在上上，而子西在中上。可見此書又非邊韶時所行之書矣。」

「北郭騷。」硃筆旁批：「白晏子者。」墨筆眉批：「北郭騷見呂覽士節篇。」

「司馬彌牟。」硃筆旁批：「烏大夫。」

「司馬篤。」硃筆眉批：「司馬篤列在彌牟、魏戊之間，似皆屬昭公二十八年傳分初氏之田以爲七縣者。左傳曰：司馬烏爲平陵大夫，不作司馬篤也。同時有賈辛、韓固、樂霄、趙朝、僚安五人，不列，何也？」

「魏戊。」硃筆旁批：「梗陽大夫也。魏舒庶子。」

「智徐吾。」硃筆旁批：「塗水大夫。」

「孟丙。」硃筆旁批：「盂大夫。」

「閻沒、汝寬。」墨筆眉批：「閻、汝兩佳人列中下。」

「申包胥。」硃筆眉批：「申包胥復楚逃賞，那得僅中之！」

「鑪金。」墨筆眉批：「鑪金佳人。」

「蒯聵。」硃筆根批：「後有衞簡公蒯聵。」墨筆根批：「此索隱謂刺客蒯聵耶？太史公自叙：在趙者，以傳劍論顯，蒯聵其後也。與南子、宋朝並列，又似卽衞公也。」

「司馬狗。」硃筆眉批：「司馬狗，又見國策。」

「郵亡卹、王良、柏樂。」硃筆眉批：「郵亡卹、又作亡正。王良、伯樂，今皆作一人。由國語亡正與尹鐸有怨一則，後曰伯樂云云，顯是一人矣。〔二〕而此逕列作三人，定有所本矣。」

「鳴犢。」硃筆眉批：「竇犨字鳴犢，此又分之，何也？」

「扁鵲。」硃筆眉批：「扁鵲列之中中，不當。」

「諸稽到。」墨筆眉批：「諸稽到，史記：大夫種與柘稽行成，爲質于吳。國語作諸稽郢。『呈』字與『至』字易混，『阝』與『刂』易混，如鄁、蒯、鄺、酈之類，不可一二數也。」墨筆下批：「諸柘聲可轉。」

「衞出公輒。」硃筆下批：「此物尚列第八等耶？」

「陳亢。」墨筆眉批：「前列陳亢，後又有陳子禽，是二人耶？」

「林放。」墨筆眉批：「林放，中中，虧。」〔三〕

「衞簡公蒯聵。」硃筆下批：「前有蒯聵矣，如何復列？故上著衞簡公也。」

「陳子禽。」硃筆旁批：「非亢。」

「陳子亢。」墨筆眉批：「又一陳子亢。」

「青荓子。」墨筆眉批：「青荓，呂覽序意篇。」

「惠子。」墨筆眉批：「此惠子爲誰？當有子服兩字。」

〔二〕「矣」，傅山全書初版本脫，據手稿補。

〔三〕此條，傅山全書初版本脫，據批點手稿補。

「屠黍。」墨筆旁批：「呂覽先識。」

「李悝。」墨筆眉批：「李悝列之第三。」

「趙倉堂。」〔一〕硃筆眉批：「趙倉堂見說苑。」

「屈侯鮒。」墨筆眉批：「魏文侯之子，無傳，翟璜進侯鮒。」

「鄭繚公駘。」墨筆下批：「繚，史記作繻。」

「孟勝。」墨筆旁批：「呂覽墨者，上德篇。」

「大監突。」墨筆眉批：「監突，呂覽同菌改。」

「徐弱。」墨筆旁批：「呂覽上德篇。」墨筆眉批：「墨者孟勝弟子也。呂覽尚德篇，徐弱請先死，以除路。還歿，頭于前。」

「鄒忌。」墨筆眉批：「鄒忌以城北徐公之美諫威王一節，逕大好。至于用公孫閈之計，走田忌，則急做之甚。用杜赫之計而留田忌于楚，不知杜赫亦大有利于田事機，只得爾事宣王。仕人聚，謂宣王一子之孝不如五子之孝，其實近于不蔽賢之言，而晏首遂得壅塞之疎。」

「大成午。」硃筆旁批：「『成』又作『戉』。」

「申子。」硃筆旁批：「不害耶？後中下復有申子與慎子同列。」墨筆眉批：「韓策有申子請仕其從兄官者，昭侯不許。」

「杜摯。」墨筆旁批：「秦策，秦攻邯鄲，秦軍吏惡王稽、杜摯以反。」墨筆眉批：「杜摯，王稽之副也。」

〔一〕「堂」，傅山全書初版本誤作「當」，據批點底本改。

「屈宜臼。」墨筆旁批：「論韓昭侯，作高門不時者。」
「安陵纏。」墨筆旁批：「國策注名壇。」墨筆眉批：「安陵卽誤以爲泣前魚者，江公教以身爲狗。」
「沈尹華。」墨筆下批：「荆威王學書者。」墨筆眉批：「沈尹華，呂覽去宥篇。」
「嚴蹻。」墨筆眉批：「嚴蹻列之第八都不亮人。」
「馮赫。」墨筆眉批：「馮赫，楚策張儀逐惠施于魏章。」
「唐易子。」墨筆旁批：「鞠。」墨筆上批：「韓非外儲：田子方問唐易鞠曰：弋者何愼？」
「燕王噲、子之、楚懷。」硃筆眉批：「燕噲、子之、楚懷皆下下人。」
「如耳。」墨筆眉批：「如耳，韓非内儲說上、衛嗣君重如耳，愛世姬，而恐其因愛重以壅己也，乃貴薄疑以敵如耳，尊魏姬以耦世姬。」
「申子。」硃筆旁批：「前中上列申子。」
「愼子。」墨筆眉批：「愼子，楚策有。」
「惠施。」墨筆眉批：「莊子與惠施同列耶？」
「嚴周。」硃筆眉批：「嚴周如何在中下？眞不知如何置頓此君。」
「公孫丑。」硃筆眉批：「公孫丑那得以孟門扶滕在知人之列？孟門如何不列桃應？」硃筆於「公孫丑」旁大書：「桃應。」
「白起。」硃筆上批：「蔡澤。」〔一〕

〔一〕此條，傅山全書初版本脫，據批點手稿補。

「公孫弘。」墨筆眉批：「公孫弘，戰國有二，此不係爲何者。」

「魯仲連。」墨筆眉批：「信陵君四公子中最出色者，列之中中，出平原君下，不解。」

「觸龍。」硃筆旁批：「妙人！」墨筆眉批：「左師觸龍妙人，列之第六，虧他。」又硃筆根批：「『觸龍』今作『讋』。」

「藺相如。」硃筆眉批：「張宴謂藺在第五，何也？」

「荆軻。」墨筆眉批：「荆軻降聶政一等，謂不能成功耶？」

「鞠武。」墨筆旁批：「太子丹之傅，薦田光者。」

「樊於期。」墨筆眉批：「不列優旃。」

「孔鮒。」墨筆眉批：「不列章口。」

卷二十一上

「聲者，宫、商、角、徵、羽也。」硃筆眉批：「五聲。」〔二〕

「黄帝使泠綸，自大夏之西，昆侖之陰，取竹之解谷生，其竅厚均者，斷兩節間而吹之，以爲黄鐘之宫。」注：「應邵曰：生者，治也；竅，孔也。孟康曰：竹孔與肉薄厚等也。晉灼曰：取谷中之竹，生而孔外肉厚薄自然均者，截以爲筩，不復加削刮也。」墨筆眉批：「竅即好，厚即肉，所謂肉好均者，孟說是也。生，晉說是也。應說生治，也不必。」墨筆根批：「以文義論，『生其』當是『生而』。」

〔二〕此條，傅山全書初版本脱，據批點手稿補。

「言陽氣正法度，而使陰氣夷當傷之物也。」後一句旁硃筆旁批：「解字亦儘有義。」

「合龠爲合，十合爲升，十升爲斗，十斗爲斛〔二〕，而五量嘉矣。其法用銅方尺而圜其外，旁有庣焉。」硃筆眉批：「方一尺而受卽十斗，亦可以想古斗之大小矣。」

「鈞者均也，陽施其氣，陰化其物，皆得其成就平均也」云云，「三十斤成鈞者，一月之象也。石者，大也，權之大者也。」墨筆眉批：「江陵雜志，錢君倚云：漢書律曆志，鈞著一月之象，科場舉人以爲賦題著疑是者監本之悞也。此卻是者。」

「輔弼執玉，以翼子。」墨筆眉批：「錢君倚云：輔弼執玉，以翼天子，『玉』疑是『之』，監本之悞也。」〔三〕

「四分月法，以其一乘章月，是爲中法。參閏法爲周至，以乘月法，以減中法而約之，則六扐之數，爲一月之閏法，其餘七分。」墨筆眉批：「評林本四分月法下，有『爲周至，是乘月法』七字。」

「故曰法乘閏法。是爲統歲。」硃筆改「曰」爲「日」。硃筆眉批：「別本『曰』字是『日』字。」

卷二十二

「孝奏天儀，若日月光。乘玄四龍，回馳北行。羽旄殷盛，芬哉芒芒。孝道隨世，我署文章。」墨

〔二〕「斛」，傅山全書初版本誤作「解」，據批點底本改。
〔三〕「之」，傅山全書初版本脫，據手稿補。

筆眉批：「傅山曰：『孝奏天儀』二句，似謂孝格於天，禮文明備，如日月光也。」

「馮馮翼翼，承天之則。吾易久遠，燭明四極，慈惠所愛，美若休德，杳杳冥冥，克綽永福。」注：「晉灼曰：『易，疆易也。久，固也，武帝自言拓境廣遠安固也。』」墨筆眉批：「明言房中爲高祖唐山夫人作。而晉灼云『武帝自言拓境廣遠』，可謂大睜眼説夢。」

「俠嘉夜，茝蘭芳，澹容與，獻嘉觴。」注：「如淳曰：嘉、俠，皆美人之稱也。〔一〕嘉夜，芳草也。」墨筆眉批：「既曰嘉俠皆美人之稱，如何又曰芳草？」

「涓選休成。」硃筆眉批：「此四字非詩，是詩篇總名。前有『奏休成之樂』。」

「肅若舊典。」硃筆旁批：「詩名。」

「泊如四海之池，偏觀是邪謂何？」硃筆旁批：「眞古文古詞，義味無盡。」注：「晉灼曰：言人壽不能安固，如四海偏觀，是乃知命甚促。謂何，當如之何也。」硃筆眉批：「注『如四海偏觀』，文義都不成解。愚意欲以『泊如四海』句，『之池編觀』句，亦可。」墨筆眉批：「『之池』句，『謂何』句，『池』讀如『沱』，叶『何』亦可。」

「吾知所樂，獨樂六龍，六龍之調，使我心若。」硃筆眉批：「『若』字當叶如燕趙聲作若招切，近『饒』之清。」詩末硃筆批：「獨此章古宕可喜。」

「光夜燭，德信著，靈濅平而，鴻長生豫。」硃筆眉批：「『而』字語助，如『兮』字，亦可讀斷。」

「專精厲意逝九閡，紛云六幕浮大海。」墨筆眉批：「合韻。」

〔一〕「皆」，傅山全書初版本脱，據批點底本補。

「百末旨酒布蘭生，泰尊拓漿析朝酲。」〔一〕硃筆眉批：「『百末』二句自是韻語，不知『析朝酲』謂神邪？〔二〕人邪？」

「馮蠵切和疏寫平。」硃筆眉批：「蠵聲可近夷。馮蠵即馮夷也。」〔三〕

「五神相，包四鄰。土地廣，楊浮雲。抆嘉壇，椒蘭芳。」墨筆眉批：「楊、抆本不對，『楊』字貼『土地廣』句。『抆』字連下『椒蘭』句。」

「象載瑜，白集西。」墨筆眉批：「合韵。」

「凡鼓十二，員百二十八人」云云。硃筆眉批：「如此，則有一百三十人矣。此百二十八，短二人。」

卷二十三

「夫人宵天地之貑。」墨筆眉批：「宵與肖同。」〔四〕

卷二十六

卷二十六至二十七中之下之册封面墨筆批：「五行志大概傅會之說。」

〔一〕「酲」，傅山全書初版本誤作「醒」，據批點底本改。

〔二〕「酲」，傅山全書初版本誤作「醒」；「神」，傅山全書初版本誤作「粬」，據手稿改。

〔三〕此條，傅山全書初版本脱，據批點手稿補。

〔四〕此條，傅山全書初版本脱，據批點手稿補。

「太白出而留桑榆間，病其下國。上而疾，未盡期日過參天，病其封國。」墨筆眉批：「史記作『其日』。」

「而澤摶密，其見動人，半半天。」「澤摶密」旁墨筆批：「不解。」

「二年二月，彗星出牽牛七十餘日。」墨筆眉批：「彗應莽。」

卷八十七　漢書批注（中）

卷二十七上

「嚴公二十八年『冬，大水亡麥禾』。董仲舒以爲夫人哀姜淫亂，逆陰氣，故大水也。劉向以爲水旱當書，不書水旱而曰「大亡麥禾」者，土氣不養，稼穡不成者也。」墨筆眉批：「淫亂屬水，此則列之土，土不能制水，亦失本性。」

「劉向以爲石白色爲主，屬白祥。」墨筆眉批：「石五色俱有，不但白。」

卷二十七下之上

卷二十七下之上至二十八上之册封面墨筆批：「免中徐公、新桃王式，志中無比二名。鄗音持益反，見弘農郡析下。膠西王傳：王端薨，無子，國除，地入于漢，爲膠西郡。地理志無膠西郡也。高密國注曰：『故齊、文帝十六年別爲膠西國，宣帝本始元年更爲高密國。』亦不及膠西王國除爲郡事。」

「思心者，心思慮也。睿、寬也。」硃筆眉批：「寬字妙！睿本解通，能通，始能寬也。」

卷二十八上

「左馮翊：祋祤。」墨筆眉批：「江隣幾雜志曰：祋祤城有祋祤廟。祋祤疑是兵仗，其秦禱兵之所乎！」

「雲陽。」注：「有休屠、金人及徑路神祠三所。越巫貼鄹祠三所。」墨筆旁批：「貼，廣韻：小兒病鬼也。」

「平陽。」墨筆旁批：「曹參封。」又墨筆眉批：「平陽，曹參侯國。」

「狐讘。」硃筆旁批：「杆者封。」又硃筆眉批：「表作瓡讘，曰：瓡與狐同。」

「陽曲。」注：「應劭曰：〔二〕河千里一曲，當其陽，故曰陽曲也。」硃筆眉批：「陽曲去河太遠，不應以此取名。」

「祁。」注：「晉大夫賈辛邑。」墨筆眉批：「祁本賈辛邑，今硬以祁奚爲名。」

「河内郡。」墨筆眉批：「王吉本琅邪皋虞人，儒林趙子傳，河内人，授同郡蔡誼、誼同郡食子公與王吉。然則王吉又河内人也。不知本傳何以去皋虞云云。」

「滎陽。」注：「應劭曰：〔三〕故虢國，今虢亭是也。」硃筆眉批：「故虢，前右扶風有虢縣。」

「中牟。」墨筆眉批：「功臣表，單右車以高祖微時相急給馬，封。」

「陳留郡。」墨筆眉批：「陳平，陽武戶牖鄉人。師古曰：陽武屬陳留。此屬無陽武，而乃在

〔二〕「劭」，傅山全書初版本誤作「劬」，據批點底本改。

〔三〕「劭」，傅山全書初版本誤作「劬」，據批點底本改。

前河南郡下。酈食其，陳留高陽人。此屬無高陽，高陽在涿郡。」

「潁川郡。」墨筆眉批：「韓安國，梁成安人。梁屬無成安，潁川有成安。」

「女陽。」注：「應劭曰：〔一〕汝水出弘農，入淮。」硃筆眉批：「後定陵下，又有汝水。」

「慎陽。」注：「師古曰：慎字本作滇，音眞，後誤爲慎耳。」墨筆眉批：「慎陽，功臣表十六卷樂說封慎陽。師古曰：字本作滇，音眞，後誤作慎。」

「酇。」墨筆眉批：「後沛郡亦有酇。應劭音嵯，師古曰：本爲鄌。」

「編。」墨筆眉批：「表作便，吳淺以父長沙王功封。」又墨筆旁批：「功臣吳淺侯，用款百三十三。」

「軑。」墨筆旁批：「功臣，黎朱蒼，侯，次一百二十。」注：「故弦子國。」墨筆眉批：「路史：少昊後，嬴姓國弦，子爵，楚所滅。僖五年。杜云：弋陽軑縣東南，今光之仙居東十里弦亭也。武德三年爲弦州。注：軑故城在仙居北四十里。」

「當塗。」注：「侯國。」墨筆眉批：「功臣表，魏不害封當塗。十七卷。」

「山陽郡。」墨筆眉批：「張歐，功臣，安丘侯說少子也，不著何處人。表曰：說以卒從起方與，然則方與人耶？」

「薄。」注：「臣瓚曰：湯所都。」硃筆眉批：「薄今通亳。」

「寃句。」墨筆眉批：「史記功臣表：煮棗侯赤。徐廣曰：在寃句。」

「秺。」硃筆旁批：「商丘成、金日磾皆封此。」

〔一〕「劭」，傅山全書初版本誤作「劭」，據批點底本改。

「鄼。」墨筆眉批：「前南陽有鄼。注：蕭何所封也。孟康音贊。」

「魏郡。」墨筆眉批：「傅寬，以魏五大夫騎將從。不著何處人。」

「斥丘。」墨筆旁批：「功臣侯表：唐厲封斥丘侯。此不云侯國。」

「卽裴。」硃筆眉批：「表作揤裴。」

「鉅鹿郡。」墨筆眉批：「路温舒，鉅鹿東里人。比屬無東里。」

「平棘。」注：「師古曰：功臣表：棘蒲侯陳武、平棘侯林摯，是則平棘、棘蒲非一地也。」

墨筆根批：「靳歙傳：自安陽以東，至棘蒲。今志安在汝南，那得東有此棘蒲也？」

「清河郡。」墨筆眉批：「張禹，清河人，儒林，非安昌侯也。別一人。」

「涿郡。」墨筆眉批：「酈商，高陽人。酈食其，陳留高陽人。陳留無高陽縣。」

「勃海郡。」硃筆眉批：「功臣侯表有荻苴侯韓陶，下大字勃海，此志無荻苴。」

「朸。」墨筆眉批：「王子侯表，孝文封有朸侯辟光，齊悼惠王子，十二年爲濟南王。孝武封有朸節侯讓，城陽頃王子，四月戊寅封。薨，侯興嗣，爲人所殺。此不注侯國，當爲此。」

「濟南郡。」墨筆眉批：「韋賢，魯國鄒人。魯國無鄒，有騶。鄒在濟南。」

「猇。」注：「侯國。」硃筆眉批：「王子侯表：猇節侯，趙敬肅王子。」

「臨朐。」硃筆旁批：「東萊亦有臨朐。」

「齊郡。」硃筆尾批：「功臣侯表有瀘清侯參，下大書齊字。此齊郡無瀘清。」

「瓡。」注：「侯國。師古曰：瓡卽執字。」硃筆改「執」爲「瓡」，硃筆眉批：「王子侯表，瓡節侯息旁師古注：瓡卽瓠字，又音孤。此注執字，訛。」

「㡆。」注：「有百支萊王祠。」硃筆眉批：「百支萊王何神？」

「朱虛。」硃筆眉批：「朱虛侯章，注不云侯國者，以後封爲城陽王。」

「臨原。」注：「侯國。」墨筆眉批：「王子侯表有棗原侯山，係琅邪，此不見棗，何也？」

「祓。」注：「侯國。」墨筆眉批：「史記表注作被。」又墨筆根批：「史記王子侯表挍侯。索隱曰：恐是琅邪被縣。此琅邪無被，有祓，或卽祓作被耳。」

「箕。」注：「侯國。」墨筆眉批：「王子侯表有箕原侯文。」

「平曲。」注：「侯國。莽曰端平。」墨筆眉批：「兩平曲。」

「蘭陵。」注：「侯國。」硃筆眉批：「蘭陵，東海亦有之。」

「陽羨。」墨筆眉批：「陽羨，功臣表靈常封，十六卷。」

「無錫。」墨筆眉批：「無錫，功臣表，多軍侯，以東粵將軍，漢兵至，棄軍降，侯。十七卷。」

「孱陵。」墨筆旁批：「說文油水出孱陵西。」又墨筆眉批：「孱音踐。」

「泉陵。」注：「侯國。」墨筆眉批：「泉陵，王子侯表作衆陵。」

卷二十八下

卷二十八下至三十之册封面墨筆批：「轅田，見地理志秦條下，孟康云云轅與爰通。屯氏河，隋以爲毛氏河，置毛州，可笑，見溝洫志。」

「隴西郡。」墨筆眉批：「李廣，隴西成紀人。此屬無成紀，成紀乃在天水。段會宗，天水上邽人。上邽乃屬隴西。」

「天水郡。」墨筆眉批：「段會宗，天水上邽人。此不見，上邽乃在隴西。李廣，隴西成紀人。

成紀乃在天水。」

「姑臧。」注：「北至武威入海。」硃筆眉批：「注中所謂入海，不知是何海。」

「土軍。」墨筆眉批：「王子侯表有土軍侯郢客，後徙爲鉅乘侯，故此不注侯國也。功臣侯有土軍侯宣義。」

「莫黽。」硃筆眉批：「侯表有僕黽。」

「且如。」注：「于延水出塞外，東至寧，入沽。」墨筆根批：「寧屬上谷郡。」又墨筆眉批：「衛綰，代大陵人。大陵此屬太原。」

「平舒。」墨筆眉批：「今廣輿記于順天大城下云：漢平舒。豈不太遠？」又緊接上文硃筆批：「蓋謂前東平舒也。」

「無終。」墨筆眉批：「徐樂，燕郡無終人。志無蒸卽無終，在右北平下。」

「麄泠。」墨筆眉批：「麄卽麃字，米迻在上耳。」

「趙國。」墨筆眉批：「田叔，趙陘城人。此屬無陘城。中山國有苦陘，亦不曰陘城。」

「曲逆。」墨筆旁批：「陳平封。」又硃筆眉批：「今廣輿志北直完縣，曰卽曲逆故也。」

「桃。」硃筆眉批：「桃，功臣表桃安侯劉襄。」

「甾川國。」墨筆眉批：「公孫弘，甾川薛人。此屬無薛，薛在魯國下。」

「梁國。」墨筆眉批：「韓安國，梁成安人，後徙睢陽，梁屬無成安，潁川有成安。」

「東平國。」硃筆尾批：「王式，東平新桃人。此東平屬無新桃。」

「魯國。」墨筆眉批：「公孫弘，菑川薛人也。薛不屬菑川，屬魯。」

「韋賢，魯國鄒人。魯國無鄒，屬濟南郡。」

「孝公用商君制轅田，開仟伯。」注：「孟康曰：三年爰土易居。」墨筆眉批：「轅田，爰土易居，不甚明白。土易可也，居如何可易？『居』字但作『去處』之『處』解之，得。若泥爰土易居，爰與易同一義，是換也。土是田，居是屋，則更互種田可也，若連居屋換易之，則搬來搬去，豈不估倒？」

「魏地，觜觿參之分野也。」「故俗剛強，多豪杰侵奪，薄恩禮，好生分。」注：「師古曰：生分謂父母在，而昆弟不同財產。」硃筆眉批：「今鄉談說不相和好爲生分，分字去聲。薄恩禮，好生分，不但如師古之言，即因上『多侵奪』來，于鄉里無所不爾也。」

「楚地，翼軫之分壄也。」「果蓏蠃蛤食物常足。」硃筆眉批：「果蓏，史記貨殖傳作『果隋』。」

卷二十九

「於是禹以爲河所從來者高，水湍悍，難以行平地，數爲敗。乃釃二渠，以引其河。」墨筆眉批：「釃，史記作厮。」

「是時武安侯田汾爲丞相。」硃筆改「田汾」爲「田蚡」。

「是時東郡燒草，以故薪柴少，而下淇園之竹以爲犍。」墨筆眉批：「犍，史記作『楗』。」

「自是之後，用事者爭言水利，朔方、西河、河西、酒泉，皆引河及川谷之溉田。」墨筆眉批：「皆引河及川谷之溉田，『之』字當是『以』字。古文用字，或亦有爾者。」又「之」字旁墨筆批：「以。」

「可案圖書觀地形，令水工準高下，開大河上領，出之胡中。」注：「晉灼曰：上領，山頭也。」墨筆眉批：「開大河上領，出之胡中，細繹文義，上領非山頭也，山頭那能得水上之河？上領似謂河下流矣。而下流之上有嶺，可大開豁之，使水開處往北半流入胡中也。領亦不單一出，遇領卽開大之。」又墨筆旁批：「開大河上領一句，非謂開大河，使之上領，是謂開大河上之領，而劃之使出也。」

「東北經魏郡、清河、信都、勃海入海，廣深與大河等。」硃筆旁批：「此自岔出來者。」

「河隄使者王延世使塞。」注：「師古曰：命其爲使而塞河也。」墨筆眉批：「『使塞』兩字，亦須有顔解。」

「且水勢各異，不博議利害，而任一人，如使不及今冬成，來春桃華水盛，必羨溢有塡於反壤之害。」墨筆眉批：「『如使不及』，〔一〕與『如不使及』義同。『於』當作『淤』。」

卷三十

「左史記言，右史記事，事爲春秋，言爲尚書，帝王靡不同之。」墨筆眉批：「有說左氏傳卽古所謂左史之官之所記，非左邱明，不知何考。」

「丘明恐弟子各安其意，以失其眞，故論本事而作傳，明夫子不以空言說經也。」墨筆眉批：「左氏明爲丘明矣！」

小學類

「八體六技。」墨筆眉批：「八體、六技。六技不解。」

〔一〕「使」，傅山手稿作「始」，據文意改。

「内業十五篇。」注：「不知作書者。」硃筆眉批：「内業，今管子有一篇，與此同名。」
「筦子八十六篇。」注：「師古曰：『筦』讀與『管』同。」墨筆眉批：「筦子列道家最是。」
「尉繚子三十一篇。」墨筆尾批：「前雜家有尉繚子二十九篇。」
「五音奇胲用兵二十三卷。」注：「師古曰：許慎云：胲，軍中約也。」墨筆眉批：「今說文『胲』下，『足大脂毛也』，〔一〕不云是『軍中約』。『侅』字下。『奇侅，非常也』。『該』字下『軍中約也』，讀若心中滿該。」
「扁鵲内經九卷。」硃筆尾批：「無越人内經。」
「經方者，本草石之寒温，量疾病之深淺」云云。墨筆眉批：「本草。『石』句上有『本草』二字，後之本草，或因此起。」〔二〕

卷三十七

卷三十七至四十三之册封面墨筆批：「陸賈，妙人。」
「上乃赦布。當是時，諸公皆多布能摧剛爲柔，〔三〕朱家亦以此名聞當世。布召見，謝，拜郎中。」墨筆眉批：「『布召見謝』四字，不在『赦布』下，而在『朱家名聞當世』句下，若宋人文，定不肯如此疎脱。且云『布召見』，不云『召見布』，皆漢文潤略高致，晚近不知也。」又於「諸公皆多

〔一〕「脂」，傅山全書初版本誤作「指」，據手稿改。
〔二〕批本以下缺卷三十一至三十六。
〔三〕「摧」，傅山全書初版本誤作「推」，據批點底本改。

布能摧剛爲柔」旁硃筆批：「其實只是不待死。」

「楚人諺曰：得黄金百，不如得季布諾。」硃筆眉批：「神棍！」

「布稱曰：窮困不能辱身，非人也；富貴不能快意，非賢也。於是嘗有德，厚報之；有怨，必以法滅之。」末句旁墨筆批：「似不必然，亦快事。」

「魯王聞之，大慚，發中府錢，使相償之。」硃筆旁批：「還是賢王！」

「數歲，戾太子舉兵，仁部閉城門，令太子得亡，坐縱反者族。」末句旁墨筆批：「冤哉！」

「彼自負其材，受辱不羞，欲有所用其未足也，故終爲漢名將。賢者誠重其死。夫婢妾賤人，感槩而自殺，非能勇也，其畫無俚之至耳！」硃筆眉批：「大爲人開不死門面！」

卷三十八

「於是齊王獻城陽郡，以尊公主爲王太后。」注：「師古曰：言以母禮事之，所以自媚也。」墨筆眉批：「以姊爲母是何號？」

「使祝午紿琅邪王曰：呂氏爲亂，齊王發兵，欲西誅之」云云。墨筆眉批：「齊王紿琅邪王者，恐琅邪祖呂氏耳。」

「又殺三趙王，滅梁、趙、燕，以王諸呂。」墨筆眉批：「三趙王者，隱王如意、幽王友、共王恢。」

「時主父偃知甲之使齊以取后事，亦因謂甲：即事成，幸言偃女願得充王後宫。」墨筆眉批：「主父偃如此不長進！」

「乃上書言偃受金及輕重之短，天子亦困因偃。公孫弘曰」云云。墨筆眉批：「天子亦困因偃，『困因』猶言天子亦絀於齊王子死因偃所致耳。又似天子亦倦于依任偃者然。」

卷三十九

「楚懷王以沛公爲碭郡長，將碭郡兵。於是乃封參執帛，號曰建成君。」墨筆眉批：「荀悅漢記，封爲執帛侯。」

「參功：凡下二國，縣百二十二；得王二人，相三人，將軍六人，大莫敖、郡守、司馬侯、御史各一人。」硃筆眉批：「不知殺卻多少人命。」

卷四十

「良嘗學禮淮陽，東見滄海君。」注：「晉灼曰：『海神也。』如淳曰：『東夷君長也。』師古曰：『二說並非，[二]蓋當時賢者之號也。』」硃筆眉批：「晉灼、如淳，一竅不通之人。」

「武王入殷，表商容閭，其不可六矣。」硃筆眉批：「武王入殷以下，二、三、四、五、六不可，皆無足爲輕重，似非留侯語。」

「式箕子門，封比干墓，今陛下能乎？」硃筆旁批：「有何不能？」

「發鉅橋之粟，散鹿臺之財，以賜貧窮，今陛下能乎？」硃筆旁批：「有何不能？」

〔二〕「並」，傅山全書初版本誤作「皆」，據批點底本改。

「倒載干戈，示不復用。」「休馬華山之陽，示無所爲。」「息牛桃林之壄，示天下不復輸積。」硃筆眉批：「倒載干戈，放牛歸馬，分明一事耳，分三段言之，何也？」

「項王使項悍拜平爲都尉，賜金二十溢。」硃筆根批：「溢卽鎰。」

「漢攻下殷。項王怒，將誅定殷者。」硃筆旁批：「此豈非醬？」

「平懼誅，迺封其金與印，使使歸項王，而平身間行，杖劒亡。」硃筆旁批：「看他分數，若他人，則懷金而往矣。」·

「項王不信人，其所任愛，非諸項，卽妻之昆弟，雖有奇士不能用。」硃筆旁批：「不謂老項爾爾！」

「使無可用者，大王所賜金具在，請封輸官，得請骸骨。」硃筆旁批：「前不曾有漢王賜平金事。」

「項王果疑之，使使至漢。漢爲太牢之具，舉進，見楚使，卽陽驚曰：『以爲亞父使，乃項王使也。』復持去，以惡草具進楚使。」硃筆旁批：「其實孩子計，乃足以疑羽。」

「楚王信果郊迎道中，高帝豫具武士，見信，卽執縛之。」硃筆旁批：「豈不寃乎？」

「周勃沛人，其先卷人也，〔二〕徙沛。勃以織薄曲爲生。常以吹簫給喪事，材官引強。」硃筆眉批：「月令：季春之月，具曲植。正義：宋、魏、陳江淮之間，或謂之曲，或謂之麴，自關而西，謂之薄也。」又硃筆眉批：「『材官引強』四字，在此似不曾爲材官，似是才力可以爲材官引強。」

「西擊益己軍，破之。」墨筆眉批：「益己，史記作盜巴。」

〔二〕「也」，傅山全書初版本脫，據批點底本補。

「斬豨將軍乘馬降。」墨筆旁批：「史記作『乘馬絺』。」

「因轉攻得雲中守遬、丞相箕肄、將軍博。」「將軍博」旁墨筆批：「史記作『將軍勳』。」

「因復擊豨靈丘，破之，斬豨丞相程縱。」「斬」旁墨筆批：「史記作『得』。」

「臣之兄以代父侯矣，有如卒，子當代，我何說侯乎？」硃筆眉批：「我何說侯乎，卽何說我侯乎。」

「亞夫使備西北，已而其精兵果奔西北，不得入。」注：「劉奉世曰：兩陣相向，吳奔東南陬」云云。墨筆眉批：「劉奉世乃爲此言。」

卷四十一

「酈商，高陽人也。」墨筆旁批：「屬涿郡。」

「子寄嗣，天下稱酈況賣友。」硃筆眉批：「此賣大是好字面。」

「孝景中二年，寄欲取平原君爲夫人。」墨筆旁批：「也孟浪！」

「夏侯嬰，沛人也，爲沛廏司御，每送使客，還過泗，上亭與高祖語，未嘗不移日也。」墨筆眉批：「廏司御送使客，卽今馬牌子也。」

「嬰時以縣令史爲高祖使，上降沛一日。」墨筆眉批：「『爲高祖使上降沛一日』五六字何解？『使上』豈似今俗語謂『使上誰做某事』之『使上』邪？又似自低往高處走，如今人曰『上那里去』也。史記語同，讀『上以爲高祖使』句，『上降沛一日』句。」又硃筆旁批：「一日或謂降沛不曾久費時日，但一日卽降邪？」

「漢王急，馬罷，虜在後，常蹶兩兒棄之。嬰常收載行，面雍樹馳。」注：「蘓林曰：南方人謂抱小兒爲雍樹，面者，以面首向臨之也。」墨筆眉批：「蘓說有理。」

「惠帝及高后德嬰之脫孝惠、魯元於下邑間也，乃賜嬰北第第一。」墨筆眉批：「孝惠卽惠帝，如惠帝及高后德嬰之脫孝惠云云，若宋人，則必云嬰初脫惠帝、魯元下邑間，高后、惠帝甚德之。」

「灌嬰，睢陽販繒者也。」墨筆眉批：「睢陽屬梁國。」

「復得亞將與漢王會頤鄉。」墨筆眉批：「史記作『復得亞將周蘭』，此删去。」

「上欲自擊陳豨，緤泣曰：始秦攻破天下，未曾自行」云云。硃筆旁批：「泣可厭！」

卷四十二

「昌笑曰：堯年少刀聿吏耳！何至是乎？」墨筆眉批：「此『聿』字尚不加『竹』。」

「高后元年，怨堯前定趙王如意之畫，乃抵堯罪。」墨筆眉批：「如意旣已死矣，而呂婆當恨堯爲畫。」〔一〕

「蒼遂病免，孝景五年薨。」硃筆眉批：「表云：封五十年薨。」

「而丞相嘉自絀所言不用，疾錯。」原書在「絀」下加注。硃筆眉批：「『絀』不句，當至『疾錯』始爲一句。言嘉自絀于其言之不用，而疾錯。」

「罷朝，嘉謂長史曰：吾悔不先斬錯，乃請之，爲錯所賣。」硃筆旁批：「也難說。」

「贊曰：張蒼文好律曆，爲漢名相。」硃筆眉批：「傅山曰：文好律曆，猶言其人文而好律曆

〔一〕此條，傅山全書初版本脫，據批點手稿補。

也。又可謂其于文好律曆也。」

卷四十三

「騎士曰：沛公不喜儒，諸客冠儒冠來者，沛公輒解其冠，溺其中。」硃筆眉批：「儒冠虎子。」又於「解其冠溺其中」句旁墨筆批：「眞可厭！」

「號食其爲廣野君。食其言弟商，使將數千人從沛公西南略地。食其嘗爲說客，馳使諸侯」云云。墨筆眉批：「叙傳曰：食其監門，長揖漢王，畫襲陳留，進收敖倉。塞隘杜津，王基以張。逕是帝業大本。」又墨筆眉批：「水經睢水陳留縣注：廣野君廟碑：延熹六年十二月，雍丘令董生，仰餘徽于千載，遵茂美于絕代，命縣人蔓炤爲文，用章不朽之德，其略云：輟洗分餐，諮謀帝猷。陳鄭有涿鹿之功，海岱無牧野之戰。大康華夏，綏靜黎物，生民以來，功盛莫崇！」

「而責義帝之負處。」墨筆眉批：「『責義帝之負』下多一『處』字。猶今謂某人某事是負義處耶？若『處』字屬下句，更無謂。」

「佗大笑曰：吾不起中國，故王此。使我居中國，何遽不若漢？」注：「師古曰：言有何迫促而不如漢也？」[二]硃筆眉批：「『遽』字亦不必恁着意解。」

「謂其子曰：與女約：過女，女給人馬酒食極飲，十日而更。所死家，得寶劍車騎侍從者。一歲中以往來過它客，率不過再過。」墨筆眉批：「一連四『過』字，上『過』工禾反，下『過』去聲矣。但上有『過他客』，下句兩『過』字不知何謂。上是『過他客』之過，抑『不過』之過？

[二]「迫促」，傅山全書初版本誤作「促迫」，據批點底本改。

然臨了『過』字是下矣。定去聲。」

「賈往，不請，直入坐。陳平方念，不見賈。賈曰：何念深也？」墨筆眉批：「曲逆侯一生奇計，至此而窮，非陸太中，竟何爲者邪？」

「平用其計，乃以五百金爲絳侯壽。厚具樂。飲太尉。太尉亦報如之。」注：「師古曰：厚爲共具，而與太尉樂飲。」硃筆眉批：「具樂飲太尉，『樂』字如顔注，音洛。然亦可如本字讀。」

「朱建，楚人也」云云。硃筆眉批：「朱建一生才知，只爲一辟陽全得一身，〔二〕可惜，可惜！」

「敬曰：陛下誠能以適長公主妻單于，厚奉遺之」云云。硃筆旁批：「是何説？」

「通奏事因請間，曰：陛下何自築複道，高帝寢衣冠，月出游高廟？」注云云。墨筆眉批：「傅山曰：卽如晉、顔二説，謂衣冠不在宫寢，固也，然如氏所云『衣冠遊道，正值今所作複道下』之句，卻不可廢。」

卷四十四

卷四十四至五十之册封面墨筆批：「蒯通爲武臣説范陽徐公，徐公依之，故得武臣車騎之迎。酈生爲高帝説陳留令，陳留令不依，故殺之，不得不殺也。賈誼傳『比物此志，令之習爲文者』，動曰『此物此志』。」

「高帝八年，從東垣過趙，趙王獻美人，厲王母也，幸有身。」硃筆旁批：「『獻』字似今安置。獻美人卽幸，亦可笑。」

〔二〕「身」，傅山全書初版本誤作「生」，據手稿改。

「言節行以高兄，無禮。」注：「鄭氏曰」云云。墨筆眉批：「鄭氏不爲誰。」

「六年，令男子但等七十人與棘蒲侯柴武太子奇謀，以輂車四十乘反谷口。」硃筆眉批：「棘蒲侯之子稱太子何？」又「輂」字旁墨筆批：「史記作『輂車』，徐廣曰：大車駕馬曰輂，音已足反。」

「爵或至關内侯，奉以二千石所當得。」末三字旁墨筆批：「史記作『所不當得』。」

「大夫但、士伍開章等七十人，與棘蒲侯太守奇謀反，欲以危宗廟社稷，謀使閩越及匈奴發其兵。」「守」字旁硃筆批：「子。」「社稷」旁墨筆批：「史記『社稷』下，有『使開章陰告長與謀使』云云。」

「爲亡命棄市、詐捕命者以除罪。」墨筆眉批：「『爲亡命棄市』二句，史記作『爲命棄市罪』。」

「安初入朝，雅善太尉武安侯，武安侯迎之霸上，與語曰：方今上無太子」云云。末句旁硃筆批：「是何大臣之言？」

「王有女陵，慧有口。王愛陵，多予金錢，爲中詗長安。」硃筆旁批：「不知女子如何爲中詗事。」

卷四十五

「通說信曰：將軍受詔擊齊，而漢獨發閒使下齊，寧有詔止將軍乎？何以得無行！且酈生一士，伏軾掉三寸舌，下齊七十餘城」云云。硃筆旁批：「酈生暗吃此虧。此說，蒯生大沒來由。」

「信曰：漢遇我厚，吾豈可見利而背恩乎！」硃筆旁批：「正話。」

「初，齊王田榮怨項羽，謀舉兵畔之劫齊士，不與者死」云云。墨筆眉批：「田榮怨畔項羽，亦不同他君臣之義。劫兩人強從，亦不同他亂人黨惡之情。而二人耻之，只是潔身之義當然耳。」

「被曰：必不得已，被有愚計」云云。硃筆旁批：「何忽然有此說？」

「會陽陵朱安世告丞相公孫賀子太僕敬聲爲巫蠱事」云云。墨筆眉批：「公孫賀傳曰：巫蠱之禍，起自朱安世，成于江充。」

「太子懼，不能自明，收充，自臨斬之。」墨筆眉批：「此斬大快。」

「躬立表，欲穿長安城，引漕注太倉下，以省輸。議不可成，乃止。」墨筆眉批：「勢不能行，然論不必廢。有可行者，援之以建事省費，自好。」

「虹蜺曜兮日微，孽杳冥兮未開。」硃筆眉批：「微、開叶。」

卷四十六

「衛綰，代大陵人也。」墨筆眉批：「地理志，大陵屬太原。」〔一〕

「吳楚反，詔綰爲將，將河間兵擊吳楚有功，拜爲中尉。」墨筆眉批：「綰一味謹愼人，何能將兵？」

「周仁，其先任城人也。」墨筆眉批：「任城，志屬東平國。」

「張歐字叔，高祖功臣安丘侯說少子也。」墨筆眉批：「歐不著何處人，功臣表說亦不著何處

〔一〕此條，傅山全書初版本誤入上卷末，據批點手稿移至此。

人，但曰：『以卒從起方與。』」

卷四十八

「河南守吳公聞其秀材，召置門下，甚幸愛。」墨筆眉批：「幸愛，只言其親愛之耳，豈後世之所嬖幸者哉？」

「絳、灌、東陽侯、馮敬之屬盡害之，迺毀誼曰」云云。墨筆眉批：「害誼者，周勃、灌嬰、張相如、馮敬，而今但云絳、灌耳。絳是封國，灌是姓，古文不拘乃爾。若用封，當曰絳、潁陰，若用姓，當曰周、灌。」

「斡棄周鼎，寶康瓠兮。」注：「師古曰：斡，轉也，音管。」墨筆眉批：「斡棄，注『斡，轉也，音管』，想當時有此讀。」

「襲九淵之神龍兮，沕淵潛以自珍。」注：「鄧展曰：襲，重也。」硃筆眉批：「此『襲』字解『重』字無謂。」

「般紛紛其離此郵兮，亦夫子之故也。」注：「師古曰：般，盂音是也，字從丹青之丹。」硃筆眉批：「般從舟不從丹，顔云從丹，想當時有此法。」

「千變萬化，未始有極，忽然爲人，何足控揣？」後二句旁硃筆批：「何莊生也？」

「禮祖有功而宗有德，使顧成之廟稱爲太宗。」墨筆眉批：「顧成無注，義當如守成，猶言太祖所成就之治，顧視之不敢令敗也。」

「矯僞者出幾十萬石粟，賦六百餘萬錢，乘傳而行郡國。」注：「如淳曰：此言富者出錢穀，得高爵，或乃爲使者，乘傳車循行郡國，以爲榮也。」墨筆眉批：「矯僞者，連下『賦六百萬』云云讀去，也難解。如淳亦通。」

「夫卑賤者習知尊貴者之一旦吾亦迺可以加此也。」墨筆眉批：「『夫卑賤者』一句二十字。」

「遇之有禮，故羣臣自憙；嬰以廉耻，故人矜節行。」墨筆眉批：「故羣臣自憙、嬰廉耻，二句對讀。」

「故曰聖人有金城者，比物此志也。」注：「如淳曰：此謂比方也，使忠臣以死社稷之志，比於金城也。」墨筆眉批：「比如『比屋可封』之比。如說亦通。」

「陛下所以爲蕃扞及皇太子之所恃者，唯淮陽、代二國耳。」硃筆眉批：「此謂淮陽、代二國爲蕃扞者，不謂二國之地勢，謂二國爲王武與參是文帝親子、景帝之親弟兄耳。」

「其吏民繇役往來長安者，自悉而補，中道衣敝。」注：「應劭曰：自悉其家資財，補縫作衣。」硃筆眉批：「『自悉而補』四字亦難解。若『中道衣敝，自悉而補』則不得解也。」又墨筆眉批：「『補』字又何必帖『衣』字爲縫補之補，只說到繇役上最妥，如更番補役之缺也。」

「梁足以扞齊、趙，淮陽足以禁吳、楚，陛下高枕，終亡山東之憂矣，此二世之利也。」注：「如淳曰：從誼言可二世安耳。」墨筆眉批：「二世分明謂文帝及景帝也。」

「上疏諫曰：竊恐陛下接王淮南諸子，曾不與如臣者孰計之也。」〔一〕注：「孟康曰」云云。硃筆眉批：「孟康、瓚恁地不譯文義。」

「梁王扞之，卒破七國。」硃筆眉批：「『扞』當是『扞』字。」

〔一〕「與」，傅山全書初版本脫，據批點底本補。

「及欲試屬國，施五餌三表以係單于，其術固以疏矣。」墨筆眉批：「于今五餌，實自餌之矣，柰何乎時？」

卷四十九

「社稷臣主在與在，主亡與亡。」注：「如淳曰：人主在時，與共治在時之事；人主雖亡，其法度存，當奉行之。」「主亡與亡」旁硃筆批：「如注，當云不亡。」

「是時絳侯爲太尉，本兵柄，弗能正。」墨筆眉批：「其實論著著在『本兵柄』三字。」

「諸公莫敢爲言，唯盎明絳侯無罪。」墨筆眉批：「又妥常。」

「毋下千家，爲中周虎落。」注：「蘇林曰：作虎落於塞要下，以沙布其表，旦視其跡，以知匈奴來人，一名天田。」硃筆眉批：「蘇說不解。」

「詔策曰『明於國家大體』，愚臣竊以古之五帝明之」云云。硃筆眉批：「鼂策以五帝應明大體，三王應通人事，〔二〕王霸之法應負言其中，亦寵統說去，未嘗自釋其所謂。」

「今執事之臣，皆天下之選已。」硃筆旁批：「周旋語。」

「錯迺穿門南出，鑿廟堧垣。丞相大怒，欲因此過爲奏請誅錯。」墨筆眉批：「其實鑿廟堧垣亦孟浪傅會，殺之亦無辭。」

「因怒謂長史曰：吾當先斬以聞，迺先請，固誤。」硃筆旁批：「是何言？」

「錯當要斬，父母妻子同產無少長皆棄市。」硃筆旁批：「是何法？」

〔二〕「通」，傅山全書初版本脫，據手稿補。

卷五十

「且方其時上使使誅之則已。」硃筆旁批：「此句有大病。」

「張廷尉繇此天下稱之。」硃筆眉批：「『張廷尉繇此天下稱之』句亦似倒，然古質不專以文義之順逆疎密較之。」

「唐曰：主臣！陛下雖有廉頗、李牧，不能用也。」「主臣」下注：「師古曰：恐懼之言，解在陳平傳。」墨筆眉批：「『主臣』解在王陵傳中，固陳平之言，卻不在陳平傳。」

「汲黯字長孺，濮陽人也。」墨筆眉批：「濮陽屬東郡。」

「上退謂人曰：甚矣，汲黯之戇也。」硃筆眉批：「戇，說文陟絳切。」

「安國富民，使囹圄空虛，何空取高皇帝約束紛更之爲？」墨筆旁批：「非苦就行，放析就功。」墨筆眉批：「史記『囹圄虛空』下有『二者無一焉，非苦就行，放析就功』三句，下始爲『何乃取高皇帝』句。」

「濮陽段宏始事蓋侯信」云云。墨筆旁批：「此又因黯是濮陽人及之。」

「鄭當時字莊，陳人也。」墨筆眉批：「地理志無陳名，陳留郡注：瓚曰：留屬陳。」

「高祖令諸故項籍臣名籍」云云。硃筆旁批：「何必爾？」

「當時爲大司農，任人賓客僦。」墨筆眉批：「史記不言當時爲大司農。」

「當時始與汲黯列爲九卿，內行修。兩人中廢，賓客益落。當時死，家亡餘財。」墨筆旁批：「史記曰：鄭莊、汲黯始列爲九卿，廉，內行修。此兩人中廢，家貧，賓客益落。及居郡，卒後家

無餘費。」[二]

「先是，下邽翟公爲廷尉，賓客亦填門，及廢，門外可設爵羅」云云。墨筆旁批：「此取史記贊論妙法。」又硃筆眉批：「如此結法。文章之妙，幾個解得？」

卷五十一

卷五十一至五十四之册封面墨筆批：「嫮，韓安國傳中字。晉灼曰：『音如折嫮之嫮。』『折嫮』不解何義。看廣川一傳，知漢待諸侯王太無法，可恨！」

「吳王以太子事怨望，稱疾不朝。」硃筆旁批：「此事不得不怨望。」

「陽奏書諫」云云。硃筆眉批：「此書左右點幌，妙在不硬頭説破，好書，好書！」

「孝王怒，下陽吏，將殺之。陽客游，以讒見禽，恐死而負絫，迺從獄中上書曰」云云。硃筆眉批：「此書文章家皆習稱之。而我獨不喜。以其調複詞誹，而無他變化，凡八用『何則』字，皆一法。」

「魯哀姜薨于夷。孔子曰：齊桓公法而不譎，以爲過也。」注：「師古曰：法而不譎者，言守法而行，不能用權以免其親也。」硃筆眉批：「法而不譎如此解，文公譎而不正，當何援？」

「乘奏書諫曰：臣聞得全者全昌，失全者全亡。」硃筆眉批：「『全』字不解。」

「湯武之土，不過百里，上不絕三光之明，下不傷百姓之心者，有王術也。」硃筆旁批：「語皆迂拙！此句謂保其禄位，不至使人憐憫歎惜。」硃筆眉批：「漢文去秦不遠。」

[二]「費」，傅山全書初版本誤作「財」，據手稿改。

「故父子之道，天性也，忠臣不避重誅，以直諫，則事無遺策，功流後世。」硃筆旁批：「語法不甚聯絡，而氣意闕出，後世則無此矣。」

「方輪錯出，運行數千里，不絕於道。」注：「師古曰：方軌而輪，雜出貢賦，入於天子。」墨筆眉批：「『方輪』謂以方物貢輸于京者，不必云方軌也。」

「弋獵、射馭、狗馬、蹵鞠、刻鏤。」墨筆眉批：「刻鏤，此處不解。」

卷五十二

「軍士過，輒令財取爲用。」〔二〕墨筆眉批：「過無音。」

「祇加懟自明，揚主之過。」硃筆眉批：「祇，說文、廣韻皆都兮切，短衣也。」

「魏其沾沾自喜耳，多易。」墨筆眉批：「史記注：沾，一作怙。」

「非痛折節，以禮屈之，天下不肅。」注：「師古曰：言以尊貴臨之，皆令其屈節而下己也。」墨筆眉批：「此折節又少不同。」

「以爲漢相尊，不可以兄故私撓。」硃筆旁批：「可笑之極，此等人尚可與往來耶？」

「灌夫字仲孺，潁陰人也。父張孟，常爲潁陰侯。」硃筆眉批：「張孟，灌夫本姓張。」

「數歲，坐法去。家居長安中，諸公莫不稱，〔三〕由是復爲代相。」硃筆旁批：「此長安中，連下讀，下復有『家居長安』句，似此時居潁陰，而長安中諸公稱之也。」

〔二〕「輒」，傅山全書初版本誤作「則」，據批點底本改。

〔三〕「稱」字下，傅山全書初版本衍一「之」字，據批點底本删。

「二年，夫與長樂衞尉竇甫飲，輕重不得，夫醉，搏甫。」硃筆眉批：「飲輕重不得，醉搏竇甫。」

「及竇嬰失執，亦欲倚夫，引繩排根，生平慕之後棄者。」墨筆眉批：「『根』字不音，韻會小補作『拫』字，音胡恩切，從扌不從木。」

「夫嘗有服，過丞相蚡。蚡從容曰：吾欲與仲孺過魏其侯。」墨筆眉批：「『過』字說文無去聲之讀。但云古禾切，度也。後人但以『罪過』之『過』作去聲，而以爲常。此『過』字如『相過』之『過』，當作平聲矣，而注不音。張敞傳亦不音。不知當時的作何音讀。」

「後蚡使籍福請嬰城南田，嬰大望曰」云云。硃筆旁批：「不長俊嘴臉！」

「遣吏分曹逐捕諸灌氏支屬，皆得棄市罪。嬰愧，爲資使賓客請，莫能解。」注：「如淳曰：爲出資費，使人爲夫請罪也。師古曰：如說非也。爲資，爲其資地耳，非財物也。」墨筆眉批：「傅山曰：嬰愧，句。爲資使賓客請，句。似謂此會夫本不成，而嬰強與俱至此，故嬰愧也。乃爲資用使賓客請之。資者，資賓客之用也。如說資費亦不差，師古以爲資地非財物，則似不盡然。但資字意亦甚廣。資財資地皆是用力者之所有也。」又硃筆眉批：「『愧』字不解。」

「且終不令灌仲孺獨死，嬰獨生，迺匿其家，竊出上書。」硃筆旁批：「迺匿其家，言專不令家人知此消息。」

「怒曰：與長孺共一禿翁，何爲首鼠兩端？」注：「服虔曰：禿翁，言嬰無官位版綬也。〔二〕首鼠，一前一卻也。張晏曰：嬰年老，又嗜酒頭禿，言當共治一禿翁也。」墨筆眉批：「與長孺共一

〔二〕「綬」，傅山全書初版本誤作「愛」，據批點底本改。

禿翁，語自難解。」又墨筆眉批：「後漢南匈奴傳贊：『棄蔑天公。』注：『天公謂天子也。引前書云：老禿翁，何爲首鼠兩端？禿翁卽天翁也。若如此解，則禿翁逕是指斥乘輿之言矣。田蚡何遽敢爾！且前書無『老』字。且禿翁卽天翁，不知何說。服虔既有注，難説章懷置不論耶！」

「安國良久謂蚡曰：君何不自喜？」硃筆眉批：「何不自喜，猶言何不自愛。」

「韓安國字長孺，梁成安人也。」墨筆眉批：「地理志，梁國無成安，潁川屬有成安。」

「太后、長公主更賜安國直千餘金。由此顯結於漢。」硃筆眉批：「顯結，謂明白交結也。」

「安國笑曰：公等足與治乎！」注：「師古曰：治，謂當敵也。」硃筆眉批：「當敵，如今俗言對頭。」

「夫匈奴獨可以威服，不可以仁畜也。」硃筆旁批：「是！」

「是則北發月氏可得而臣也。」硃筆眉批：「北發，國名。」

「從行則迫脅，衡行則中絕。」硃筆旁批：「二句亦要細解。」

「將順因單于之欲，誘而致之邊」云云。硃筆眉批：「難説不是。」

「安國爲人多大略，知足以當世取舍。」注：「師古曰：舍，止也。取舍，言可取則取，可止則止。」硃筆眉批：「解不是。」

「明年，匈奴大入邊。」硃筆旁批：「此『明年』字下得亦疎罽！」又墨筆眉批：「此『明年』字，當是從上『爲御大夫五年』來邪？」

「新壯將軍衞青等有功益貴。」硃筆眉批：「新壯將軍衞青等有功。『新壯』兩字，似謂新起而少壯耶？史記作『新幸壯將軍』，便于此大有關生。」

「以韓安國之見器」云云。硃筆眉批：「『見器』二字不解，何也？蓋謂見器于天子也。傳云：天子以爲國器。」

卷五十三

「王恐自殺，葬藍田，燕數萬銜土置冢上，百姓憐之。」墨筆眉批：「燕數萬銜土，南史嶷表，子響曰『昔閔榮伏庾』，卽謂此也。」

「端心慍，遂爲無訾省。」注：「劉奉世曰：無訾省，猶今不藉賴忿，故爲此顏失之。」墨筆眉批：「無訾省，劉奉世說是也。」

「端皆去衞，封其宮門，從一門出入，數變姓名，爲布衣，之它國。」墨筆旁批：「其實快活。」墨筆眉批：「于爲謚。」

「元帝初元三年，復立旦弟宗，是爲孝王。五年薨。」墨筆眉批：「表作四年立，表作三年薨。」

「初，齊有幸臣乘距。」墨筆旁批：「史記作桑距。」

「又告中尉蔡彭祖捕子明，罵曰：吾盡汝種矣。」注：「孟康曰：彭祖之子，明，名也。」墨筆眉批：「如孟康解，以子明爲彭祖之子，〔一〕是何見識？于下『罵曰：吾盡汝種矣』，有何關？」

「齊恐上書，願與廣川勇士奮擊匈奴，上許之。未發，病薨。」墨筆旁批：「南史邵陵王綸詩『方同廣川國，寂寞久無聲』，義當取此。」

「後去立昭信爲皇后。」墨筆旁批：「諸侯正妻亦得云后。」

「諸幸於去者，昭信輒譖殺之，凡十四人。皆埋太后所居長壽宮中。」墨筆眉批：「諸侯王母亦

〔一〕「之」，傅山全書初版本脫，據手稿補。

稱太后邪？」

「有司請廢勿王，與妻子從上庸。」墨筆旁批：「便意此狗奴！」

「子海陽嗣。十五年，坐畫屋爲男女贏交接」云云。墨筆旁批：「宗室之淫惡如此！」

「甘露四年，坐廢從房陵。」墨筆旁批：「又便意了！」

「上曰：脩素無行，使棁陷之罪，勃無良師傅，不忍致誅。」墨筆眉批：「『脩素無行，使棁陷之罪』，此句不甚明快。或謂陷棁于罪耶？抑謂棁告陷后與勃于罪耶？」

「自凡人猶繫於習俗，而況哀公之倫乎！」墨筆眉批：「『自凡人猶繫於習俗，而況哀公之倫，』〔一〕言哀公此種，竟不得如凡人也。」

卷五十四

「因抱兒鞭馬南馳數十里，得其餘軍。」硃筆眉批：「不終言所抱兒置何地。」

「將兵乏絕處，見水，士卒不盡飲，不近水，不盡餐，不嘗。」硃筆旁批：「此出致誠。」

「上召禹使刺虎，縣下圈中，未至地，有詔引出之。」硃筆旁批：「老傻樣！」

「軍中豈有女子乎？」硃筆眉批：「難説出軍時便不曾簡點有婦人與無耶！」

「單于遮其後，乘隅下壘石。」注：「服虔曰：山名也。」注旁硃筆打「×」，並硃筆眉批：「服虔好解！」

「陵曰：公止！吾不死，非壯士也！」墨筆眉批：「稱軍吏曰公。」

〔一〕「而」，傅山全書初版本脱，據手稿補。

「武與副中郎將張勝及假吏常惠等募士斥候百餘人俱。」注：「師古曰：募人以充士卒，及在道爲斥候者。」硃筆眉批：「傅山曰：「『募士斥候』似謂募士爲斥候者，非兩層說。」

卷五十五

「衛青字仲卿，其父鄭季，河東平陽人也。」硃筆眉批：「衛青本姓鄭。」

「子夫男弟步廣皆冒衛氏。」硃筆旁批：「青父鄭季，步廣父又誰？」

「今車騎將軍青度西河至高闕，獲首二千三百級，車輜畜產，畢收爲鹵」云云。墨筆眉批：「趙充國傳：中郎將卬斬首降者，亦二千餘級，與此同。」

「於是上曰：票姚校尉去病斬首捕虜二千二十八級，〔一〕得相國，當戶。斬單于大父行籍若侯產，捕季父羅姑比，再冠軍。」硃筆眉批：「籍若侯產。羅姑。『比』字未必非與羅姑連爲三字名。」

「及相國都尉捷首虜八千九百六十級，收休屠祭天金人，師率減什七，益封去病二千二百戶。」墨筆眉批：「師率減什七，『師』上無他言，似謂漢兵失亡之數。此出隴西將萬騎，減十七，則歸來者三千耳。讀下文『戰士不離傷』可見。」

「於是上嘉去病之功，曰：票騎將軍去病率師征匈奴，西域王渾邪王及厥衆萌咸犇於率，以軍糧接食，幷將控弦萬有餘人」云云。「西域王」旁硃筆批：「卽休屠。」「萬有餘人」旁硃筆批：「此萬餘，亦似謂降者。」

「翕侯趙信爲單于畫計，常以爲漢兵不能度幕輕留。」注：「師古曰：一日謂漢兵不能輕入而

〔一〕「姚」，傅山全書初版本誤作「嫖」，據批點底本改。

久留也。」注旁硃筆批：「此説長。」

「薄莫，單于遂乘六羸，壯騎可數百，直冒漢圍，西北馳去。」墨筆眉批：「乘六羸，一單于如何乘六羸？大概言單于左右，有六羸乘之而去，而壯騎數百隨之也。不然，『六』字則『大』字之少訛邪？」

「單于復得其衆，右王乃去單于之號。」硃筆旁批：「此不曰『後其衆得』，而曰『單于後得其衆』，亦偶然文法少變耳。」

「上曰：票騎將軍去病率師躬將所獲葷允之士」云云。硃筆旁批：「此前所獲降夷也。」

「轉擊左大將，雙獲旗鼓，歷度難侯。」硃筆眉批：「雙獲不知是謂兩獲耶？雙是左大將名耶？」

「兩軍之出塞，塞閲官及私馬凡十四萬匹，而後入塞者不滿三萬匹。」墨筆眉批：「傷馬十一萬餘，而人可知矣。」

「唯獨任安不肯去。」注：「師古曰：安，滎陽人。」墨筆眉批：「滎陽屬河南。」

「左右曰：於今尊貴無比，於是長公主風白皇后，皇后言之，上乃詔青尚平陽主。」硃筆旁批：「混帳事！」

「路博德，西河平州人。」墨筆眉批：「平州，志作平周。」

卷五十六

「董仲舒，廣川人也。」墨筆眉批：「廣川在信都國下。」

「至向曾孫龔篤論君子也，以歆之言爲然。」硃筆旁批：「多少斟酌。」

卷五十七上

「相如歸而家貧，無以自業，素與臨邛令王吉相善。」硃筆眉批：「臨邛令王君亦何可得？」

「諸柘巴且。」墨筆眉批：「巴苴，史記作擣苴。」

「襞積褰縐，鬱橈谿谷。」墨筆根批：「選『縐』下有『紆徐委曲』四字。」

「衯衯裶裶，揚衪戌削。」墨筆眉批：「戌削，史記作『卹削』。」

「於是乎周覽氾觀，縝紛軋芴。」墨筆眉批：「縝紛，史記作瞋盼。」

「然後揚節而上浮，陵驚風，歷駭猋。」注：「師古曰：猋謂疾風從下而上也，音必遙反。」〔一〕

墨筆眉批：「猋本以冉切，而此讀如猋。」

卷五十七下

「故其事宦，未嘗肯與公卿國家之事，常稱疾閒居，不慕官爵。」硃筆旁批：「入高士傳以此。」

「墓蕪穢而不脩兮，魂亡歸而不食。」墨筆眉批：「史記『不食』下，尚有四句：敻邈絕而不齊兮，彌久遠而愈佅；精罔閬而飛揚兮，拾九天而永逝。」

「下峥嶸而無地兮，上嵺廓而無天。」硃筆眉批：「下上兩句，下全寫遠遊中語。」

〔一〕「反」，傅山全書初版本誤作「切」，據批點底本改。

「鬼神接靈圉，賓於閒館。」硃筆眉批：「上林賦有『靈圉賓于閒觀』之句。」

卷五十八

「公孫弘，菑川薛人也。」硃筆旁批：「公孫弘到來不是好人！」

「武帝初即位，招賢良文學士，是時弘年六十，以賢良徵爲博士。」墨筆眉批：「人告歸之時，此老才出仕，也虧他高興。」

「弘至太常，上策詔諸儒，制曰」云云。墨筆眉批：「策問悶帳。」

「禹湯水旱，厥咎何由？」墨筆眉批：「禹之水，湯之旱。」

「弘謝曰：有之。夫九卿與臣善者無過黯。」墨筆眉批：「奸語！」

「夫以三公爲布被，誠飾詐，欲以釣名。」「誠」字下墨筆加一「如」字。

「自九卿以下，至於小吏，無差，誠如黯言。」墨筆旁批：「此句亦難解。」

「然其性意忌，外寬內深。諸常與弘有隙，無近遠，雖陽與善，後竟報其過，殺主父偃，徙董仲舒膠西，皆弘力也。」硃筆旁批：「此何以爲弘？」

「弘曰：此非人情，不軌之臣，不可以爲化而亂法」云云。硃筆旁批：「弘情乃爾！」

「式既爲郎，布衣草蹻而牧羊，歲餘羊肥息。」硃筆旁批：「熱買賣！」

「元鼎中，徵式代石慶爲御史大夫，式既在位，言郡國不便鹽鐵，而船有算，可罷。上由是不說式。」硃筆眉批：「卜式畢竟質實勤劬人。」

卷八十八　漢書批注（下）

卷五十九

卷五十九至六十四上之册封面墨筆批：「昌邑王傳，一篇畫圖。淮南王安上書諫代越，即在嚴助傳中，書□詳洞達，甚可誦也。詭禍爲福，昌邑傳語，詭猶反也。坐是坐，跪是跪，不同。見昌邑王賀傳。不根持論，嚴助傳中語。持論，是持正論者，不根，謂不主于持正論也。」

「務在深文，拘守職之吏。」墨筆眉批：「『拘守職之吏』亦難解。」

「平亭疑法，奏讞疑，必奏先爲上分別其原。」墨筆眉批：「愚謂『疑必奏』句。」

「上責臣，臣弗用，愚抵此。」墨筆眉批：「『上責臣』三字，于文義似多。如此屬上責臣亦可。」

「河東人李文故嘗與湯有隙，已而爲御史中丞，薦數從中文事有可以傷湯者不能爲地。」注：「師古曰：其有文書事可用傷湯者，不爲作道地也。」硃筆眉批：「不能爲地，解作不爲作道地，未盡『能』字之義。」又於「不能爲地」旁硃筆批：「能，義猶肯。」

「事下廷尉，謁居病死。事連其弟，弟繫導官。」注：「師古曰：導，擇也，以主擇米，故曰導官。」墨筆眉批：「百官表，導官屬少府。」

「湯數行丞相事，知此三長史素貴，常陵折之。」末句旁墨筆批：〔二〕「何爲？」墨筆眉批：「行丞相事，而陵折丞相長史，小人哉！與前收接天下名士大夫行逕何反也？」

「上惜湯，復稍進其子安世。」墨筆眉批：「溝洫志：拜張湯子卬爲漢中守。」

「安世曰：明主在上，賢不肖較然。臣下自修而已，何知士而薦之？」墨筆眉批：「張安世不薦士。衛青答蘇建書曰：招賢黜不肖者，人主之柄也。人臣奉法遵職而已，何與招士？與安世語同，而心事异。」

「延壽已歷位九卿」，「薨，謚曰愛侯，子勃嗣，爲散騎諫大夫。」墨筆眉批：「表作敞者差。」

「知男子李游君欲獻女，使樂府音監景武強求，不得。」墨筆眉批：「禮樂志云：定陵富平外戚家，至與人主爭女樂。然則此李游君，亦女樂耶？上云男子，不説爲何等人，是得獻女爲女樂也。」

卷六十

「周曰：三尺安出哉？前主所是著爲律，後主所是疏爲令。」硃筆旁批：「胡説！」

「又丞相素無所守持，而爲好言於下，盡其素行也。」硃筆旁批：「句拙而義詳。今之學古文者，不能爲此，亦不知爲此。」

「光以廷尉少府弄法輕重，皆論棄市。而不以及丞相，終與相竟。」硃筆眉批：「『終與相竟』四字，亦不易解。」

〔二〕「墨筆」，傅山全書初版本誤作「硃筆」，據手稿改。

「後將軍趙充國、大司農田延年、少府史樂成，功比典客劉揭，皆封侯益土。」墨筆眉批：「功臣表：便樂成封爰氏侯。」〔二〕

「鳳心慙，稱病篤，欲遂退。欽復說之。」末句旁硃筆批：「此又何必！」

「章既死，衆庶寃之，以譏朝廷。欽欲救其過，復說鳳曰」云云。〔三〕硃筆眉批：「欽既不好爲吏矣，而苦苦周旋一王鳳，何也？」

卷六十一

「騫曰：爲漢使月氏，而爲匈奴所閉道，今亡，唯王使人道送我。」硃筆眉批：「兩『道』字相去不遠。上『道』，道路之道；下『道』，導引之導。」

「留歲餘，單于死，國内亂。騫與胡妻及堂邑父俱亡歸，漢拜騫大中大夫。」硃筆眉批：「胡妻何必輒用同來也？」

「騫曰：臣在大夏時，見邛竹杖、蜀布。」注：「師古曰：而蘓林乃言節間合而體離，誤後學矣。」硃筆眉批：「『節間合而體離』是如何解？」

「誠以此時，厚賂烏孫，招以東居故地，漢遺公主爲夫人。」末句旁硃筆批：「何言！」

「天子以爲然，拜騫爲中郎將」，「多持節副使，道可，便遺之他國。」硃筆眉批：「道可便遣，謂多持節副使者，不必一定要往某處，但路上遇有可以去者，卽因便遣之，不拘那國也。」

〔二〕便樂成封爰氏侯在漢書外戚恩澤侯表，此當爲青主筆誤。

〔三〕「鳳」，傅山全書初版本誤作「舜」，據批點底本改。

「其後益習而衰少焉。」硃筆旁批：「『衰少』似不僅謂人，並所齎操亦在其中始備。」

「天子大說，而漢使窮河源，其山多玉石，采來，天子案古圖書，名河所出山曰昆侖云。」硃筆眉批：「此段精神陸離矣。『采來』兩字簡雋，眞古文乃有此不枝之法。」又硃筆根批：「『名』之一字，寫得茂陵郎癡狀可喜。」

「及加其眩者之工，而角氐奇戲，歲增變，其益興，自此始。」硃筆旁批：「古文之不必然句法。」硃筆眉批：「『益興』猶言自此後益發興起角氐奇戲。」

「出其北有胡寇，出其南乏水草，又且往往而絶邑。」硃筆眉批：「『而』字有『卻』，句更健。」

「李廣利女弟李夫人，有寵於上，產昌邑哀王。」墨筆眉批：「外戚傳：李延年中山人。廣利卽延年弟兄。」又硃筆眉批：「李廣利不著何地人。」

「故浩侯王恢使道軍。」硃筆眉批：「漢書文法，凡用人作某事者，不曰使某人爲某事，皆先眞出其人，而卜曰云何云云，〔一〕如『故浩侯王恢使道軍』，不曰『使王恢道軍』之類是也。」

「宛城中無井，〔二〕汲城外流水。於是遣水工徙其城下水，空以穴其城。」硃筆旁批：「空字亦可句。」注：「師古曰：一曰旣徙其水，不令於城下流，而因其舊引水入城之孔，攻而穴之。」硃筆眉批：「傅山曰：如一曰解是。」

「贊曰：禹本紀言河出昆侖」云云。硃筆眉批：「傅山曰：贊最㲉辭矣！」

〔一〕「曰」，傅山全書初版本作「？」，據手稿改。

〔二〕「中」，傅山全書初版本誤作「必」，據批點底本改。

卷六十二

「至於大道之要，去健羨，黜聰明，釋此而任術。」墨筆眉批：「健羨，今人但因『羨』字，便連上『健』字做羨慕意，可笑！」

「十一月甲子朔旦冬至，天歷始改建於明堂，諸神受記。」硃筆眉批：「始建於，『於』字似專指歷言，不謂改立明堂也。」

「夫詩書隱約者，欲遂其志之思也。」注：「師古曰：隱，憂也。約，屈也。」硃筆眉批：「詩書隱約者，注但云憂也、屈也，殊不盡文意。」

「並時異世，年差不明，作十表。」師古曰：並時則年歷差殊，異代則難以明辨，故作表也。」硃筆旁批：「解得不明白。」

「爲太史公書。序略，以拾遺補蓺，成一家言。」注：「孟康曰：蓺音褋，〔二〕謂裳下懷褋。」硃筆眉批：「褋，裳下懷褋，不知其義。褋，字書音于輒切。概引褋榆縣名。从衣之褋則同牒音，云禪衣也。」

「而十篇缺，有録無書。」注：「張晏曰：遷沒之後，亡景紀、武紀、禮書、樂書、兵書。」墨筆眉批：「前有『兵權』字面。」

「太上不辱先，其次不辱身，其次不辱理色」云云。墨筆眉批：「『理色』，注不解。」

〔二〕以上兩「蓺」字，傅山全書初版本誤作「藝」，據批點底本改。

「削木爲吏議不對，定計於鮮也。」注：「文穎曰：未遇刑自殺，爲鮮明也。」〔一〕墨筆眉批：「鮮明，又似以鮮少爲義，〔二〕如幾先早見知微也。」

「及孔子因魯史記，而作春秋，而左丘明論輯其本事，以爲之傳。又纂異同爲國語。又有世本」云云。墨筆眉批：「自『又』字看來，世本豈亦左氏所纂者耶！」

「夫唯大雅，既明且哲，能保其身。」硃筆眉批：「『大雅』貼『明哲』解，亦猶稱大賢云耳。若以其詩列大雅故云，滯矣。『夫唯』兩字可見。」

卷六十三

「寡人束帶聽朝，三十餘年，曾無聞焉。其者寡人之不及與？意亦子大夫之思有所不至乎？其咎安在？」墨筆眉批：「其者，卽其諸之例。口辭通達者亦可，諸亦可。」

「大將軍霍與羣臣議曰」云云。墨筆眉批：「霍但云姓而不名，何也？」

「故王年二十六七，爲人青黑色，小目，鼻末鋭卑，少須眉，身體長大，疾痿，行步不便」云云。硃筆眉批：「畫出一個沒造化奴樣。」

「佩玉環，簪筆持牘趨謁。」墨筆眉批：「簪筆不解取何義？」

「臣敞與坐，語中庭。」「故王跪曰：持轡母，嚴長孫女也。」墨筆眉批：「坐是坐，跪是跪矣。」

〔一〕「遇刑自殺」四字，傅山全書初版本脱，據批點底本補。

〔二〕「又」，傅山全書初版本誤作「不」，據手稿改。

「故王應曰：然。」墨筆旁批：「『故』字不肯去了是體。」

「有司案驗，請逮捕，制曰：削戶三千，後薨。」墨筆旁批：「不及孫萬世之罰。」

卷六十四上

「間者數年歲比不登，民待賣爵贅子，以接衣食。」硃筆眉批：「『賣爵』，注不解，何也？」

「助還，又諭淮南曰：皇帝問淮南王，使中大夫」云云。墨筆眉批：「當云皇帝使中大夫問淮南王，而此云問淮南王使中大夫，似倒。然亦足見古文之活，『使中大夫』竟似帶出語。」

「故遣兩將屯於境上，震威武，揚聲鄉。」硃筆眉批：「鄉，當去聲。」

「於是王謝曰：雖湯伐桀，文王伐崇，誠不過此。」墨筆旁批：「不倫如此！」硃筆眉批：「湯伐桀，引喻不倫。古文質樸如此。」

「助恐，上書謝稱：春秋天王出居于鄭，不能事母，故絕之。」墨筆旁批：「又迂而不倫！」硃筆眉批：「此處引天王出居于鄭之義何謂？」

「會邑子嚴助貴幸，薦買臣。召見，說春秋，言楚詞，帝甚說之。」硃筆眉批：「言楚詞，其即騷耶？抑當時別有所謂楚詞耶？」

「買臣怨湯。及買臣爲長史，湯數行丞相事，知買臣素貴，故陵折之。」墨筆眉批：「長史見丞相，不知當時如何體。」[二]

「買臣易湯，坐牀上，弗爲禮。買臣深怨，常欲死之。」墨筆眉批：「史記酷吏傳『湯坐牀上，

[二]「如何」，傅山全書初版本誤作「何如」，據手稿改。

丞相遇買臣』，何等明快！而漢書大麻煩。『買臣，楚士』四字去不得。」又硃筆旁批：「此似是湯坐牀弗禮也。是以下文云，買臣怨云云。然連上文，則是買臣易湯，而下文云買臣深怨，又是别總起一話頭耳。」又傳末墨筆批：「買臣易湯下，再加一『湯』字何如？」

「徐樂，燕郡無終人也。」墨筆眉批：「志無燕郡。無終在右北平郡下。」

「況羣臣百姓，能爲亂乎？此二體者，安危之明要，賢主之所留意而深察也」云云。〔二〕墨筆眉批：「書後來嘽矣！」

卷六十四下

卷六十四下至六十八之册封面墨筆批：「楊惲先爲戴長樂所告諸望語，乃不忍殺，僅免官。後乃因日食之變，爲猥佐成告驕奢不悔過，惲之所致，何傅會乃爾！逕坐大逆腰斬，斯時廷尉于定國也。」

「嚴安，臨菑人也。以故丞相史上書」云云。墨筆眉批：「書豈不好，只是悶悶，然自漢風。」

「故搢紳者不憚爲詐，帶劍者夸殺人以矯奪。」墨筆旁批：「詐那得便得末？正所謂打詐、嚇詐、騙詐。」

「使蒙恬將兵以北攻彊胡。避地進境，戍於北河」云云。墨筆眉批：「（前闕）辟字加辵非義，當是『開辟』之『辟』。」

「議者美之。此人臣之利，非天下之長策也。」墨筆眉批：「馬永卿嬾眞子載：富鄭公使遼，

〔二〕「深」，傅山全書初版本誤作「明」，據批點底本改。

說其主云：『用兵則士馬物故，國家受其害；爵賞日加，人臣受其利』云。老泉謂二子曰：『古人有此言否？』坡曰：「嚴安亦有此意，但不如此明白。」老蘇笑以爲然。」

「終軍字子雲，濟南人也。少好學，以辯博能屬文，聞於郡中。」墨筆眉批：「他書記終軍識鼮鼠事，〔一〕傳不及。」

「雖伯牙操遞鍾，逢門子彎烏號，猶未足以喻其意也。」〔二〕注：「晉灼曰：遞，音遞送之遞。臣瓚曰：楚辭云：奏伯牙之號鍾。號鍾，琴名也。馬融笛賦曰：〔三〕號鍾高調。」硃筆眉批：「號字旁從虎，與遞字易混。」

「捐之數召見，言多納用。」硃筆眉批：「捐之數召見言事。『捐之』在前，而後言『數見』云云，漢書文法皆然。不曰『數召見捐之言事』也。」

「天下眞大治，士則不隔矣。」硃筆眉批：「士則不隔矣，無注。士謂士人耶？亦謂事邪？」

「興曰：顯鼎貴，上信用之。」硃筆眉批：「鼎貴之鼎，音釘。」

「奏曰：竊見石顯本山東名族，有禮義之家也。」硃筆旁批：「可笑！」

「興、捐之懷詐僞，以上語相風，更相薦舉，欲得大位。漏泄省中語，罔上不道。」硃筆眉批：「『以上語相風』，上語，注不解。」又硃筆旁批：「『以上語相風』，是雜治罪案獄辭中語，謂如上所語也。又似謂得此『縣官嘗言興愈薛大夫』、捐之『皆如言』、『立爲言止』諸語，〔四〕皆是說上語

〔一〕「記」，傅山全書初版本誤作「載」，據手稿改。
〔二〕「以」，傅山全書初版本脫，據批點底本補。
〔三〕「曰」，傅山全書初版本脫，據批點底本補。
〔四〕「立爲言止」，傅山全書初版本誤作「爲立止」，據手稿改。

漏泄處也。」

「王制：『順非而澤，不聽而誅。』請論如法。捐之竟坐棄市。」硃筆眉批：「王制文無『不聽』字。此處文義，似謂其『順非而澤』之辭，雖有可聽亦不聽也，而必于誅殺之。」

卷六十五

「一日卒有不勝洒掃之職。」注：「師古曰：洒音信，又音山豉反。」硃筆眉批：「洒音信，又山豉反，二音俱異。」

「上曰：願謁主人翁。」硃筆眉批：「是何言？」

「後數歲，竇太主卒，與董君會葬於霸陵。」硃筆旁批：「是何禮？」墨筆眉批：「大混帳！」

「上以朔口諧辭給，好作問之。」墨筆眉批：「好作問之，猶言好作弄問之。」

卷六十六

「是時，上避暑在甘泉宫，丞相長史乘疾置以聞。」硃筆旁批：「『疾置』當是最快之驛。」

「廣利曰：願君侯早請昌邑王爲太子。」硃筆眉批：「楊敞夫人亦謂敞爲君侯也。〔二〕車丞相傳，霍光亦謂千秋爲君侯也。」

「明年，昭帝崩，昌邑王徵即位，淫亂。」硃筆眉批：「不曰徵昌邑王即位，而曰昌邑王徵即

〔二〕「也」，傅山全書初版本誤作「矣」，據手稿改。

位，漢書文法往往然。」

「延年從更衣還，敞夫人與延年參語許諾。」注：「師古曰：三人共言，故云參語。」墨筆眉批：「參語，不必輒解爲三人共語。此時敞不知所爲，全是夫人與田延年參共議論，代敞作張主也。」

「移病，盡一日，輒賞一沐。」墨筆旁批：「盡，猶皆也。」

「初惲受父財五百萬，及身封侯」云云。墨筆旁批：「平通侯。」

「又性刻害，好發人陰伏，同位有忤己者，必欲害之，以其能高人，由是多怨於朝廷。」墨筆眉批：「性刻害，好發人陰伏，與前輕財好義反，何也？」又硃筆旁批：「賴了！」

「與太僕戴長樂相失，卒以是敗。」墨筆旁批：「卒以是敗，班書用此句法極熟。」

「還，謂掾史曰：我親面見受詔副帝肄，秺侯御。」墨筆眉批：「秺侯金賞，劉屈氂傳：商丘成亦封秺侯。」

「亦上書告惲罪：高昌侯車犇入北掖門」云云。墨筆旁批：「此以下皆長樂告惲之言。」

「我不能自保，眞人所謂鼠不容穴銜窶數者也。」注：「李奇曰：眞人，正人也。」墨筆眉批：「『眞人所謂』，『眞』是一讀，猶言眞正是人之所謂云云，而以『眞人』爲讀，〔一〕解作正人，失之。」又于注旁墨筆批：「正人亦是正如人之所謂云云。」

「惲曰：冒頓單于得漢美食好物，謂之殠惡。」墨筆旁批：「此話無甚關係。」

〔一〕「爲讀」，傅山全書初版本誤作「所謂」，據手稿改。

「惲上觀西閣上畫人，指桀、紂畫謂樂昌侯王武曰：天子過此，一二問其過，可以得師矣。」〔一〕硃筆旁批：「其實此話是嘉言，天子聞之，豈不廣益？」

「惲曰：得不肖君，大臣爲畫善計不用，自今身無處所。」墨筆旁批：「此語與上文不相應接，然闢生卽離神氣，絕肖。」

「行必不至河東矣！」墨筆旁批：「是何言？」

「上不忍加誅，有詔，皆免惲、長樂爲庶人。」墨筆眉批：「賢哉宣帝！」

「伏維聖主之恩，不可勝量。」硃筆旁批：「亦自有臣子之體。」

「故君父至尊親，送其終也，有時而既。」硃筆旁批：「宣帝所惡者此邪？」

「其詩曰：田彼南山，蕪穢不治，種一頃豆，落而爲萁，人生行樂耳，須富貴何時？」注「張晏曰：山高而在陽，人君之象也」云云。墨筆眉批：「張晏之解大可笑！」

「頃者足下離故土，臨安定」云云。墨筆眉批：「大掃興！」

「會有日食變，騶馬猥佐成上書，告惲驕奢不悔過，日食之咎，此人所致。」墨筆旁批：「胡說！」墨筆眉批：「佐成，成何日者？且以日食之咎，而單責諸一驕奢不悔過之楊惲，何居乎？此廷尉者，尚爲于定國邪？大逆無道，安所謂平？」

「章下廷尉，按驗得所予會宗書。宣帝見而惡之。」硃筆旁批：「有何可惡？宣乎哉！」

楊惲傳傳末墨筆批：「表，地節元年，于定國爲廷尉，十七年遷。定國傳曰：爲廷尉十八歲。此時廷尉當是于也。」

〔一〕「以」，傅山全書初版本脫，據批點底本補。

「義爲丞相時，年八十餘，短小無須眉，貌似老嫗，行步俛僂。」硃筆旁批：「畫出。」

「議者或言光置宰相不選賢，〔一〕苟用可顓制者。」硃筆旁批：「也似。」

「萬年廉平，内行修，〔二〕然善事人」〔三〕云云。墨筆眉批：「韓非子：張譚相韓，病將死，公乘無正懷三十金而問其疾。居一月，上問張譚曰：『若子死，誰可代子？』曰：『無正重法而畏上，雖然，不如公子食我之得民也。』譚死，因相公乘無正。陳萬年竟用此術。」

「及吉病甚，上自臨，問以大臣行能，吉薦于定國、杜延年及萬年，萬年竟代定國爲御史大夫。」「萬年竟代」旁墨筆批：「丙相亦爾，使上了！」

「萬年死後，元帝擢咸爲御史中丞，總領州郡。」墨筆眉批：「王莽講禮官亦名陳咸，亦沛郡人。喜得不是此君。」

「然操持掾史，郡中長吏皆令閉門自斂，不得踰法。」墨筆眉批：「州官放火矣！」

「咸數賂遺湯，予書曰：『即蒙子公力，得入帝城，死不恨。』」墨筆旁批：「著急爾爾！」

「後竟徵入爲少府。〔四〕少府多寶物、屬官。」墨筆眉批：「少府多寶物、屬官，『屬官』連上句。百官表少府下列之甚詳。」

「爲槐里令」云云。硃筆旁批：「槐里會上疏。」〔五〕

〔一〕「光」，傅山全書初版本誤作「先」，據批點底本改。

〔二〕「行修」，傅山全書初版本誤作「修行」，據批點底本改。

〔三〕「善」，傅山全書初版本誤作「喜」，據批點底本改。

〔四〕「爲」，傅山全書初版本脫，據批點底本補。

〔五〕此條，傅山全書初版本脫，據手稿補。

卷六十七

「楊王孫者，孝武時人也。學黄老之術，家業千金，厚自奉養生，亡所不致。及病且終，先令其子曰：吾欲羸葬，以及吾眞。」「吾是以羸葬，將以矯世也。」硃筆旁批：「此説又多了。」硃筆眉批：「既是反眞，又何必云矯世？」

卷六十八

「桑弘羊當與諸大臣共執退光，書奏，帝不肯下。」硃筆眉批：「『當』字亦可不有。下云『帝不肯下』，是書已上矣。而『當』字似未上欲上時詞。若炤下文解之，則『當』是『擔當』之『當』，猶言弘羊硬自承當。」

「擊鐘磬，召内泰壹宗廟樂人，輦道牟首。」注：「劉敞曰：予謂牟者，岑牟也。岑牟，蓋鼓角士胄，卽禰衡爲鼓吏所著者。」墨筆眉批：「岑牟之衣，亦不云爲胄。」

「太后曰：『止！爲人臣子，當悖亂如是邪！』王離席伏。尚書令復讀」云云。硃筆眉批：「如畫出，如見，波瀾之妙！」

「黨親連體，根據於朝廷。」硃筆眉批：「不學無術四字盡之矣！」

「樅木外臧椁十五具。」墨筆眉批：「外臧椁十五具，不知如何制度。」

「起三出闕，築神道。」硃筆眉批：「『三出闕』不解。」

「數日起視事。顯及禹、山、雲自見日侵削」云云。墨筆旁批：「至此以下至『奈何』，叙一家私語細曲。」

「俊上書者益黠，盡奏封事」云云。墨筆旁批：「『盡』字義當如『凡』字耶？」

「不關尚書，益不信人。」墨筆眉批：「『益不信人』四字，于上下文無所着，注文不解，何也？」

「顯曰：丞相數言我家，獨亡罪乎？」墨筆旁批：「魏相。」

「後車騎將軍張安世代光驂乘，天子從容肆體，其安近焉。」墨筆眉批：「『安近』兩字，註不及。蓋謂安舒無他猜防，與安世不相遠避也。」

「日磾視其志意有非常，心疑之，陰獨察其動靜，與俱上下。」墨筆眉批：「『與俱上下』四字，與張湯傳句法同。」

「而涉之從父弟欽舉明經，爲太子門大夫。」墨筆旁批：「欽不知是誰子，後云爲父明立廟，是明之子也。」

「自當爲父、祖父立廟。」「父」旁墨筆批：「不知名。」「祖父」旁墨筆批：「建。」

「賞故國君，使大夫主其祭。」墨筆旁批：「禮宜當主賞之祭，不得顧其父及祖建也。」

又墨筆作金日磾世系表：

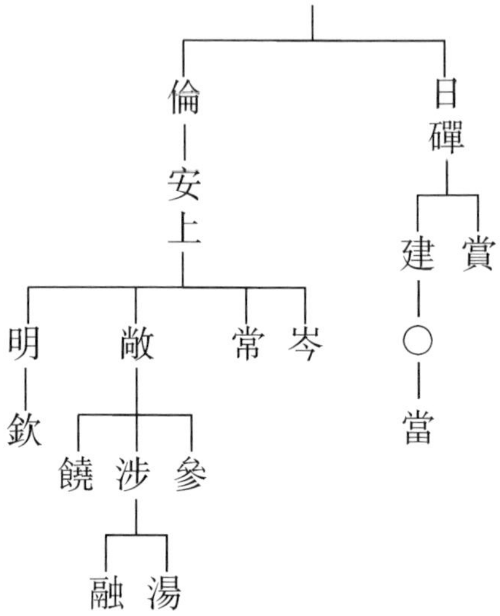

卷六十九

「趙充國字翁孫，隴西上邽人也。後徙金城令居。」墨筆眉批：「昭帝分隴西、天水置金城。」

「是後，羌人旁緣前言，抵冒渡湟水。」墨筆眉批：「『旁緣前言』何說？蓋謂前義渠所聞之言耶？」

「安國至，召先零諸豪三十餘人，以尤桀黠，皆斬之。」硃筆旁批：「逼下事了。」

「充國曰：百聞不如一見。兵難隃度，臣願馳至金城，圖上方略。」墨筆眉批：「王儉傳『趙充國猶能自舉西零之任』，謂此。」

「合疏捕山間虜。」注：「師古曰：疏字本作跡。」墨筆眉批：「『疏』字大有義，何必作『跡』？」

「今虜朝夕爲寇，土地寒苦，漢馬不能冬」云云。硃筆眉批：「此處辛趙稍嫌矣。」「將軍急裝，因天時，誅不義，萬下必全，勿復有疑。」墨筆眉批：「『萬下必全』，『萬下』不解，何也？『下』字恐訛。」

「豪靡忘使人來言」云云。「靡忘」旁墨筆批：「後封爲獻牛君。」

「竟沮敗羌。」墨筆旁批：〔二〕「『敗』句耶？『羌』句也。」

「萬人留田，順天時，因地利，以待可勝之虜。雖未卽伏辜，兵決可期月而望羌虜瓦解」云云。注「如淳曰：羌胡言欲降，受其言遣去者。師古曰：羌虜卽羌賊耳，無豫於胡也。」墨筆眉批：「如意羌胡卽羌虜，看胡虜一字耳。顏駁曰：無豫於胡，亦瑣。」

「將軍獨不計虜聞兵頗罷，且丁壯相聚，攻擾田者，及道上屯兵，復殺略人民，將何以止之？」硃筆旁批：「此總謂羌虜來攻擾也。」

「罕、开、莫須又頗暴略其羸弱畜產，畔還者不絕。」硃筆眉批：「畔還不絕句，還當細解。」

「宜亡它心，不足以故出兵。」硃筆旁批：「猶言不足以此緣故而出兵也。」

「今聽將軍，將軍計善。其上留屯田及當罷者人馬數。」硃筆旁批：「此時才準行屯田，而明年五月充國還，看來竟不曾屯得便罷歸耶！」

「破羌斬首二千級，中郎將卬斬首降者亦二千餘級。」〔三〕墨筆眉批：「衞青傳：斬輕鋭之卒，捕伏聽者三千一十七級。注：師古曰：本以斬敵一首，拜爵一級，因復名生獲一人爲一級也。此云

〔二〕「旁批」，傅山全書初版本誤作「眉批」，據手稿改。

〔三〕「將」，傅山全書初版本脫，據批點底本補。

斬首降者亦二千餘級，正同衛傳。」

「明年五月充國奏言」云云。墨筆眉批：「明年五月是神爵二年之五月。」

「及諸豪弟澤、陽雕、良兒、靡忘皆帥煎鞏、黄羝之屬四千餘人降。」墨筆旁批：「果然得矣！」

「及充國還言兵事，武賢罷歸故官，深恨，上書告卬泄省中語，卬坐禁止，而入至充國莫府司馬中亂屯兵，下吏，自殺。」硃筆眉批：「辛武賢不長俊！」又墨筆眉批：「老營平有破羌之功，而子卬尚死；武賢讒訐之口，當時廟堂遝無一言，何也？」

「天子命我，從之鮮陽。」注：「宣帝使充國共武賢請聖六於鮮水之陽也。」墨筆眉批：「『聖六』兩字不知爲何字之訛，想不來。」硃筆根批：「『請聖』亦不知何訛。」

「遂克西戎，還師於京」云云。硃筆旁批：「此處于屯田事大略少精神。」

「於是司直陳崇舉奏其宗親隴西辛興等侵凌百姓」云云。墨筆眉批：「陳崇拘奴，者一節，大該死！」

卷末墨筆批：「辛氏兄弟亶以不甚詘事兩甄，而構奇禍。功名後昆，不幸而與奸邪同時，幾微先灼。非明哲學術人，尚以尋常處之，未有不受浸潤之毒者，三日不讀道德經，豈止舌本强哉！」

卷七十

「傅介子，北地人也。」墨筆眉批：「義陽侯。」

「常惠，太原人也。少時家貧，自奮應募，隨移中監蘇武使匈奴，并見拘留十餘年。」墨筆眉批：「長羅侯。貧道直不信太原有此常將軍。」

「鄭吉，會稽人也。」墨筆眉批：「安遠侯。」

「甘延壽字君況，北地郁郅人也。」墨筆眉批：「義成侯。」

「陳湯字子公，〔二〕山陽瑕丘人也。少好書，博達，善屬文。」墨筆眉批：「子公終身不得封侯，但爵爲關内侯。」

「初元二年，元帝詔列侯舉茂材，勃舉湯。湯待遷，父死不奔喪。」硃筆旁批：「表，甘露三年，繆侯敞嗣，四年薨。初元二年，共侯臨嗣。」

「司隸奏湯無循行，勃選舉故不以實，坐削戶二百，會薨，因賜謚曰繆侯。」墨筆眉批：「恩澤侯表，富平謚繆者名敞，不名勃。」又硃筆眉批：「選舉不實謚繆。」又「因賜謚曰繆侯」句旁硃筆批：「嚴哉！」

「後復以薦爲郎，數求使外國。」墨筆旁批：「自知其能。」

「建昭三年，湯與延壽出西域。」「今郅支單于威名遠聞，侵陵烏孫、大宛，常爲康居畫計，欲降服之」云云。墨筆眉批：「本使西域耳，擅以意外擊郅于。」

「漢兵胡兵合四萬餘人。」硃筆旁批：「足用。」

「單于下騎，傳戰大内。」注：「師古曰：下騎謂下樓而騎馬也。傳戰，轉戰也。大内，單于之内室也。〔三〕言且戰且行而入内室。」硃筆眉批：「此處既云且戰且行，而入大内後，如何又言走入

〔二〕「陳湯」，傅山全書初版本誤作「陳陽」，據批點底本改。

〔三〕「之」，傅山全書初版本脫，據批點底本補。

大内云云？」〔一〕「傳戰大内」〔二〕句旁墨筆批：「又似傅會云：待漢兵進來，戰于大内也。」又於注旁墨筆批：「此時漢兵未與單于交戰，何得云轉？」〔三〕

「四面環城，亦與相應和。」墨筆旁批：「此兵在木城中，土城外。」

「斬郅支首及名王以下。宜縣頭稾街蠻夷邸間。」注：「崔浩以爲稾當爲橐，橐街卽銅駝街也」云云。硃筆眉批：「崔浩以學問傅會，而忘卻東西京之地。」

「議久不決，故宗正劉向上疏曰」云云。墨筆眉批：「疏委曲可誦。」

「其詩曰：嘽嘽焞焞，如電如雷」云云。墨筆旁批：「小雅采芑。」

「其詩曰：吉甫宴喜，旣多受祉」云云。墨筆旁批：「小雅六月。」

「匡衡、石顯以爲郅支本亡逃失國，竊號絶域，非眞單于。」硃筆旁批：「眞胡説！」

「衡、顯復爭，迺封延壽爲義成侯，賜湯爵關内侯。」墨筆眉批：「關内侯。其實功獨虧子公按劍。」

「廷壽遷城門校尉、護軍都尉，薨於官。」墨筆旁批：「甘延壽了。」

「丞相衡復奏湯以吏二千石奉使，顓命蠻夷中，不正身以先下，而盜所收康居財物」云云。墨筆旁批：「還纏前事。」硃筆眉批：「匡衡到底私意齷齪。」

「獨有一陳湯耳！假使異世不及陛下，尚望國家追録其功，封表其墓，以勸後進也。」「假使異

〔一〕「走入」，傅山全書初版本誤作「轉」，據手稿改。
〔二〕「戰」，傅山全書初版本誤作「入」，據批點底本改。
〔三〕「轉」字下，傅山全書初版本衍「戰也」二字，據手稿删。

世」旁墨筆批：「謂湯在前，不當今時。」

「段會宗字子松，天水上邽人也。竟寧中，以杜陵令五府舉爲西域都護、騎都尉、光祿大夫。西域敬其威信。」硃筆眉批：「關内侯。」墨筆眉批：「凡五使西域。」

「會宗爲人好大節，矜功名，與谷永相友善。谷永閔其老復遠出，予書戒曰」云云。硃筆眉批：「此書極可喜！」

「歲餘，小昆彌爲國民所殺。」硃筆旁批：「安日。」〔一〕

卷七十一

「廷尉驗治何人，竟得姦詐。本夏陽人，姓成名方遂，居湖，以卜筮爲事」云云。墨筆旁批：「此處補此一案，似不相接，當在『送詔獄』以下，『天子與大將軍』以上爲妥。然古文法不似後人專在承接明白上見，此其一端也。」

「于定國字曼倩，東海郯人也。」墨筆眉批：「西平侯。」

「廣德曰：陛下不聽臣，臣自刎，以血汙車輪，陛下不得入廟矣。」「臣自刎」旁墨筆批：「何至如此可笑？」注：「師古曰：言不以理，〔二〕終不得立廟也。一日以見死傷，犯於齊絜，不得入廟祠也。」墨筆眉批：「此處那得便言不得入廟？『一曰』是也。」

「彭宣字子佩，淮陽陽夏人也。」墨筆眉批：「地理志無淮陽郡，蓋淮陽王國也。」又批：「長

〔一〕此條，傅山全書初版本脱，據手稿補。

〔二〕「理」，批點底本作「禮」，此據中華書局標點本。

平侯。」

「會哀帝崩，新都侯王莽爲大司馬，秉政專權，宣上書言」云云。墨筆旁批：「不能殺莽者，只得告退，是本分事。」墨筆眉批：「有見識人，自爾知幾。」

「贊曰」云云。墨筆眉批：「康樂詩：彭、平裁知恥。」

卷七十二

「其論曰：或問：君子疾沒世而名不稱，盍執諸名？卿可幾。曰：君子德名爲幾。」硃筆眉批：「『執』字是字法。」

「久幽而不改其操，雖隨和何以加諸？」墨筆眉批：「隨和掉珠玉，從來爾。」

「王吉字子陽，琅邪皋虞人也。」墨筆眉批：「儒林趙子傳云：河內人也。授同郡蔡誼，誼授同郡王吉，吉亦河內人矣。而傳云琅邪皋虞人，不解。」

「其仁厚豈有量哉！」硃筆旁批：「此解亦非體。」〔一〕

「臣禹犬馬之齒八十一」云云，「凡有一子，年十二。」墨筆眉批：「八十一而子方十二歲，是七十時生者。」

「鮑宣字子都，渤海高城人也。」「除宣爲西曹掾，甚敬重焉。」末句旁硃筆批：「四字可删。」

「白首耆艾，魁壘之士」云云。硃筆旁批：「四字重復堆壘，唯漢文爲然，後人省矣。」

「貪吏並公受取不已，三亡也。」注：「師古曰：並，依也，音步浪反。」硃筆眉批：「『並』

〔一〕此條，傅山全書初版本脱，據手稿補。

字卽不解『依』字亦得。並音步浪反。」

「又有七死：酷吏毆殺，一死也；治獄深刻，二死也；寃陷亡辜，三死也。」硃筆旁批：「以上三死，只是一件。」

「志但在營私家，稱賓客，爲姦利而已。」硃筆眉批：「賓客亦何容易稱？」

「急徵故大司馬傅喜使領外親。」硃筆旁批：「是。」

「平帝卽位，王莽秉政，陰有篡國之心。」末句旁硃筆批：「四字俗氣。」

「紀逡、兩唐，皆仕王莽。」硃筆旁批：「一句了卻。」

「唐林數上疏諫正，有忠直節。」硃筆旁批：「甚忠直？」

卷七十三

「興國救顛，孰違悔過，追思黃髮，秦穆以霸。」墨筆眉批：「過、霸叶。」

「其在鄒詩曰：微微小子，旣耇且陋，豈不牽位，穢我王朝。」墨筆眉批：「陋、朝叶。」

「我旣罨逝，心存我舊，夢我瀆上，立于王朝。」墨筆眉批：「舊、朝叶。」

「赫赫顯爵，自我隊之；徽微附庸，自我招之。」[一]墨筆眉批：「古詩以『之』結句者，[二]類皆第七字叶。此隊、招不叶，竟以『之』字爲叶耳。」

「於赫三事，匪俊匪作；於蔑小子，終焉其度。」墨筆眉批：「俗話！」

[一]「招」，傅山全書初版本誤作「抬」，據批點底本改。

[二]「之」字下，傅山全書初版本衍一「字」字，據手稿刪。

「誰謂華高，企其齊而；誰謂德難，厲其庶而。」墨筆眉批：「而字叶同前之。」

「于異卿士，非同我心；三事惟囏，莫我肯矜。」墨筆眉批：「心、矜叶。」

「諸侯始封之君，皆爲太祖。以下五廟，而迭毀，毀廟之主，藏乎太祖」云云。墨筆眉批：「『以下五廟』，『五』字當作『四』字始明快。合上下觀廟四之說，太廟原不在毀之數中。」

「言始受命而王，祭天以其祖配，而不爲立廟，親盡也。」墨筆旁批：「如此則后稷亦不得立廟邪？」

「太上皇、孝惠、孝文、孝景廟，皆親盡，宜毀。」墨筆眉批：「傅山曰：孝文毀不得。」

「諫大夫尹更始等十八人以爲皇考廟，上序於昭穆，非正禮，宜毀。」墨筆眉批：「悼皇考，敘于昭穆，非禮。」

「今高皇帝爲太祖，孝文帝爲太宗，孝景皇帝爲昭，孝武皇帝爲穆」云云。墨筆眉批：「如此，則高皇帝、文帝，二主並耶？孝景昭，孝武穆，孝昭孝宣俱爲昭，是昭位有三，穆位只孝武一位。若悼皇考，亦敘于昭穆，〔一〕以孝昭爲昭言之，則悼皇考當在穆位，此不當。」〔二〕又墨筆旁批：「此祖宗二廟，不知如何位置，將並之耶？」又墨筆根批：「從廟制，至此如議，不知在前太上皇與高祖之廟如何位置。」

「大禘則終王。」注：「服虔曰：蠻夷，終王乃入助祭，各以其珍貢以共大禘之祭也。〔三〕師古

〔一〕「亦」，傅山全書初版本脫，據手稿補。

〔二〕「此」，傅山全書初版本誤作「比」，據手稿改。

〔三〕「各以其珍貢以共大禘之祭也」一句，傅山全書初版本誤作「各以珍貢以其大禘之祭也」，據批點底本改。

曰：每一王終，新王即位，乃來助祭。」墨筆眉批：「『大禘則終王』一句，元難解。服、顔二解，俱不明快。」

「自貢禹建迭毁之議，惠、景及太上寢園，廢而爲虚，失禮意矣。」墨筆眉批：「前云迭毁之禮自有常法，無殊功異德，固以親疏相推。此又云貢禹建迭毁之議，失禮意，似自矛盾。」〔二〕

〔二〕以下批本缺佚。

卷八十九　後漢書批注〔一〕（上）

後漢書序

墨筆尾批：「不題袁宏後漢紀，何故？」

目録

目録至卷二下之册封面墨筆批：「不題袁宏後漢紀，何故？」

卷五十：「王霸。」墨筆下批：「逸民傳有同名。」

卷六十六：「鄭興。子衆。」墨筆下批：「宦者傳有。」「張霸。陵弟玄。」墨筆下批：「後儒林傳有張玄。」

卷七十二：「東平憲王蒼。〔二〕子任城孝王尚。」墨筆眉批：「爲善最樂。」

卷七十三：「朱暉。孫穆。」墨筆下批：「給璧暉事。」

卷七十四：「張禹。」墨筆下批：「同姓名。」

〔一〕　此篇據山西博物院藏批點手稿整理。批點底本爲明萬曆二十四年刊本。卷一至四十八由孫蔭亭釋文。卷四十九至末由任仲民釋文。全文由李鳳琴校補。重複書中詞句的批語未録。

〔二〕　「平」，傅山全書初版本誤作「王」，據批點底本改。

卷八十二：「崔駰。子瑗。孫寔。」墨筆旁批：「崔烈銅臭。」
卷八十三：墨筆下批：「傳前有序。」
卷八十五：「廣宗殤王萬歲。」墨筆眉批：「劉萬歲可對蔡千秋。」
卷八十四：「趙岐。」墨筆下批：「馬融侄壻常鄙賤，融不與相見。北海孫賓石。」
卷九十七：「李膺。」墨筆下批：「南史有。」
卷一百五：「劉焉。」墨筆下批：「與前中山簡王同名。」
卷一百七：「王吉。」墨筆下批：「同名。」
卷一百九上：「任安。」墨筆下批：「同名。」
卷一百一十上：「劉毅。」墨筆下批：「晉有。」
「王逸。」墨筆下批：「子延壽。」
卷一百一十下：「張超。」墨筆下批：「同姓名。」
卷一百一十一：「譙玄。」墨筆下批：「子英奉錢十萬，贖玄，死于公孫述。王皓、王嘉皆不屈公孫述，費貽亦不仕述。任永、馮信皆託青盲，避公孫述。」
「劉茂。」墨筆下批：「晉陽人。」
「李善。」墨筆下批：「同姓名。」
「向栩。」硃筆下批：「莫測此君爲何如人。」
「王烈。」墨筆下批：「太原人，以商賈自穢。」
卷一百一十二下：「韓說。」墨筆下批：「同姓名。」
卷一百一十三：「戴良。」墨筆下批：「學驢鳴者。」

「法眞。」墨筆下批：「好學無常家。南山南，北山北。」

「麗公。」墨筆下批：「未常入城府，夫妻相敬如賓。」

卷二百一十四：「麗湇妻。」墨筆改爲：「麗湇母。」

「董祀妻。」墨筆下批：「卽蔡文姬。」

卷一上

光武帝紀第一上

「十月，與李通從弟軼等起於宛，時年二十八。十一月，有星孛于張。」硃筆眉批：「此星孛得好。」

「王鳳等乞降，不許。」墨筆旁批：「妙。」〔一〕

「光武不省，會諸將軍燒之，曰：令反側子自安。」硃筆旁批：「眞帝王。」〔二〕

「秋，光武擊銅馬於鄡。」墨筆眉批：「鄡，駟鉤封邑。」〔三〕

「馬武先進曰：天下無主，如有聖人承敝而起，雖仲尼爲相，孫子爲將，猶恐無能有益。」墨筆旁批：「說得拙滯無味。」

〔一〕此條，傅山全書初版本脫，據手稿補。
〔二〕此條，傅山全書初版本脫，據手稿補。
〔三〕此條，傅山全書初版本脫，據手稿補。

「壬子，起高廟，建社稷於洛陽，立郊兆于城南，始正火德，色尚赤。」注：「漢禮制度曰：人君之居，前有朝，後有寢。終則制廟以象朝，後制寢以象寢。光武都洛陽，乃合高祖以下至平帝爲一廟，藏十一帝主於其中。元帝次當第八，〔二〕光武第九，故立元帝爲祖廟，後遵而不改。」劉攽曰：「注，『立元帝爲祖廟』，案以世數言之，元帝乃是光武考，非祖也。作祖字誤。」墨筆眉批：「此『祖』字亦未嘗分係祖、考。其義猶言宗廟耳。不然，所謂宗廟者，但有父無祖耶？」

卷一下

光武帝紀第一下

「益州傳送公孫述瞽師、郊廟樂器、葆車、輿輦，於是法物始備。」硃筆眉批：「法物乃得自益州。」

「賜東海王疆虎賁、旄頭、鐘虡之樂。」注：「魏文帝列異傳曰」云云。硃筆眉批：「魏文帝列異傳是丕所作也。」

「甲申，使司空告祠高廟曰」云云。墨筆眉批：「告高廟，廢呂雉。」〔三〕

〔二〕「次」，傅山全書初版本脱，據批點底本補。
〔三〕此條，傅山全書初版本脱，據手稿補。

卷五

安帝紀第五

「十二月，永昌徼外撣國遣使貢獻。」硃筆眉批：「陳禪傳，永寧元年，西南夷撣國王獻樂及幻人，能吐火，自支解，易牛馬頭。」

卷末墨筆批：「祝哽在前，祝噎在後。」〔一〕

卷十四

禮儀志第四

「凡齋天地七日。宗廟山川五日，小祠三日。齋日內有汙染，解齋副倅行禮。先齋一日，有汙穢，災變齋祀如儀。」硃筆眉批：「『汙染』、『汙穢』不知何謂。」

〔一〕此條，傅山全書初版本脫，據手稿補。

卷十五

禮儀志第五

「仲夏之月，萬物方盛。日夏至，陰氣萌作，恐物不楙。其禮：以朱索連葷菜，彌牟蠱鍾。」

硃筆眉批：「『彌牟蠱鍾』不解。」

「武官肄兵，習戰陣之儀、斬牲之禮，名曰貙劉。兵官皆肄孫、吴兵法六十四陣，名曰乘之。」

硃筆眉批：「『乘之』兩字，下一虚字，其義但取之乘耳。」

卷十六

禮儀志第六

「不豫，太醫令丞將醫入就，進所宜藥。嘗藥監、近臣中常侍、小黄門皆先嘗藥，過量十二。」

硃筆眉批：「『過量十二』不解。」

「佐史以下，布衣冠幘，經帶無過三寸，臨庭中。武吏布幘大冠。大司農出見錢穀，給六丈布直。以葬，大紅十五日，小紅十四日，纖七日，釋服。」硃筆眉批：「大紅卽大工也，應以爲領緣。」

「皇帝、皇后以下皆去麤服，服大紅，還宫反廬，立主如禮。桑木主尺二寸，不書謚。虞禮畢，祔於廟，如禮。」注：「漢書儀曰：坐爲五時衣、冠、履、几、杖、竹籠，爲俑人，無頭，坐起如生時。」墨筆眉批：「俑人無頭，坐起如生時，是何物件？」

卷十七

祭祀志第七

「三月，上東上泰山，乃上石立之泰山顛。」〔一〕注「風俗通曰：石高二丈一尺，刻之曰：事天以禮」云云。墨筆眉批：「今泰顛絕無此石文。」

「二月，上至奉高，遣侍御史與蘭臺令史，將工先上山刻石。」注：「遙望其人，端如行杇兀，或爲白石，或雪，久之白者移過樹，乃知是人也。」硃筆眉批：「不知人影如何是白底。」

卷十九

祭祀志第九

「古者師行平有載社主，不載稷也。」注：「自漢諸儒論，句龍卽是社主，或云是配。」硃筆眉

〔一〕「顛」字上，傅山全書初版本衍一「之」字，據批點底本删。

批：「句龍配社。」〔二〕

卷二十

天文志第十

「商人杜吳殺莽漸臺之上，校尉公賓就斬莽首。」墨筆眉批：「杜吳，好商人。」〔三〕

卷二十七

五行志第十七

「建安四年二月，武陵充縣女子李娥，年六十餘，物故，以其家杉木槥斂，瘞於城外數里上，已十四日，有行聞其家有聲，使語其家。家往視聞聲，便發出，遂活。」注：「博物記曰：漢末關中大亂，有發前漢宮人冢者，宮人猶活。既出，平復如舊。」硃筆眉批：「此二百年外事。」

〔二〕此條，傅山全書初版本脫，據手稿補。

〔三〕此條，傅山全書初版本脫，據手稿補。

卷二十九

郡國志第十九

卷二十九至三十四之册封面墨筆批：「姚寬國策後序正文遺逸者後漢地理一事。東城九門，注云：碣石山在縣東。今常山國屬有九門。注云：史記趙武靈王出九門，如野臺，以望齊中山之境。碣石山戰國策云在縣東。」〔一〕

「永安故彘，陽嘉二年更名。有霍大山。」注：「爾雅曰：西南之美者，有霍山之多珠玉焉。」墨筆眉批：「此霍非西南之美。」

「左馮翊，十三城，戶三萬七千九十，口十四萬五千一百九十五。」墨筆眉批：「耿弇封好時侯，食好時、美陽二縣。二縣皆不載。」

卷三十

郡國志第二十

「平輿有沈亭，故國，姬姓。」注：「有摯亭，見說文。」墨筆眉批：「摯，說文羊部，音知

〔一〕「碣」，傅山全書初版本誤作「竭」，據手稿改。

晉。」

「沛國，二十一城。」墨筆眉批：「山桑，王常傳，封山桑侯。注：屬沛國。前漢志屬沛郡也。此不見，見之前汝南郡。」

卷三十一

郡國志第二十一

「已吾有大棘鄉。」硃筆眉批：「已吾，水經注有。」

「蘭陵有次室亭。」注：「地道記曰：故魯次室邑。列女傳有漆室之女，或作次室。」墨筆眉批：「次、漆同音。」

卷三十二

郡國志第二十二

「編有藍口聚。」墨筆眉批：「西漢功臣表，吳淺封便侯。地理志作編。」

「零陵陽朔山，湘水出。」墨筆眉批：「羅含：十五水注湘。」〔二〕

〔二〕此條，傅山全書初版本脱，據手稿補。

卷三十三

郡國志第二十三

「不韋出鐵。」注：「呂嘉子孫宗族居之，因名不韋。」墨筆眉批：「呂嘉子孫以不韋名縣，即取秦之呂不韋耶？」

「鹵城故屬代郡。」注：「魏志曰：建安十年，鑿渠自呼沱入汾，名平虜渠。」墨筆眉批：「自滹沱入汾甚難。」

卷三十五

百官志第二十五

卷三十五至四十之册封面墨筆批：「『吉陽筩』五見，不解何物。『⿱敄糸』字無音。『⿰木虚』字，說文『直』音。『⿰木虚』，在良切，〔一〕船柱也，與檻并列，然則是『檣』字耶？」

〔一〕「切」，傅山全書初版本誤作「功」，據手稿改。

卷三十八

百官志第二十八

「屬官，每縣、邑、道，大者置令一人，千石；其次置長，四百石，小者置長，三百石；侯國之相，秩次亦如之。」墨筆眉批：「令、長秩之高下，無明文。」

「邊縣有障塞尉。」墨筆眉批：「三國志注有鄭篾候主簿官名，不解何制。」

「至漢成帝省内史治民，更令相治民，太傅但曰傅。」注：「爰自晉世，矯枉太過，入列皇朝，非簡賢之授，唯親是貴，無愚智之辨。」墨筆眉批：「『晉』字訛邪，或即謂周太子晉邪？想是赤松子晉耳。」

卷三十九

輿服志第二十九

「秦并天下，閱三代之禮，或曰殷瑞山車，金根之色。」注：「金根，以金爲飾。」墨筆眉批：「金根，以金爲飾，而不解根字。」

「櫨文畫輈，羽蓋華蚤。」墨筆眉批：「櫨文，篇：櫨，在良反，與樯字并列，船柱也。櫨當是樌字。」

卷四十

輿服志第三十

「建華冠，以鐵爲柱卷，貫大銅珠九枚，制似縷鹿。」墨筆眉批：「『縷鹿』不解。」

卷四十一

劉玄傳

「更始忌伯升威名，遂誅之，以光祿勳劉賜爲大司徒。」「更始」旁硃筆批：「好人。」又硃筆眉批：「更始殺伯升。」〔二〕

「王莽使太師王匡、國將哀章守洛陽。更始遣定國上公王匡攻洛陽。」硃筆眉批：「攻守兩王匡。」〔三〕

劉盆子傳

「後數歲，琅邪人樊崇起兵於莒，衆百餘人，轉入太山，自號三老。」墨筆眉批：「鄧禹有樊

〔二〕硃筆眉批文字，傅山全書初版本脱，據手稿補。

〔三〕此條，傅山全書初版本脱，據手稿補。

崇，似兩人。」

「崇同郡人逢安。」墨筆眉批：「琅邪逢安。」〔二〕

卷四十二

王昌傳

「郎以百姓思漢，既多言翟義不死，故詐稱之，以從人望。」硃筆旁批：「天理。」

「光武曰：設使成帝復生，天下不可得，況詐子輿者乎！」硃筆旁批：「何必説至此？」

劉永傳

題下硃筆批：「爲部下將慶吾斬。」

「弃城復還湖陵，而睢陽人反城迎永。」硃筆旁批：「蓋延投至此。」

「龐萌，山陽人，初亡命在下江兵中。」硃筆旁批：「爲方與人黔陵斬。」

張步傳

「張步字文公，琅邪不其人也。漢兵之起，步亦聚衆數千，轉攻傍縣，下數城，自爲五威將軍，遂據本郡。」硃筆旁批：「聚衆轉攻不差。」

〔二〕　此條，傅山全書初版本脱，據手稿補。

「王閎懼其衆散，乃詣步相見，欲誘以義方。」硃筆眉批：「義方，後世率以爲家訓，用之在此，則不知何本。」

「閎按劒曰：太守奉朝命，而文公擁兵相距，閎攻賊耳，何謂甚邪？」硃筆旁批：「也好氣魄！」

「步嘿然，良久，離席跪謝，乃陳樂獻酒，待以上賓之禮，令閎關掌郡事。」硃筆旁批：「卻又似可以語者。」

「八年夏，步將妻子逃奔臨淮，與弟弘、藍欲招其故衆，乘船入海。」硃筆旁批：「又何反復？」

「哀帝臨崩，以璽綬付賢曰：無妄以與人。」硃筆旁批：「獃貨！」

「卽帶劒至宣德後闥。」硃筆旁批：「也好舉動。」

「閎獨完全東郡三十餘萬戶，歸降更始。」硃筆旁批：「不差。」

李憲傳

「莽敗，憲據郡自守。」硃筆旁批：「守不方。」

「更始元年，自稱淮南王。」硃筆旁批：「妄了。」

「建武三年，遂自立爲天子。」硃筆旁批：「大妄了，當死！」

卷四十三

公孫述傳

「中郎將來歙急攻王元、環安，安使刺客殺歙。」硃筆旁批：「好法子，可惜賊用了。」〔二〕

卷四十四

北海靖王興傳

「初，臨邑侯復好學，能文章。」硃筆旁批：「與睦公是兄弟也。」〔三〕

卷四十五

卷四十五至四十八之册封面墨筆批：「鄧侯兩見：鄧禹、臧宫。田戎之妻兄辛臣，先阻戎降計，既而盜戎珍寶，閒道先詣岑彭降，使戎後與秦豐合，雖卒破之，而復勞費數月，妻兄之害事，往往爾。令敦信妻兄者，古今不疑。儀同三司，自鄧騭始。」

〔二〕此條，傅山全書初版本脱，據手稿補。

〔三〕此條，傅山全書初版本脱，據手稿補。

李通傳

「不如詣闕自歸。」墨筆旁批：「奴見識。」

王常傳

「是時，漢兵與新市、平林衆俱敗於小長安，各欲解去。」硃筆旁批：「勝敗兵家常事。」

「皆曰：大丈夫既起，當各自爲主，何故受人制乎？」硃筆旁批：「也有該不該。」

鄧晨傳

「晨初娶光武姊元。」墨筆眉批：「鄧，姐夫。」〔二〕

「少公頗學圖讖，言劉秀當爲天子。或曰：是國師公劉秀乎？」墨筆旁批：「卽劉歆也。王莽以歆爲國師公。歆以哀帝建平元年改名秀，字穎叔。」

「晨因謂光武曰：王莽悖暴，盛夏斬人，此天亡之時也。」墨筆眉批：「以王莽之盛夏斬人爲亡徵，何迂腐至此？」

「光武卽位，封晨房子侯。」墨筆眉批：「房子侯不見年次。」

〔二〕此條，傅山全書初版本脫，據手稿補。

來歙傳

「囂大驚曰：何其神也？」墨筆眉批：「『何其神也』語與岑彭傳中公孫述同。」

卷四十六

鄧禹傳

題上硃筆眉批：「雲臺第一。」

「禹内文明，篤行淳備，事母至孝。」硃筆眉批：「功成母在。」〔一〕

「少子昌，襲母爵爲舞陰侯，拜黄門侍郎。」墨筆眉批：「鄧昌與前昌犯名，何也？」

「騭字昭伯，少辟大將軍竇憲府。」硃筆旁批：「陽夫人，寇恂孫蠹女。」

「四年，又封京子黄門侍郎珍爲陽安侯，邑三千五百户。」墨筆眉批：「鄧珍，珍又犯夷安侯名。」

「隲子侍中鳳。」硃筆眉批：「鄧鳳，寇恂孫蠹甥也。」

「悲哉！騭、悝兄弟，委遠時柄，忠勞王室，而終莫之免，斯樂生所以泣而辭燕也。」注：「樂毅忠於燕昭王，〔二〕其子惠王立而疑樂毅，樂毅懼而奔趙」云云。硃筆尾批：「曹操傳紀注亦有此

〔一〕　此條，傅山全書初版本脱，據手稿補。

〔二〕　「昭」，傅山全書初版本誤作「旺」，據批點底本改。

節。」〔二〕

寇恂傳

題上硃筆眉批：「雲臺第九。」

「復以爲恥歎。」墨筆眉批：「『恥歎』兩字史、漢有此法否？」

「司隸校尉應奉、河南尹何豹、洛陽令袁騰並驅爭先。」硃筆眉批：「應奉亦爾耶！」

「臣奔走以來，三離寒暑。」硃筆旁批：「可憐！」

「帝省章愈怒，遂誅榮。寇氏由是衰廢。」硃筆眉批：「朝庭負人。」

卷四十七

馮異傳

題上硃筆眉批：「雲臺第十三。」

「光武南還宛，更始諸將攻父城者前後十餘輩，異堅守不下。」硃筆旁批：「還爲莽守。」

「及光武爲司隸校尉。」墨筆旁批：「更始之司隸也。」

「異獨叩頭寬譬哀情。光武止之曰：卿勿妄言。」墨筆旁批：「此處不見說甚勸進之類，何遽說『勿妄言』？」

〔二〕「傳」，傅山全書初版本脫，據手稿補。

「光武故宣露軼書，令朱鮪知之。鮪怒，遂使人刺殺軼。」硃筆眉批：「朱鮪刺殺李軼。」墨筆眉批：「少少快伯升之痛耶！」

「延岑既破赤眉，自稱武安王，拜置牧守，欲據關中，引張邯，任良共攻異。」末句墨筆旁批：「于上林苑。」〔一〕

「道路斷隔，委輸不至，軍士悉以果實爲糧。」墨筆旁批：「此豈可一二日挨者，『悉』字下得太呆。」〔二〕

「國家獨見之明，久而益遠，乃知性與天道，不可得而聞也。硃筆旁批：「諸生來了！」

岑彭傳

題上硃筆眉批：「雲臺第十一。」

「彭，郡之大吏，執心堅守，是其節也。」硃筆旁批：「但不得語于莽時。」〔三〕

「帝遣吳漢伐之，漢軍所過多侵暴。時破虜將軍鄧奉謁歸新野，怒吳漢掠其鄉里，遂反擊破漢軍，獲其輜重，屯據淯陽，與諸賊合從。」墨筆眉批：「吳漢一掠，而鄧奉變。費多少氣力，始了得中間一節，算得甚麼？」

「四年春，戎乃留辛臣守夷陵，自將兵沿江泝沔止黎丘，刻期日當降，而辛臣於後盜戎珍寶，從

〔一〕此條，傅山全書初版本脫，據手稿補。
〔二〕此條，傅山全書初版本脫，據手稿補。
〔三〕此條，傅山全書初版本脫，據手稿補。

閒道先降於彭，而以書招戎。戎疑必賣己，遂不敢降，而反與秦豐合。」〔二〕墨筆眉批：「田戎之跳，辛臣使之。其實臣以書招戎時，戎逕來詣彭，直訴當時議降，而先爲臣賣之由，彭必不至信臣之先入也。若光武知此心曲，當殺臣而撫戎矣。妻兄大壞事。」

賈復傳

「荆門之事，一由征南公爲重而已。墨筆眉批：「彭時爲征南大將軍。」〔三〕

「初，彭與交趾牧鄧讓厚善，與讓書陳國家威德，又遣偏將軍屈充移檄江南，班行詔命」云云。墨筆眉批：「彭善一讓，而七郡連茹。」

「述大驚，以杖擊地曰：是何神也！」墨筆眉批：「『是何神也！』與來歙傳中隗囂語同。」

題上硃筆眉批：「雲臺第五。」

卷四十八

吴漢傳

題上眉批：「雲臺第三。」

「望見道中有一人似儒生者，漢使人召之，爲具食，問以所聞。生因言劉公所過，爲郡縣所歸；

〔二〕「反」，傅山全書初版本誤作「後」，據批點底本改。

〔三〕此條，傅山全書初版本脱，據手稿補。

邯鄲舉尊號者，實非劉氏。」墨筆眉批：「儒生那得都似此人！」硃筆眉批：「生亦聽說，人亦有膽。」

「陳康曰：蓋聞上智不處危以僥幸，中智能因危以爲功，下愚安於危以自亡。」硃筆旁批：「厭語！」

陳俊傳

題上硃筆眉批：「雲臺第六。」

臧宮傳

題上硃筆眉批：「雲臺次二十七，在王常後。」

卷四十九

耿弇傳

題上硃筆眉批：「雲臺第七。」

「光武見弇等，說，曰：當與漁陽、上谷士大夫共此大功。」墨筆旁批：「景丹傳有此句。」

「忠以騎都尉及匈奴於天山，有功。」硃筆改「及」爲「擊」。〔一〕

〔一〕此條，傅山全書初版本脫，據手稿補。

卷五十

銚期傳

題上硃筆眉批：「雲臺第廿三。」

王霸傳

題上硃筆眉批：「雲臺第十四。」

祭遵傳

題上硃筆眉批：「雲臺第十七。」

卷五十一

任光傳

題上硃筆眉批：「雲臺第十六。」

「光曰：可募發奔命，出攻傍縣，若不降者，恣聽掠之。人貪財物，則兵可招而致也。」硃筆眉批：「急著是上著。」

李忠傳

題上硃筆眉批：「雲臺次十八。」

「世祖聞而美之，謂忠曰：『今吾兵已成矣，將軍可歸救老母妻子，宜自募吏民，能得家屬者，賜錢千萬，來從我取。』忠曰：『蒙明公大恩，恩得効命，誠不敢内顧宗親。』」硃筆旁批：「母在，如此胡說！」

萬脩傳

題上硃筆眉批：「雲臺次廿。」題下硃筆批：「只是有際會。」

邳彤傳

題上硃筆眉批：「雲臺次廿二。」

「會更始所遣將攻拔信都，郎兵敗走，彤家屬得免。」硃筆旁批：「幸哉！」

劉植傳

題上硃筆眉批：「雲臺次廿四。」題下硃筆批：「說降劉揚，好！」

「王郎起，植與弟喜、從兄歆率宗族賓客，聚兵數千人據昌城。」墨筆旁批：「好舉動！」

「時眞定王劉揚起兵以附王郎，衆十餘萬。世祖遣植說揚，揚乃降。」硃筆旁批：「此功可耳。」

又墨筆眉批：「楊爲耿純所殺。」〔二〕

耿純傳

題上硃筆眉批：「雲臺次廿五。」「揚入見純，純接以禮敬，因廷請其兄弟皆入，迺閉閤，悉誅之。」墨筆眉批：「耿純誅劉揚一節，好！」

卷五十二

朱祐傳

題上墨筆眉批：「雲臺第十五。」

景丹傳

題上墨筆眉批：「雲臺第十九。」

王梁傳

題上墨筆眉批：「雲臺第四。」題下硃筆批：「赤伏符是何等書，竟驗之于王梁姓名？」

〔二〕 墨筆眉批文字，傅山全書初版本脫，據手稿補。

「王梁字君嚴，漁陽安陽人也。爲郡吏。」硃筆眉批：「郡吏出身。」
「從平河北，拜野王令。」硃筆眉批：「令亦加『拜』字。」
「梁穿渠引穀水注洛陽城下，東寫鞏川，及渠成而水不流。」硃筆眉批：「穀水大不作人。」〔二〕

杜茂傳

題上墨筆眉批：「雲臺第八。」〔三〕

馬成傳

題上墨筆眉批：「雲臺第二。」〔三〕

劉隆傳

題上墨筆眉批：「雲臺次卅一，〔四〕在竇融後，除融則廿八。」

〔二〕此條，傅山全書初版本脱，據手稿補。
〔三〕「臺」，傅山全書初版本誤作「壹」，據手稿改。
〔三〕「臺」，傅山全書初版本誤作「壹」，據手稿改。
〔四〕「臺」，傅山全書初版本誤作「壹」，據手稿改。

傅俊傳

題上墨筆眉批：「雲臺第十。」〔一〕

堅鐔傳

題上墨筆眉批：「雲臺次十二。」〔二〕

馬武傳

題上墨筆眉批：「雲臺第廿九，〔三〕在李通後，除通廿七。」

論

「蕭、樊且猶縲紲，信、越終見葅戮，不其然乎！」注：「刑法志曰：夷三族者，梟其首，葅其骨肉。彭越、韓信皆受此誅。」墨筆眉批：「三族，就一人之身首、骨、肉而言耶？」

「婉孌龍姿，儷景同飊。」注：「儷，齊也，偶也。」硃筆眉批：「儷卽麗，日月麗天之麗，何必『齊』也！」

〔一〕「臺」，傅山全書初版本誤作「壹」，據手稿改。
〔二〕「臺」，傅山全書初版本誤作「壹」，據手稿改。
〔三〕「臺」，傅山全書初版本誤作「壹」，據手稿改。

卷五十三

竇融傳

題上墨筆眉批：「雲臺卅。」〔一〕

「王莽居攝中，爲强弩將軍司馬，東擊翟義，還攻槐里。」墨筆旁批：「不好。」

「獨謂兄弟曰：天下安危未可知，河西殷富，帶河爲固，張掖屬國精兵萬騎，一旦緩急，杜絕河津，足以自守，此遺種處也。」硃筆眉批：「此時見識絕迥矣，何前于莽時逕似一混賬漢？」

「臣融雖無識，猶知利害之際，順逆之分，豈可背眞舊之主，事姦僞之人；廢忠貞之節，爲傾覆之事；棄已成之基，求無冀之利？」硃筆眉批：「建武男一節何如？」

「會南單于請兵北伐，乃拜憲車騎將軍，金印紫綬，官屬依司空，以執金吾耿秉爲副，發北軍五校、黎陽、雍營、緣邊十二郡騎士，及羌胡兵出塞。」墨筆眉批：「匈奴傳贊有『阬十角，梏閼氏』之語，『十角』無解，此亦不見此二字。」

「納于大麓，惟清緝熙。」注：「孔安國注尚書曰：麓，錄也，納之使大錄萬機也。」硃筆眉批：「『大錄』與今解異。」

「乃與執金吾耿秉述職巡御，理兵於朔方。」硃筆眉批：「此與諸侯朝于天子曰述職之義又別。」

「元戎輕武，長轂四分。」注：「元戎，兵車也。詩云：元戎十乘，以先啓行。」硃筆眉批：

〔一〕「臺」，傅山全書初版本誤作「壹」，據手稿改。

「元戎本兵車，而後世率以爲總兵官之稱矣。」

「乃遂封山刊石，昭銘上德。其辭曰」云云。硃筆眉批：「班尚有北征頌一篇，不載此。」

「鑠王師兮征荒裔，勦凶虐兮截海外，夐其邈兮亙地界，封神丘兮建隆嵑，熙帝載兮振萬世。」

墨筆眉批：「裔、外、界、嵑、世五字叶。」

卷卌九至五十三之册封底墨筆批：「雲臺卅貳人，其中有王常、李通、竇融、卓茂。」〔二〕

卷五十四

馬援傳

「援時與賓客飲，大笑曰：燒虜何敢復犯我。曉狄道長，歸守寺舍，良怖急者，可牀下伏。」

墨筆眉批：「妙語。」

「爲人明須髮，眉目如畫。」注：「東觀記曰：援長七尺五寸。」墨筆眉批：「長七尺五寸，齊整人。」〔三〕

「若授，所謂以死勤事者也。」硃筆改「授」爲「援」。

「四年，封防潁陽侯，光爲許陽侯，兄弟二人各六千戶。」硃筆眉批：「東觀漢記，防爲羙高侯，朱氏玉溪子詩注引之。」

〔二〕　此條，傅山全書初版本脫，據手稿補。

〔三〕　此條，傅山全書初版本脫，據手稿補。

卷五十五

卓茂傳

「是時王莽秉政，置大司農六部丞，勸課農桑，遷茂爲京部丞，密人老少皆涕泣隨送。及莽居攝，以病免歸郡，常爲門下掾祭酒，不肯作職吏。」墨筆眉批：「莽秉政時爲京北丞，尚有漢官之名，居攝則漸漸篡奪，不肯作吏職當然。」

卷五十六

侯霸傳

「歆曰：『亡國之君皆有才，桀、紂亦有才。』帝大怒。」硃筆旁批：「此句不爽快。」〔一〕

宋弘傳

題上墨筆批：「莽傳有并州牧宋弘，不知卽此弘不。」

「王莽時爲共工。赤眉入長安，遣使徵弘，逼迫不得已，行至渭橋，自投於水。」墨筆旁批：

〔一〕此條，傅山全書初版本脱，據手稿補。

「此是爲莽守共工之節耶？」

「弘曰：臣聞貧賤之知不可忘，糟糠之妻不下堂」云云。墨筆眉批：「漢之侍中，莽共工，知夫妻不知君臣。」

趙憙傳

「會王莽遣王尋、王邑將兵出關，更始乃拜憙爲五威偏將軍，使助諸將拒尋、邑於昆陽。」墨筆旁批：「五威是莽之號，更始用之，便是大混帳事。」

卷五十七

杜林傳

「赤眉兵衆百萬，所向無前，而殘賤不道，卒至破敗。」「賤」字旁硃筆批：「賊。」〔一〕

「不行仁恩而反道覆車，不畏天乎？」注：「不畏乎夫，不鬼乎人。」硃筆改「夫」爲「天」，改「鬼」爲「畏」。〔二〕

「周之五刑，不過三千。」墨筆眉批：「議用刑。」〔三〕

〔一〕此條，傅山全書初版本脱，據手稿補。

〔二〕此條，傅山全書初版本脱，據手稿補。

〔三〕此條，傅山全書初版本脱，據手稿補。

「明年薨，帝親自臨喪送葬，除子喬爲郎。」墨筆眉批：「杜喬，與黨人同姓名。」

吴良傳

「門下掾王望舉觴上壽，謟稱太守功德。」注：「今日歲首，請上雅壽，掾史皆稱萬歲。」硃筆眉批：「萬歲亦可施之太守。」

「望佞邪之人，欺謟無狀，愿勿受其觴。」注「望曰：議曹惰窳，自無綺」云云。硃筆旁批：「其實也有如此人。」

卷五十八上

卷五十八上至六十下之册封面墨筆批：「郅有姑音。郎顗傳：『私曲之意，羌不得通；偏黨之恩，或無所用。』羌字不解，或離騷之羌意同。」

桓譚傳

「性嗜倡樂，簡易不脩威儀，而憙非毁俗儒，由是多見排抵。」「俗儒」旁墨筆批：「原是一種歆糞貨。」又墨筆眉批：「俗儒原惹人不待見。」

「今董賢至愛而女弟尤幸，殆將有子夫之父，可不憂哉！」墨筆眉批：「子夫之父，父字何説？」「父」字旁墨筆批：「事。」

「夫士以才智要君，女以媚道求主。」上句旁墨筆批：「話頭，必欲如此耶？」

馮衍傳

「王莽時，諸公多薦舉之者，衍辭不肯仕。時天下兵起，莽遣更始將軍廉丹討伐山東。丹辟衍爲掾，與俱至定陶。」末二句旁硃筆批：「何又來？」

「衍因說丹曰：衍聞順而成者，道之所大也；逆而功者，權之所貴也」云云。墨筆眉批：「馮衍勸廉丹甚合事義，只是蘿莎。此衍一生所長。然而『馮』字可去『冫』，从女，亦老媽耳。」

「方今爲將軍計，莫若屯據大郡」云云。硃筆眉批：「此老只是喇喇多話。」

「後邑聞更始敗，乃遣使詣洛陽獻璧馬，即拜爲上黨太守。」硃筆旁批：「田邑爲光武。」

「因遣使者招永、衍，永、衍等疑不肯降，而忿邑背前約。」硃筆眉批：「鮑永、馮衍尚爲更始。」

「帝怨衍等不時至，永以立功得贖罪，遂任用之，而衍獨見黜。」硃筆眉批：「馮衍所謂扢料麻糖也。」

「建武六年日食，衍上書陳八事，其一曰顯文德」云云。硃筆旁批：「又嘽。到底是婆媽。」

卷五十八下

馮衍傳

「建武末，上疏自陳曰」云云。墨筆旁批：「急了。」

「衍不得志，退而作賦。又自論曰」云云。墨筆旁批：「大急了。」

「乃作賦自厲，命其篇曰顯志。」墨筆旁批：「總是急說。」

「其辭曰：開歲發春兮，百卉含英」云云。墨筆眉批：「堆堆礧礧之套，范仲尉但以其擬騷也，而不欲不錄，其實厭人。」

「惡叢巧之亂世兮，毒縱横之敗俗，流蘇秦於洹水兮，幽張儀於鬼谷。」墨筆眉批：「此一段眞能騙陋儒點頭喝采。」

「顯宗卽位，又多短衍以文過其實，遂廢於家。」硃筆旁批：「是。」又墨筆眉批：「老馮婆子自是該殺，老馮之文亦應受此麻煩之報。」

「然有大志，不戚戚於賤貧。」硃筆旁批：「未必。又何必與陰氏書？」

「所著賦、誄、銘、説、問交、德誥、慎情、書記説、自序、官録説、策五十篇。」硃筆改「問交」爲「問文」。

卷五十九

郅惲傳

「書奏，賜布百匹，貶東中門候爲參封尉。」末句旁硃筆批：「又何義？」

卷六十上

蘇竟傳

題下硃筆批：「先仕莽。」

「王莽時，劉歆等共典校書。」墨筆眉批：「『時』下當有『與』字。」

「走昔以摩研編削之才，與國師公從事出入，校定祕書。」硃筆旁批：「說莽時事。」

「夫仲夏甲申爲八魁。」注：「曆法，春三月己巳、丁丑，夏三月甲申、壬辰，秋三月己亥、丁未，冬三月甲寅、壬寅爲八魁。」墨筆眉批：「壬寅當是壬戌。」

卷六十下

郎顗傳

「易中孚傳曰：陽感天，不旋日。」硃筆眉批：「此傳不知爲何書。」

「尚書職在機衡，宫禁嚴密，私曲之意，羌不得通。」墨筆眉批：「羌不得通，羌字何義？」

襄楷傳

「自陛下卽位以來，頻行誅伐，梁、寇、孫、鄧，並見族滅。」注：「梁冀、寇榮、孫壽、〔二〕鄧萬世等也。」硃筆眉批：「梁冀是該殺底。」

「今黄門常侍，天刑之人，陛下愛待，兼倍常寵」云云。硃筆眉批：「此實前所謂施于不生之地也。」

〔二〕「壽」，傅山全書初版本作「□」，據批點底本補。

卷九十　後漢書批注（下）

卷六十一

卷六十一至六十五之册封面墨筆批：「跋扈：朱浮傳：『詔曰：往年赤眉跋扈長安。』注：『猶暴横也。』梁冀傳：『質帝目冀曰：此跋扈將軍也。』注：『猶强梁也。』」

羊續傳

「續妻後與子祕俱往郡舍，續閉門不内。」墨筆旁批：「不成清剋。」

「妻自將祕行，其資藏唯有布衾、敝祇裯，鹽、麥數斛而已。」墨筆眉批：「祇裯，似當从衣，不从示。」

卷六十四

梁統傳

「沖帝又崩，冀立質帝。帝少而聰慧，知冀驕横，嘗朝羣臣，目冀曰：此跋扈將軍也。」注：

「跋扈，猶強梁也。」硃筆眉批：「朱浮傳：『詔報曰：往年赤眉跋扈長安。』注：『跋扈，猶暴横也』。」又墨筆眉批：「跋扈，以前不見所本。鄭箋詩『畔援』曰：『猶跋扈。』是卽以此爲跋扈字之始耶？不知前猶有所見也。」

卷六十九

劉平傳

「王望字慈卿，客授會稽」云云。墨筆眉批：「王望與吳良傳中同姓名。」

卷七十上

卷七十上至七十二之册封面墨筆批：「第五種一傳，全得衞羽、孫斌、閻子直。甄子然四點綴，大生色。『宋均不喜文法，嘗以爲吏能弘厚，雖貪汚放縱，猶無所害；至于苛察之人，身或廉潔，而巧黠刻削，毒加百姓，災害流亡所繇而作。』吾嘗謂此語深有理，谿刻之人每曰不然。」

卷七十下

班固傳

「是故義士偉而不敦，武稱未盡，護有慙德，不其然與？」墨筆眉批：「少時讀書時，但見論商、周之際如義士之非之語卽喜，及後來才知孟子誅獨夫之語亦千古快論。不然，兩箇『君臣』之字，便許桀、紂恃靈長不了耶！」

「然猶於穆猗那，翕純皦繹，以崇嚴祖考」云云。墨筆眉批：「『翕純皦繹』接『於穆猗那』，卽是後世時文牽扯妝點之法。」

「躬奉天經，惇睦辯章之化洽。」注：「謂章帝初接位，四時禘祫。宗祀於明堂也。」墨筆眉批：「自此以下，注中凡引章帝事七則，然文選典引序在永平十七年，未到章帝時也。」

「若乃嘉穀靈草，奇獸神禽」云云。注：「古今注曰：元和二年，芝生沛，如人冠大坐狀。」劉攽曰：「注如人冠大坐，案文，大當作衣冠，如人衣冠坐也。」墨筆眉批：「人冠大坐四字有何不可作？如人載冠而大坐者。貢父必欲以大字作衣。」

卷七十一

第五倫傳

「建武二十七年，舉孝廉，補淮陽國醫工長，隨王之國。」墨筆眉批：「第五公知醫邪？」

宋均傳

「均性寬和，不喜文法，常以爲吏能弘厚，雖貪污放縱，猶無所害。」硃筆眉批：「可取。」〔一〕

〔一〕此條，傅山全書初版本脫，據手稿補。

卷七十二

廣陵思王荆傳

「光武崩，大行在前殿，荆哭不哀，而作飛書，封以方底，令蒼頭詐稱東海王彊舅大鴻臚郭況書與彊曰」云云。墨筆眉批：「南史子響傳，〔一〕疑表上曰『昔思荆就辟』，謂此。」

卷七十三

朱暉傳

「正月朔旦，蒼當入賀。故事，少府給璧」，〔二〕「暉望見少府主簿持璧，即往給之」，「就曰：『朱掾義士，勿復求。』更以它璧朝。」末句旁墨筆批：「此句又寫得不明白。」墨筆眉批：「少府給璧，是故事，與朝者皆給璧。而暉望見少府主簿持璧，是即當給與朝者之璧也。下云『更以他璧朝』，是朝者之璧無分別。」

「穆愈更精篤。初舉孝廉。」注：「年二十爲郡督郵，迎新太守，見穆曰：『君年少爲督郵，因

〔一〕「南史」，應作「南齊書」，傅山筆誤。
〔二〕「府」，傅山全書初版本誤作「俯」，據批點底本改。

族執？爲有令德？』」穆答曰：『郡中瞻望明府如仲尼，謂非顏回不敢以迎孔子。』」〔一〕墨筆眉批：「『郡中瞻望如仲尼』，亦大諛矣。只爲自賣如顏回也耳。」

「穆又著絕交論，亦矯時之作。」注：「世之務交游也久矣，敦千乘不忌于君，犯禮以追之，背公以從之。」硃筆眉批：「『敦千乘』三字不解。」

「蔡邕以爲穆貞而孤，又作正交而廣其志焉。」注「是以君子慎人所以交己，審己所以交人」云云。硃筆眉批：「文實平懷。」

注：「子夏之門人問交於子張，而二子各有聞乎夫子：然則以交誨也，商也寬」云云。硃筆眉批：「論語則曰：『子夏曰：可者』云云。而此則以爲夫子教子夏之文。」

卷七十五

袁安傳

「景又擅使乘驛施檄緣邊諸郡，發突騎及善騎射有才力者」云云。硃筆旁批：「無狀極矣。」

「封觀者，有志節，當舉孝廉，以兄名位未顯，耻先受之，遂稱風疾，喑不能言。」〔二〕墨筆眉批：「封觀之喑，同童恢。」〔三〕

〔一〕「謂」，傅山全書初版本脫，據批點底本補。
〔二〕「喑不能言」，傅山全書初版本誤作「喑而不言」，據批點底本改。
〔三〕「童恢」，當作童恢之弟童翊。

張酺傳

「方憲等寵貴，衆臣阿附唯恐不及，皆言憲受顧命之託，懷伊、呂之忠，至乃復比鄧夫人於文母。」墨筆眉批：「掉文諛人，有甚正經，從來爾爾！」

韓稜傳

「興子嘗發教欲署吏，稜拒執不從。」墨筆旁批：「傻大官兒，令人告父。」〔二〕

周榮傳

「我舉若可矣，豈可令偏積一門！」硃筆旁批：「好話。」〔三〕

卷七十七

卷七十七至八十之册封面墨筆批：「班定遠妹曹大家爲兄上書可讀。鄧朗遭際難爲情。」

班超傳

「雄卒，子始嗣，尚清河孝王女陰城公主。主順帝之姑，貴驕淫亂，與嬖人居帷中，而召始入，

〔二〕此條，傅山全書初版本脱，據手稿補。
〔三〕此條，傅山全書初版本脱，據手稿補。

使伏牀下。始積怒，永建五年，遂拔刃殺主。帝大怒，腰斬始，同產皆棄市。」硃筆眉批：「者觳突！使唐宣宗，則定再以一賢公主續之矣。」

卷七十八

翟酺傳

「以報舅讎，當徙日南，亡於長安。」硃筆眉批：「不知如何報。」

應奉傳

「曾祖父順，字華仲。」注「因遺歸家，更嫁爲華仲妻」云云。「其子朗時爲郎，因與書皆不答，與衣裳輒以燒之。」硃筆眉批：「鄧朗遭際如此，只得爾。」

霍諝傳

「有人誣諝舅宋光於大將軍梁商者，以爲妄刊章文，坐繫洛陽詔獄，掠考困極。諝時年十五，奏記於商」云云。硃筆眉批：「翟酺報舅仇。霍諝白舅冤。」

「前後固讓，不許。出爲河南君。」硃筆眉批：「『君』字何也？」〔二〕

〔二〕此條，傅山全書初版本脫，據手稿補。

卷七十九

王符傳

「昔孝文皇帝躬衣弋綈，革舄韋帶。」注：「前書音義曰：弋，厚也；綈，繒也。」墨筆眉批：「今監本西漢書注：『弋，皂也。』不云厚綈、厚繒也。謂『綈是繒之厚者』，不謂弋也。弋綈是皂也厚繒。〔二〕皁與厚可混者，古厚字作『旱』耳。」

「凡療病者，心知脈之虛實」云云。墨筆眉批：「療病喻爲國。」〔三〕

「規臥不迎，既入而問：卿前在郡食鴈美乎？」硃筆眉批：「妙問。」

仲長統傳

題下硃筆批：「公理似是通士，而昌言喃喃井田、肉刑，則可笑矣。」又硃筆眉批：「公理之志，論及詩，似是一高才見欝之人。然當靈、獻之時，爲昌言，而喃喃于井田、肉刑，何其迂也！獻遜之年死，又似一有志氣人，不知果因獻遜而死與否也。」

「限夫田以斷并兼，定五刑以救死亡，益君長以興政理，急農桑以豐委積，去末作以一本業，敦教學以移情性，表德行以厲風俗」云云。硃筆眉批：「一段道學套子賸言，何必蘿莎！」

〔二〕「也」，傅山全書初版本脫，據手稿補。

〔三〕此條，傅山全書初版本脫，據手稿補。

「今反謂薄屋者爲高，藿食者爲清，既失天地之性，又開虛僞之名。」硃筆眉批：「此亦有眞有僞，有性有命，那得爾論！若爾，則土階僞、瑶宫眞耶？」
「不循古法，規爲輕税」云云。硃筆眉批：「主意要重税。」
「夫使爲政者，不當與之婚姻；婚姻者，不當使之爲政也。」硃筆眉批：「是。」

卷八十

陳敬王羨傳

「事發覺，有司舉奏，鈞坐削西華、項、新陽三縣」云云。硃筆眉批：「削諸侯王地亦大事，和帝紀不書。」〔二〕

卷九十上

馬融傳

題上墨筆眉批：「馬援兄余之孫。」
「故戞擊鳴球，載於虞謨。」注：「戞，敔也，音古八反。形如伏獸，背上有二十七刻，以木長

〔二〕批本以下缺卷八十一至八十九。

尺櫟之，所以止樂。擊，柷也，象桶，中有椎柄，連底搖之，所以作樂。」「刻」字旁墨筆批：「齒。」又墨筆眉批：「戛就敔言，擊就柷言。如注，則敔喚個戛，柷喚個擊矣。」

卷九十三

李固傳

「有同歲生得罪於冀，亡奔邵，邵僞納而陰告以冀，冀卽捕殺之。」墨筆眉批：「甄邵賣友。」〔二〕

卷九十四

吳佑傳

題下墨筆批：「壽至九十八，灌園教授。」〔三〕

「安丘男子毋丘長與母俱行市，道遇醉客辱其母，長殺之而亡」云云。墨筆眉批：「母受辱而子殺之，復何顧？此是吳祐無識處。若我則定釋。」

〔二〕此條，傅山全書初版本脫，據手稿補。
〔三〕此條，傅山全書初版本脫，據手稿補。

趙岐傳

「岐懼禍及，乃與從子戩逃避之。」墨筆眉批：「趙戩見王允傳。」

卷九十五

張奐傳

「既而生子猛，以建安中爲武威太守，殺刺史邯鄲商，州兵圍之急，猛恥見擒，乃登樓自燒而死。」硃筆眉批：「殺刺史事不載所以然。」

段熲傳

「熲將兵及湟中義從羌萬二千騎出湟谷，擊破之。」墨筆眉批：「湟中義從，載鄧訓傳。」

卷九十六

王允傳

「卓既殲滅，自謂無復患難」云云。硃筆旁批：「眞蠢貨！」

「宏曰：『義兵鼎沸，在於董卓，況其黨與乎！若舉兵共討君側惡人，山東必應之，此轉禍爲福之計也。』翼不從。宏不能獨立，遂俱就徵，下廷尉。傕乃收允及翼、宏幷殺之。」墨筆眉批：「不早討之，終亦被殺。惟坐而待殺，孰與討之？恨爲翼累耳。」

「趙戩，字叔茂，長陵人。」墨筆眉批：「趙戩，歧從子也。」

卷九十三至九十六之册封底墨筆眉批：「王允，太原祁人。王宏，豪傑人也，亦太原人。」

卷九十七

李膺傳

「張孟卓與吾善，袁本初汝外親，雖爾勿依，必歸曹氏。」墨筆眉批：「李瓚識曹操，謂其子李宣必歸曹氏。」〔一〕

岑晊傳

「於是中常侍侯覽使汎妻上書訟其冤」云云。硃筆眉批：「難說不爲負瑨。」

賈彪傳

「先是，岑晊以黨事逃亡，親友多匿焉，彪獨閉門不納」，「以黨禁錮，卒于家。」硃筆眉批：

〔一〕此條，傅山全書初版本脫，據手稿補。

「不納岑晊，亦離黨錮，〔二〕何也？」

卷九十八

郭太傳

「或問汝南范滂曰：『郭林宗何如人？』滂曰：『隱不違親，貞不絕俗，天子不得臣，諸侯不得友，吾不知其它。』」墨筆眉批：「孟博如此稱林宗。」

「黃允字子艾，濟陰人也。」墨筆眉批：「子艾無行。」〔三〕

卷九十九

何進傳

「遂與紹定籌策，而以其計白太后。」硃筆旁批：「凡事敗皆以此。」又硃筆眉批：「直召誅之則成矣，何故白太后？是其所以必敗。」

「尚書盧植執戈於閣道窗下，仰數段珪。」硃筆旁批：「何不以戈擊斬之？」又墨筆眉批：「盧

〔二〕「離」字上，手稿疑脫一「不」字。

〔三〕此條，傅山全書初版本脫，據手稿補。

植不濟。」〔一〕

卷一百

卷九十七至一百之册封底墨筆批：「范孟博得與李、杜齊名，〔二〕死亦何恨？汝南人稱許虔兄弟爲平輿淵有二龍。楚以賢臣爲寶。」〔三〕

卷一百一

卷一百一至一百四上之册封面墨筆批：「董卓傳兩李肅。孫堅勸張温斬董卓，其實好，而温不能用，遂爲卓殺之。劉虞『所賫賞典當胡夷』，典當兩字不解。陶謙傳，爲笮融所殺。朱儁子皓亦被笮融賊殺。」

皇甫嵩傳

「嵩少有文武志介，好詩書，習弓馬。」硃筆眉批：「介猶概也。」

「嵩復與鉅鹿太守馮翊郭典攻角弟寶於下曲陽，又斬之，首獲十餘萬人，築京觀於城南。」硃筆眉批：「又斬之，是斬寶也。首獲十餘萬人，『首獲』兩字亦當爲解之。」

〔一〕此條墨筆眉批文字，傅山全書初版本脱，據手稿補。
〔二〕「得」，傅山全書初版本脱，據手稿補。
〔三〕自「汝南人」至「爲寶」，傅山全書初版本脱，據手稿補。

「故聖人順時以動，智者因幾以發。」硃筆旁批：「可以不用此套句。」

「移寶器於將興，推亡漢於已墜，實神機之至會，風發之良時也。」硃筆眉批：「此處說得不周帀。」

朱儁傳

「熹平二年，端坐討賊許昭失利，爲州所奏，罪應棄市。儁乃羸服閒行，輕齎數百金到京師，賂主章吏，遂得刊定州奏，故端得輸作左校。」硃筆眉批：「此等事東漢最多，亦時風尚，是私亦公。」

「子皓，亦有才行，官至豫章太守。」墨筆眉批：「陶謙傳，皓爲笮融所殺。」

卷一百二

董卓傳

「彪恐懼，詣卓謝曰：小人戀舊，非欲沮國事也，請以不及爲罪。」墨筆眉批：「請以不及爲罪，又似謂請以愚者之不及爲罪，謂不能見事幾也。」

「而張濟與楊奉、董承不相平」云云。墨筆於「張濟」旁批：「狗奴。」〔一〕

「董承以戈擊披之，斷手指於舟中者可掬。」墨筆旁批：「輒要用此句，說是有本古文，可笑。」

〔一〕此條，傅山全書初版本脫，據手稿補。

「四年，張楊爲將楊醜所殺。」墨筆旁批：「亂人下場。」〔二〕

「張濟饑餓，出至南陽，攻穰，戰死。」墨筆旁批：「此奴不曾禽得正法。」〔三〕

卷一百三

劉虞傳

題下墨筆批：「五經。」

「虞見岐等，厲色叱之曰：今天下崩亂，主上蒙塵，吾被重恩，未能清雪國耻。諸君各據州郡，宜共勠力，盡心王室，而反造逆謀，以相垢誤邪？」墨筆眉批：「劉虞自正經人。」

「瓚既累爲紹所敗，而猶攻之不已，虞患其黷武，且慮得志不可復制，固不許行，而稍節其稟假。」墨筆旁批：「此句不明白。文義是紹攻瓚，然連上文讀來，卻似患瓚之得志也。」「不許行」旁墨筆批：「是不許瓚行耶？」又墨筆眉批：「『既累爲紹所敗，而猶攻之不已，虞患其黷武，且慮得志不可復制』一段，文義不解。」

「虞兵不習戰，又愛人廬舍，勑不聽焚燒，急攻圍不下。」墨筆眉批：「五經書生來了。」

〔二〕此條，傅山全書初版本脱，據手稿補。

〔三〕此條，傅山全書初版本脱，據手稿補。

公孫瓚傳

「糧盡食馬，馬盡煮弩楯。」墨筆眉批：「弩有觔可煮，楯如何煮？」
「瓚慮有非常，乃居於高京，以鐵爲門。」末句旁硃筆批：「牢固好。」
「疏遠賓客，無所親信，故謀臣猛將，稍有乖散。」末句旁硃筆批：「當云多乖散。」

陶謙傳

「殺郡守朱皓，入據其城。」墨筆眉批：「朱皓，儁子。」
「昱字元達，琅邪人。清己疾惡，洪潛志好學，雖親友希得見之。」硃筆眉批：「清己疾惡之人而爲笮賊所殺。」又墨筆尾批：「陳元龍五敬中，清修疾惡，有識有義，即此趙元達耶？」

卷一百四上

袁紹傳

「袁紹字本初，汝南汝陽人，司徒湯之孫，父成，五官中郎將。」「紹少爲郎，除濮陽長，遭母憂去官。三年禮竟，追感幼孤，又行父服。」注：「袁山松書曰：紹，司空逢之孽子，出後伯父成。」傳文末句旁硃筆批：「此不知爲逢爲成。」
「中常侍趙忠言於省內曰：袁本初坐作聲價，好養死士，不知此兒終欲何作。」「坐作聲價」旁硃筆批：「誤中。」

「靈帝崩，紹勸何進徵董卓等衆軍」云云。硃筆旁批：「差了！」

「以從弟後將軍術」云云。「以」字旁硃筆批：「與。」

「治中劉惠勃然曰：興兵爲國，安問袁、董？」注：「擁强兵，何凶逆，寧可得置」云云。劉攽曰：「注『何凶逆』，案文，『何』當作『阿』。」硃筆眉批：「『何』作『阿』亦可，是『向』字亦可。」

「瓚輕其兵少，縱騎騰之。」硃筆旁批：「憨。」〔一〕

「紹在後十數里，聞瓚已破，發鞍息馬，唯衞帳下强弩數十張，大戟士百許人。」硃筆旁批：「又大意了。」

「自惟邊鄙，得與將軍共同斯好」云云。硃筆旁批：「也好詞令。」

「賊有陶升者，自號『平漢將軍』，獨反諸賊，將部衆踰西城入，閉府門，具車重，載紹家及諸衣冠在州内者，身自扞衞，送到斥丘。」硃筆眉批：「陶升，陶升豈賊耶？」

「麴義自持有功，驕縱不軌，紹召殺之而并其衆。」硃筆眉批：「麴義恁爾小器。」

「紹曰：吾欲令諸子各據一州，以視其能。」硃筆旁批：「也象個有意思底，卻是混。」

「建安元年，曹操迎天子都許。」硃筆旁批：「先了。」墨筆眉批：「沮授言驗了。」

「乃下詔書於紹，責以地廣兵多而專自樹黨」云云。硃筆旁批：「自然要惹此不埽心。」

「晝夜長吟，剖肝泣血」云云。硃筆旁批：「便是說謊。」

〔一〕此條，傅山全書初版本脫，據手稿補。

「會公孫瓚師旅南馳，陸掠北境。」硃筆眉批：「陸邪？陵邪？」

「主簿耿包密白紹曰：赤德衰盡，袁爲黃胤，宜順天意。」「耿包」旁硃筆批：「草哉！」「袁爲黃胤」旁硃筆批：「是何言？」

「紹知衆情未同，不得已，乃殺包以弭其迹。」硃筆旁批：「是何心？」

「司空曹操祖父騰，故中常侍，與左悺、徐璜並作妖孽。」墨筆眉批：「左悺、徐璜，即左回天，具獨坐，徐臥虎，唐兩墮。」

「紹不從，許攸進曰」云云。墨筆眉批：「許攸後爲操殺。」

「乃不廢配，配由是更協。」下一「配」字上，硃筆加「紀」字。

卷一百四下

袁紹子譚傳

「曹操度河攻譚，譚告急於尚，尚乃留審配守鄴，自將助譚。」末句旁硃筆批：「也還不差。」

「操進軍，尚逆擊破操，操軍還許。」硃筆旁批：「也還能破。」

「尚復自將攻譚，譚戰大敗，嬰城固守。」「城」字旁硃筆批：「南皮。」

「初交殊族，卒成同盟。」硃筆旁批：「此八字也要解徹。」

「則我將軍匍匐悲號於將軍股掌之上。」硃筆旁批：「軍柰尚亦不可與言。」

「父度，初避吏爲玄兔小吏，稍仕」云云。硃筆眉批：「公孫度亦自是個俊快物。」

卷一百七

「至使陽球磔王甫之屍，張儉剖曹節之墓。若此之類，雖厭快衆憤，亦云酷矣。」硃筆旁批：「此不爲過。」

董宣傳

「丹新造居宅，而卜工以爲當有死者。丹乃令其子殺道行人，置屍舍内。」硃筆旁批：「愚、惡乃爾。」

「宣知，卽收丹父子殺之。」硃筆眉批：「不筭酷吏。」

「宣以丹前附王莽」云云。硃筆旁批：「該殺！」

樊曄傳

「子融，有俊才，好黄老，不肯爲吏。」硃筆尾批：「可以補厥父之刻矣。」

李章傳

「時趙、魏豪右往往屯聚，清河大姓趙綱遂於縣界起塢壁，繕甲兵，爲在所害」，「章與對讌飲，有頃，手劒斬綱。」硃筆眉批：「此不見甚酷姦處。」

「綱帶文劒，被羽衣。」硃筆旁批：「是何妝束？」

周紆傳

「每赦令到郡，輒隱閉不出，先遣使屬縣盡決刑罪，乃出詔書。」硃筆旁批：「朱晦翁。」

「紆廉潔無資，常築墼以自給。」劉攽曰：「案墼非築所成，當作塹。築爲垣牆，塹爲坑塹也。」

硃筆眉批：「墼實是築者。」

黄昌傳

「皇后弟皇門郎竇篤從宫中歸。」硃筆於「皇門郎」旁批：「黄。」〔一〕

「縣人彭氏舊豪縱，造起大舍，高樓臨道。昌每出行縣，彭氏婦人輒升樓而觀。昌不喜，遂勑收付獄，案殺之。」墨筆眉批：「庚辰，特用巡按山西陳出，經校尉營街而下，始東，有小樓臨街。三四婦女在樓上睹云：『敢以磚石打巡按乎？』一婦即以一小磚從樓上拋下，正中其傘。陳驚令轎夫速走。後發有司查捕出，如此云云，逕趕訖，亦太罷輭矣。」

陽球傳

「遷將作大匠，坐事論。頃之，拜尚書令。奏罷鴻都文學曰」云云。硃筆眉批：「此奏不可廢。」

「亦有筆不點牘，辭不辯心，假手請字，妖僞百品，莫不被蒙殊恩。」硃筆根批：「僞則僞矣，

〔一〕此條，傅山全書初版本脱，據手稿補。

不必云妖。」

卷一百八

蔡倫傳

「永元九年，監作祕劍及諸器械，莫不精工堅密，爲後世法。」硃筆眉批：「所以劍亦有『蔡倫』之名。」

孫程傳

「及卒，使五官中郎將追贈車騎將軍印綬，賜謚剛侯。」墨筆眉批：「孫程善終矣。」

曹騰傳

「及子操起兵，不肯相隨。」墨筆眉批：「曹操，騰孫也。」〔一〕

曹節傳

「先是，瑀等陰於明堂中禱皇天曰：竇氏無道，請皇天輔皇帝誅之。」硃筆眉批：「天竟似允朱瑀之禱。」

〔一〕　此條，傅山全書初版本脱，據手稿補。

「節遂領尚書令。四年卒，贈車騎將軍。後瑀亦病卒，皆養子傳國。」硃筆眉批：「曹節、朱瑀皆善終。」

張讓傳

「又鑄天祿蝦蟇，吐水於平門外橋東，轉水入宮。」硃筆眉批：「不亦樂乎！」「皆投河而死。」硃筆旁批：「大便宜了奴才。」又硃筆尾批：「大便宜了，大便宜了！」

卷一百九上

卷一百九上至一百一十下之册封面墨筆批：「經儒原與武臣不同道，如楊政無端登陽虛侯之門，先自辱矣。而馬武不見，亦未甚可怪。乃復作劫客伎倆。卽令武與交友，有何榮、何益？」內封頁墨筆批：「光武遷洛陽，載經牒祕書二千餘兩。」〔一〕

楊政傳

「嘗詣揚虛侯馬武，武難見政，稱疾不爲起」云云。硃筆眉批：「馬武之門可以不上，未同而言亦儒先大訓。此節不足取也。」

〔一〕此條，傅山全書初版本脫，據手稿補。

張興傳

「弟子自遠至者，著錄且萬人。」「且」字旁硃筆批：「當。」〔一〕

孫期傳

「黄巾賊起，過期里陌，相約不犯孫先生舍。」硃筆旁批：「不信。」

歐陽歙傳

「王莽時爲長社宰。」硃筆旁批：「經生往往不論此事。」

「世祖平河北，到原武，見歙在縣脩政，遷河南都尉，後行太守事。」硃筆旁批：「造化了。」

「坐在汝南臧罪千餘萬發覺下獄。」硃筆旁批：「儒者果爾耶？」

「又陳留陳弇，字叔明，亦受歐陽尚書於司徒丁鴻，仕爲蘄長。」注：「續漢書曰：弇以尚書教授，躬自耕種，常有黄雀飛來，隨弇翱翔。」硃筆眉批：「黄雀亦偶然。」

〔一〕此條，傅山全書初版本脱，據手稿補。

卷一百九下

樓望傳

「教授不倦，世稱儒宗，諸生著錄九千餘人。」硃筆旁批：「可謂多年。」〔二〕

李育傳

「李育字元春，扶鳳漆人也。」墨筆眉批：「同名。」〔三〕

何休傳

「羣公表休道術深明，宜待帷幄，倖臣不悅之，乃拜議郎。」墨筆眉批：「『不悅之』何語？」

蔡玄傳

「門徒常千人，其著錄者萬六千人。」下句旁硃筆批：「又多于樓望。」

「至如張温、皇甫嵩之徒，功定天下之半」云云。墨筆眉批：「獻帝紀：初平二年，董卓殺衛尉張温。」

〔二〕此條，傅山全書初版本脫，據手稿補。

〔三〕此條，傅山全書初版本脫，據手稿補。

卷一百一十上

崔琦傳

「河南尹梁冀聞其才，請與交。冀行多不軌，琦數引古今成敗以戒之，冀不能受。」硃筆旁批：「如冀者，尚足與言哉？」

「冀遂令刺客陰求殺之。客見琦耕於陌上」云云。硃筆眉批：「何鉏麑也竟與刺袁絲之客同流？」

卷一百一十下

趙壹傳

「文籍雖滿腹，不如一囊錢。」硃筆旁批：「也太傖。」

高彪傳

「子岱，亦知名。」墨筆眉批：「高岱善春秋，見三國吳志，孫策禮敬。」

卷一百一十一

卷一百一十一至一百一十三之册封面墨筆批：「向栩傳『坐板牀，積久，有膝踝足指之處』，我細想來，不信其言。其反戾不通。」

周嘉傳

「太守欲枉殺人，燕諫不聽，遂殺囚而黜燕。因家守闕稱冤，詔遣覆考，燕見太守曰：願謹定文書，皆著燕名，府郡但言時病而已。」墨筆眉批：「周燕既不欲守枉殺囚，是囚無罪，此守自應受枉殺之法，而燕又出來爲守回護，忠于守，何反覆婆媽爾爾？只落得太守知燕耳，可笑！」

李充傳

「妻竊謂充曰：『今貧居如此，難以久安，妾有私財，願思分異。』充僞酬之曰」云云。墨筆旁批：「夫妻慢説三分話，大遂有之。」

「便呵叱其婦，逐令出門」云云。墨筆眉批：「此種以婦人言爲事者，塞破乾坤矣。若看此傳，定以充爲獃貨，負賢婆之心。」

「乃援充以捐溝中，因謫署縣都亭長。」上句旁墨筆批：「此句近掉。」

「大將軍鄧騭貴戚傾時，無所下借，以充高節，每卑敬之。」「騭欲絕其説，以肉啖之。充抵肉於地，曰：説士猶甘於肉！」「以肉啖之」旁墨筆批：「眞外戚相，虜故態！」又墨筆眉批：「李充之抵肉，可以對井丹之推蔥。不聽婦言之人，自能抵貴戚之肉。」

向栩傳

「常於竈北坐板牀上，如是積久，板乃有膝踝足指之處。」墨筆眉批：「有膝踝足指之處，此句我終疑其相傳之訛。」

「會張角作亂，栩上便宜，頗譏刺左右，不欲國家興兵」云云。墨筆眉批：「頗譏刺句，當是要興兵意，不是不欲興兵也。」

卷一百一十二上

「論曰：漢世之所謂名士者，其風流可知矣。雖弛張趣舍，時有未純，於刻情修容，依倚道藝，以就其聲價，非所能通物方，弘時務也。」硃筆眉批：「此論別有主意，以無用爲貴也。」

卷一百一十三

逢萌傳

「時王莽殺其子宇，萌謂友人曰：三綱絶矣！不去，禍將及人。」硃筆眉批：「若論當去，何待殺宇而云三綱絶也？」

「時人謂之論曰：避世墻東，王君公。」墨筆改「謂」爲「爲」。

梁鴻傳

「父讓，王莽時爲城門校尉，封脩遠伯。」硃筆旁批：「差了！」

「後受業太學。」硃筆旁批：「是中興以後之太學耶？」

「因東出關，過京師，作五噫之歌曰」云云。墨筆眉批：「五噫之歌傳之久矣。自吾看之，亦不當歌于中興之時。只一莽賊殺訖，臣子纔得見漢官宮闕，亦得暢然，何至作此呻吟？肅宗非之亦不必也，求之亦不必也。父爲莽之脩遠伯，而子又歌洛陽宮室劬勞，亦可謂不知量矣。」

卷一百一十六

西南夷傳

「夜郎者，初有女子浣於遯水，有三節大竹流入足間，聞其中有號聲，剖竹視之，得一男兒。」末二句旁硃筆批：「有之。」

「哀牢夷者，其先有婦人名沙壹，居于牢山。嘗捕魚水中，觸沈木，若有感，因懷妊，十月，產子男十人。」末句旁硃筆批：「有之。」

「部人多有。菌補邪推。」硃筆根批：「『邪』翻『多』義，猶中國之『只些些』。」

「食肉衣皮。阻蘇邪犁。」硃筆根批：「『邪』字譯多，獨此『衣』字亦云『邪』。」

卷一百一十七

西羌傳

「遂將衆人詣臨羌縣，紆設兵大會，施毒酒中，羌優秀教師飲醉，紆因自擊，伏兵起，誅殺酋豪八百餘人。斬迷吾等五人頭以祭育冢。」硃筆眉批：「張紆斬迷吾祭傅育，痛苦！痛苦！」

「百姓戀土，不樂去舊，遂乃刈其禾稼，發徹室屋，夷營壁，破積聚。」墨筆眉批：「胡儆亦至于此。」

「惜哉！寇敵略定矣，而漢祚亦衰焉。」硃筆旁批：「從來爾爾。」

卷一百一十九

南匈奴傳

「昭君入宮數歲，不得見御，積悲怨，乃請掖庭令求行呼韓邪。」墨筆眉批：「此與前漢書説有异。」

「異姓有呼衍氏、須卜氏、丘林氏、蘭氏四姓爲國中名族，常與單于婚姻。呼衍氏爲左，蘭氏、須卜氏爲右。」末句旁硃筆批：「不云丘林氏。」

「八年」，「由是始置度遼營，以中郎將吴棠行度遼將軍事。」墨筆眉批：「西漢有范明友爲度遼將軍，此東漢始置之耶？」

「北虜衆以南部爲漢所厚，又聞取降者歲數千人。」硃筆眉批：「北虜衆以下十九字兩句不解。」

「持至尸逐侯單于於扶羅」云云，「復欲歸國，國人不受，乃止河東。」注：「遂止河東平陽也。」傳文末句旁硃筆批：「不顧後世了。」墨筆根批：「今平陽有于姓者，殆扶羅後矣。」

「單于於扶羅立七年死，弟呼厨泉立。」墨筆眉批：「於扶羅已止河東，死，呼厨泉之立，卽立于河東耶？」

「並恩兩護，以私己福，棄蔑天公。」注：「天公，謂天子也。前書云：『老禿翁，何爲首鼠兩端？』禿翁卽天翁也。」注文旁墨筆批：「此是田蚡語，豈遂取爾！」硃筆眉批：「禿翁，前書之解不爾。」

卷一百二十

烏桓傳

「婦人能刺韋作文繡，織氀毼。」注：「毼音朝達反。」墨筆眉批：「注中朝達當作胡達。」墨筆改注文「朝」爲「胡」。

卷九十一　晉書批注[一]（上）

「二年夏五月，吳將全琮寇芍陂，朱然、孫倫圍樊城，諸葛瑾、步騭掠柤中，帝請自討之。」墨筆眉批：「掠柤，上力讓反，下側孤反。」

「帝曰：爽與範內疏而智不及，駑馬戀短豆，必不能用也。」墨筆根批：「三國志注作『駑馬戀棧豆』。」

卷十

卷十至十二之册封面墨筆批：「宋馬永卿著嬾眞子曰：晉史乃唐時文士所爲，但託之御撰耳。天文志云：『天聰明，自我民聰明。』以『民』爲『人』，且太宗不應自避其名。又洛書乾曜度以『乾』爲『甄』，則太宗又不應爲太子承乾避名也。」「今書『民』字不作『人』字，此自因何代刻書時避之耳。」

[一] 此篇據山西博物院藏批點手稿整理。批點底本爲明萬曆二十七年刊本。卷一至三十傅山全書初版本脫，由李鳳琴釋文整理後補入。卷三十七至八十六由祁慧芬釋文，卷八十七至末由任仲民釋文，全文由李鳳琴校補。重復書中詞句的批語未錄。

卷十二

「環繞鈎巳，芒角動搖，變色，乍前乍後，乍左乍右，其爲殃愈甚。」硃筆眉批：「鈎巳，天官書注引。」

卷十四

「洛陽。」注：「西有廣陽、西明、閶闔三門。」墨筆眉批：「河間王顒傳：『張方進攻西明門』，又曰『方初于馱水橋西爲營』，想來馱水去西門不遠。」

卷十九

「廟之所祠，則文帝之高祖處士、曾祖高皇、大帝共一廟」云云。墨筆眉批：「三國志：『黄初元年，追尊嵩曰太皇帝。』嵩，騰養子也。」

「文帝甄后賜死，故不列廟。明帝卽位，有司奏請追謚曰文昭皇后，使司空王郎持節奉策告祠于陵。三公又奏曰：『自古周人歸祖后稷，又特立廟以祀姜嫄。今文昭皇后之於後嗣，聖德至化，豈有量哉！』」墨筆眉批：「以甄妃而妄比姜嫄。小人生忌憚亦至此，可恨！」

「於是追祭征西將軍、豫章府君、潁川府君京兆府君、與宣皇帝、景皇帝、文皇帝爲三昭三穆。」墨筆眉批：「景、文是兄弟，當同爲穆耶？」

「而惠帝世愍懷太子、太子二子哀太孫臧、沖太孫尚並祔廟，元帝世，懷帝殤太子又祔廟，號爲陰室四殤。」墨筆眉批：「所以祔之地方，位次俱不書。」

「元帝旣卽尊位，上繼武帝，於元爲禰，如漢光武上繼元帝故事也。」墨筆眉批：「元帝睿班行是宣帝曾孫，于惠帝爲兄弟。」

「太常恒言：今聖上繼武皇帝，宜準漢世祖故事，不親執觴爵」云云。墨筆眉批：「恒議是不願別立惠、懷等廟，而又復豫章等。」

「十六年，始改作太廟殿，正室十四間，東西儲各一間，合十六間，棟高八丈四尺。」墨筆眉批：「十四間，何法？」

卷二十三

「懊憹歌者，隆安初俗間訛謡之曲。」硃筆眉批：「音義：懊，烏浩反，憹，乃告反。」

卷二十四

「大司馬，古官也。」墨筆眉批：「大司馬在三司上。」

「咸寧二年，省駕部尚書」云云，墨筆眉批：「劉寔崇讓論有『八尚書』之語，此不見。」

卷二十八

「其時官養盧龍，寵以金紫，奉以名州，養之極也。」墨筆眉批：「盧龍卽盧循，亦名元龍。」

卷三十七

卷三十七至四十册封面墨筆批：「楊駿傳有傳祇，四十卷。南陽王模子保體質豐偉，嘗自稱重

八百斤。薨時年廿七。」〔一〕

「劉裕聞之，誅其黨與，送文思付父休之，令自訓厲。〔二〕後與休之同怨望稱兵，爲裕所敗而死，國除。」墨筆眉批：「裕自當誅，但文思行不得，妄有此舉。」

「始委以譙王前事。」墨筆旁批：「文思襲封譙。」

卷四十一

卷四十一至四十五之册封面墨筆批：「王濟之弟名澄，與平子同名。郭舒傳，坐擅放司馬彪繫廷尉。任愷既去職，極滋味以自奉。初，何劭以公子奢侈，每食必盡四方珍饌，愷乃踰之，一食萬錢，猶云無下筯處。今習以爲何曾事語，何也？王衍妻郭氏怕大俠李陽，亦怪事。」

「及齊王攸之出鎮，熹上疏諫爭，辭甚懇切。」墨筆眉批：「疏諫齊王攸之出鎮。」〔三〕

「無以，其驗至矣。」墨筆眉批：「『無以』猶言無何，『以』卽『已』亦通。」

「時趙王倫篡逆，光於其際，守道貞全。」〔四〕墨筆眉批：「所謂守道貞全者，〔五〕不知何如守？」

「季和切問近對，當官正色。」墨筆眉批：「『切問近對』四字何説？」

〔一〕此條，傅山全書初版本脱，據手稿補。

〔二〕「自」，傅山全書初版本誤作「其」，據手稿改。

〔三〕此條，傅山全書初版本脱，據手稿補。

〔四〕「貞全」，傅山全書初版本誤作「全貞」，據批點底本改。

〔五〕「所謂守道貞全者」，傅山全書初版本誤作「所望守道貞者」，據手稿改。

卷四十二

「遂平定秣陵，功勳茂著。其增封八千户，進爵爲公。」硃筆旁批：「京陵公。」

「初，濟尚主，主兩目失明，而妬忌尤甚，然終無子，有庶子二人。」硃筆旁批：「『然』字何也？」

「卓字文宣，嗣渾爵，拜給事中。」硃筆旁批：「京陵。」

「次聿，字茂宣，襲公主封敏陽侯。」硃筆旁批：「前云濟尚常山公主，此云襲公主封敏陽侯。」

「出補鄴令，彬導德齊禮，期月化成。」硃筆旁批：「成甚文章？」

「彬知賊寇已殄，孫皓將降，未至建鄴二百里，稱疾遲留，以示不競。」硃筆旁批：「多財欲者逕能爾耶？」

「彬欲討之，恐列上俟報，虜必逃散，乃發幽冀車牛。」硃筆旁批：「此句畢逕不曾説得耳。」[一]

卷四十三

「詔賜東國秘器、朝服一具、衣一襲、錢五十萬、布百匹，以供喪事，策贈司徒，蜜印紫綬，侍中貂蟬」云云。墨筆眉批：「蜜印，癸辛雜識云不可解。或云贈典不刻印，以蠟爲之，蠟卽蜜也，

[一]「不曾」二字，傅山全書初版本脱，據手稿改。

後又沿習爲『密』字。」〔二〕

「襲父爵，辟相國掾。」硃筆旁批：「貞陵亭侯。」

「南郡太守劉肇賂戎筒中細布五十端。」墨筆旁批：「老了。」

「性好興利，廣收八方園田水碓，周徧天下。」墨筆旁批：「大老了。」

「而又儉嗇，不自奉養，天下人謂之膏肓之疾。」墨筆旁批：「老獃了。」

「始爲領軍校尉，坐擅放司馬彪，系廷尉，世多義之。」墨筆根批：「擅放司馬彪事不明著之，文苑司馬彪傳中無此事。」

卷四十五

「我平天下而不封禪，焚雉頭裘，行布衣禮」云云。墨筆眉批：「好話！」

「初，何劭以公子奢侈，每食必盡四方珍饌，愷乃踰之，一食萬錢，猶云無可下筯處。」墨筆眉批：「一食萬錢之語與何曾同。」又硃筆旁批：「此事竟坐在何曾身上。」

卷四十六

卷四十六至五十之册封面墨筆批：「四十八卷向雄段灼閻纘傳脱十五，十六兩葉。邯鄲醉，音義：醉，子内切，卽今『醉』字矣。命名以醉，何也？見李重傳。惜不載其事。此以文多不載，

〔二〕「密」，傅山全書初版本誤作「蜜」，據手稿改。

亦須約略爲何事駁之，〔一〕而去其事，單記其名，又何必史爲事不爲名也？如此作史，眞可笑！」

「而世皆爲婚，禮律不禁。」硃筆旁批：「胡。」〔二〕

「太熙初，遷廷尉平。駁廷尉奏邯鄲醉等，文多不載。」墨筆旁批：「卽不列全文，還該約略其事，而竟不少及，又何必列此名？編史者乃爾妄漏。」墨筆眉批：「邯鄲醉，音義作：醉，子內切。」

卷四十八

又陳曰「昔伐蜀，募取涼州兵馬、羌胡健兒」云云，「功皆第一。」墨筆眉批：「又陳封功。」〔三〕

「如州郡，雖下，功高不封。」墨筆旁批：「此句有訛脫。」

「今之言世者，皆曰堯舜復興，天下已太平矣。」墨筆旁批：「奴貨常態常言。」

卷四十九

「時方有客，咸聞之，遽借客馬追婢，既及，與婢累騎而還，論者甚非之。」硃筆旁批：「所謂疊騎也。自然不是。」

〔一〕「須」，傅山全書初版本誤作「湏」，據手稿改。

〔二〕此條，傅山全書初版本脫，據手稿補。

〔三〕此條，傅山全書初版本脫，據手稿補。

「雖當世當貴而不肯顧，家無儋石之儲。」硃筆旁批：「不成語。」〔一〕
「放設饌請賓，伏兵殺之。」墨筆旁批：「何也？」
「胡母輔之與荀邃共詣令家，望見逸，謂邃曰：『彼似奇才。』便呼上車，與談良久，果俊器。」
墨筆眉批：「胡母輔之、荀邃望見逸便知奇才，昔日眼睛是何等物？」
卷四十六至五十之册封底墨筆批：「庾純之先有伍伯，賈充之先爲市魁，二人以此相譏。」〔二〕

卷五十一

卷五十一至五十五之册封面墨筆批：「愍懷太子寫得好。胥克之廢，丘明列焉。以左氏卽丘明，晉人皆然，見皇甫傳。」
「夫才不周用，衆所斥也；寢疾彌年，朝所棄也。是以胥克之廢，丘明列焉；伯牛有疾，孔子斯歎。」墨筆眉批：「胥克之廢，丘明列焉。左傳宣八年，胥克有蠱疾，郤缺爲政，秋，廢胥克。」
「故吾欲朝死夕葬，夕死朝葬，不設棺槨，不加纏斂，不修沐浴，不造新服。殯唅之物，一皆絕之。」硃筆旁批：「此要臨終時自身强爲沐浴耳。」
「廙既至荆州，大失物情，百姓叛廙迎杜弢」云云。墨筆眉批：「王廙大草包。」
「乘雲車電鞭之扶輿委移兮，駕應龍青虬之容裔陸離」云云。墨筆眉批：「此段句全效司馬大人賦。」

〔一〕　此條，傅山全書初版本脱，據手稿補。
〔二〕　此條，傅山全書初版本脱，據手稿補。

「時天子留心政道，又吳寇新平，天下乂安，上太康頌以美晉德。」墨筆眉批：「『留心政道』四字豈非好語，看着卻鄙俗。」

「及洛京荒亂，盜竊縱横，人饑相食。虞素清貧，遂以餒卒。」墨筆眉批：「魏刁整謂常景曰：『恐摯太常方餒于柏谷耳。』指此愜當。」

卷五十三

「嘗與諸皇子共戲殿上，惠帝來朝，執諸皇子手，次至太子，帝曰：『是汝兒也。』惠帝乃止。」

「是汝兒」旁硃筆批：「可笑！」

「宮中嘗夜失火，武帝登樓望之。太子時年五歲，牽帝裾入闇中。帝問其故，太子曰：『暮夜倉卒，宜備非常，〔一〕不宜令照見人君也。』由是奇之。」墨筆旁批：「當時有此事，且語斷不爾，修史者文之太過，遂不見孩子口中眞語。」

「而於宮中爲市，使人屠酤，手揣斤兩，輕重不差。其母本屠家女也，故太子好之。」硃筆旁批：「外家乃爾要緊？」

「太子怒，使人以針著錫常所坐氈中而刺之。」硃筆旁批：「何何姚也？」

「于時朝野咸知賈后有害太子意。中護軍趙俊請太子廢后，太子不聽。」硃筆旁批：「太子如何廢后？」

「使黃門侍郎潘岳作書草，若禱神之文，有如太子素意，因醉而書之」云云。墨筆旁批：「潘

〔一〕「宜」，傅山全書初版本誤作「宣」，據批點底本改。

岳之死是其報邪？」

「陳舞復傳語曰：不孝那！天與汝酒飲，不肯飲，中有惡物邪？」墨筆眉批：「『那』字不知連上句不知連下讀也。」

卷五十四

「故足遠超枚馬。」墨筆旁批：「不然。」

「百代文宗，一人而已。」墨筆旁批：「太過了。」

「矯翮南辭，翻棲火樹；飛鱗北逝，卒委湯池。」墨筆旁批：「不成話。」

卷五十五

「且九齡而我王母薛妃登遐。」「王母」旁硃筆批：「祖母。」

「張載字孟陽，安平人也。父收，蜀郡太守。載性閑雅，博學有文章」云云。墨筆眉批：「載記慕容氏韓恆傳中有張載，恆灌津人，師事同郡張載。」〔一〕

卷六十五

卷六十五至六十九之册封面墨筆批：「『雙劍之節崇，而飛白之俗成。』戴逵疏中語，不知何

〔一〕　此下批本缺卷五十六至六十四。

謂。劉隗、刁協兩殺才，而協專以酒作威風，可笑之極。及王敦來時，醉漢伎倆，毫使不書。陶侃傳有客化爲鶴，冲天而去，奇事。」

卷六十六

「後以母憂去職。嘗有二客來弔，不哭而退，化爲雙鶴，冲天而去，時人異之。」硃筆旁批：「眞古怪。」墨筆眉批：「客化爲鶴，奇事。」

「侃將鄭攀、蘇温、馬儁等不欲南行。」硃筆於「蘇温」旁批：「胡人。」〔二〕

「初，明帝崩，侃不在顧命之列，深以爲恨。」硃筆旁批：「可笑耳！」

「謝安每言陶公雖用法，而恆得法外意。」硃筆旁批：「謝公不虛賞識，定有所見。」

「及送侃喪還長沙，夏與斌及稱各擁兵數千以相圖。既而解散，斌先往長沙，悉取國中器仗財物。」末句旁硃筆批：「不長進貨。」

「夏至，殺斌。」硃筆旁批：「又甚矣。」

「士行望非世族，俗異諸華。」硃筆旁批：「胡說。」

卷六十八

「瞻對曰：瞻聞有國有家者，皆欲邁化隆政，以康庶績，垂歌億載，永傳于後。然而俗變事弊，

〔二〕此條，傅山全書初版本脫，據手稿補。

得不隨時，雖經聖哲，無以易也」云云。硃筆眉批：「討陳敏，勸進元帝，請徵郄鑒，是其可紀。對策可笑。論太極遵王氏，就其易者耳。」
「興隆之政，務在得賢；清平之化，急於拔才。」硃筆旁批：「說甚？」
「聖人，人也，安得混沌之初能藏其身於未分之內！」硃筆眉批：「老紀觳哉！」
「古人舉至極以爲驗，謂二儀生於此，非復謂有父母。若必有父母，非天地其孰在？」榮遂止。」
硃筆眉批：「榮只不與辯，省事耳。」
「陛下性與天道」云云。硃筆旁批：「晉人文章爾爾。」

卷六十九

「隗至淮陰，爲劉遐所襲，携妻子及親信二百餘人奔于石勒，勒以爲從事中郎、太子太傅。」硃筆旁批：「何也？」
「協性剛悍，與物多忤，每崇上抑下，故爲王氏所疾。又使酒放肆，侵毁公卿，見者莫不側目。」墨筆眉批：「協牽捽尚書郎盧綝墮馬事，見熊遠傳。」
「協曰：『臣當守死，不敢有貳。』帝曰：『今事逼矣，安可不行！』乃令給協、隗人馬，使自爲計。」末二句旁硃筆批：「成何體面！」
「伏見處士廣陵戴若思，年三十，清沖履道德量允塞」云云。硃筆眉批：「全不似曾作劫人。」
「敦以爲然，又素忌之。」墨筆旁批：「『以爲然，又素忌之』語無風力。」
「臣聞天道之所大，莫大于陰陽；帝王之至務，莫重於禮學。」墨筆眉批：「起用『天道之所大，莫大於陰陽』，不知與下禮學何所關生。」

卷七十

卷七十至七十四之册封面墨筆批：「高崧與桓温書亦可觀。讀甘卓傳，時起時罷，眞沒志意人，可以發學道愧心。甘季思，所謂死狗扶不上墻也。」〔一〕

封二墨筆批：「卞忠貞孝於繼母者，故反覆于王式之出繼母也。」

「甘卓字季思，丹楊人，秦丞相茂之後也。」硃筆旁批：「大來頭。」

「諸州秀才聞當考試，皆憚不行，惟儉一人到臺，遂不復策試。儉恥其州少士，乃表求試，以高第除中郎。」墨筆旁批：「秀才怕考。」硃筆旁批：「此似謂其單單一人來，遂不準試。」硃筆眉批：「湘州桂陽少讀書人。」

「雖吾情本不爾，而事實有似。」墨筆旁批：「明白。」

「參軍李梁說卓曰：昔隗囂亂隴右，竇融保河西以歸光武，今日之事，有似於此。」「亂隴右」旁墨筆批：「胡說！」墨筆眉批：「李梁狗奴。」

「騫謂梁曰：光武創業，中國未平，故隗囂斷隴右，竇融兼河西，各據一方鼎足之勢，故得文服天子，從容顧望」云云。墨筆眉批：「好鄧騫。」

「卓既素不欲從敦，得道融說，遂決曰：『吾本意也。』乃與巴東監軍柳純、南平太守夏侯承、宜都太守譚該等十餘人，俱露檄遠近，陳敦肆逆，率所統致討。」墨筆旁批：「硬了。收拾起來

〔一〕「甘季恩」一句，傅山全書初版本脫，據手稿補。

了。」

「卓雖懷義正，而性不果毅，且年老多疑，計慮猶豫，軍次豬口，累旬不前。」末句旁墨筆批：「又軟了。」

「吾適徑據武昌，敦勢逼，必劫天子，以絕四海之望。」墨筆旁批：「又自爲地步語，欺誰？」

「卓性先寬和，忽便彊塞，徑還襄陽，意氣騷擾，舉動失常，自照鏡不見其頭，視庭樹而頭在樹上，心甚惡之。」硃筆旁批：「殺才自丢頭。」

「襄陽太守周慮等密承敦意，知卓無備，詐言湖中多魚，勸卓遣左右比捕魚，〔一〕乃襲害卓于寢，傳首于敦。」墨筆旁批：「卓自是老殺才。」

「太寧中，追贈驃騎將軍，謚曰敬。」硃筆眉批：「當何謚？」硃筆尾批：「當何敬？」

「式父終，喪服訖，議還前夫家。前夫家亦有繼子，奉養至終，遂合葬於前夫。」硃筆眉批：

「此母是前後兩家皆無出者。」又硃筆旁批：「此是前家之子，不知禮義。」

「式爲國士，閨門之内犯禮違義，開闢未有，於父則無追亡之善，於母則無孝敬之道，存則去留自由，亡則合葬路人，可謂生事不以禮，死葬不以禮者也。」硃筆眉批：「『合葬路人』一句，始略痛庠。凡冉嫁之婦，于前夫視之，正如路人耳。」

「人無非父而生，職無非事而立。」硃筆旁批：「文章可笑。」

「導聞之曰：王茂弘駑痾耳，若卞望之之岩岩，刁玄亮之察察，〔二〕戴若思之峰岠，當敢爾邪！」

〔一〕「勸卓」一句，傅山全書初版本脱，據批點底本補。
〔二〕「刁」，傅山全書初版本誤作「刀」，據批點底本改。

墨筆眉批：「王導逕胡說邪！」

「其後盜發壼墓，尸僵，鬢髮蒼白，面如生，兩手悉拳，爪甲穿達手背。」末句旁硃筆批：「也奇事。」

「詵卒以免，而猶不悛。後爲左丞，復奏陷卞氏。」墨筆眉批：「郤詵大無良知。」〔一〕

「時朝野莫不怪歎，獨陶侃亦切齒忿之。」墨筆眉批：「『獨陶侃亦切齒忿之』是何語？」

「尋以憂卒，追贈本官，加散騎常侍，謚曰敬。」墨筆眉批：「謚法二敬：一夙夜警戒，一合善典法。敦乏謚敬，何所取焉？」

卷七十一

「永寧初，赴齊王冏，義討趙王倫。」硃筆旁批：「是。」

「辭甚切至，冏不納。」硃筆旁批：「殺才。」

「渭濱之士，含奇謨於朱脣，握神策於玉掌，逍遙川嶽之上，以俟眞人之求。」硃筆眉批：「朱脣、玉掌是何言？」

「廬江何銳爲安豐太守，惠權留郡境。銳以他事收惠下人推之，惠既非南朝所授，常慮讒間，因此大懼，遂攻殺銳，奔入蠻中。」「下人推之」旁硃筆批：「此句甚不了了。」又硃筆眉批：「銳爲東晉南朝之安豐守，惠當是西晉之安豐內史。」

「仕爲郡督郵，檢獲隱匿者三千人，爲一州尤最。」墨筆旁批：「檢獲隱匿者三千人，不明列何

〔一〕此條，傅山全書初版本脫，據手稿補。

如隱匿，籠筒失之。」
「初，悝以納妾致訟被黜。」墨筆眉批：「納妾致訟不知如何事。」
「其子崧求直無已，今特聽傳侯爵。」墨筆旁批：「前云建昌伯。」
「但以此興師動衆，要當以資實爲本。」墨筆旁批：「『以此』兩字可删。」
「須所以深用惟疑，在乎此耳。」墨筆眉批：「『深用惟疑』是一句。」又於「惟疑」旁墨筆批：「思也。」〔一〕
「或能望風振擾，一時崩散。」墨筆旁批：「文義不明白。」
「吾與足下雖職有内外，安社稷，保家國，其致一也」云云。墨筆眉批：「才具亦可見于前詒桓温書。」

卷七十二

「其餘所著碑誄詩賦百卷，移檄章表三十卷，神仙、良吏、隱逸、集異等傳各十卷」云云。墨筆眉批：「傳中不及西京雜記。」

卷七十三

「翼字稚恭，風儀秀偉，少有經綸大略」云云。「及郪城失守，石城被圍，翼屢設奇兵，潛致糧

〔一〕墨筆旁批文字，傅山全書初版本脱，據手稿補。

杖。石城得全，翼之勳也。賜爵都亭侯。」墨筆眉批：「稚恭不大見所厝置，北征亦復未遂長驅，要之不是庸奴貨也。」

「又遣使東至遼東。」硃筆旁批：「慕容。」

「西到涼州。」硃筆旁批：「張。」

「荆州所統一二十郡，唯長沙最惡。」墨筆於「長沙」旁批：「殷羡。」〔一〕

「遂三起三疊，徒衆屬目，其氣十倍。」墨筆旁批：「此句不解是何語。」

卷七十五

卷七十五至七十八之册封面墨筆批：「範甯論送故之弊，後虞預傳亦有之。王坦之子有王愷字茂仁，與君夫同姓名。孔愉子安國與漢同名。」

「時左丘明、子夏造膝親受，無不精究。孔子既没，微言將絶，於是丘明退撰所聞，而爲之傳。」墨筆眉批：「左傳明爲丘明作。」

「今宜正其封疆，以土斷入戸。」墨筆旁批：「此是要教下戸占籍。」

「一朝屬戸，長爲人隸。」墨筆旁批：「屬戸如何便長爲人隸？」

「斯誠并兼者之所執，而非通理者之篤論也。」墨筆旁批：「此似謂當時流人不曾下戸占籍，皆爲勢力之家所私庇爲用。」

「凡荒郡之人，星居東西，遠者千餘，近者數百，而舉召役調，皆相資須，期會差違，輒致嚴

〔一〕此條，傅山全書初版本脱，據手稿補。

坐，人不堪命，叛爲盜賊。」墨筆旁批：「此似謂居住遼遠，凡役不論程途多少，勒令就役者。」

「頃者選舉，惟以卹貧爲先，雖制有六年，而富足便退。」墨筆旁批：「此謂爲守令者但欲救貧致富，富了卽去，不拘六年之例。然『以卹貧爲先』一句，卻似卹人之貧。」

「謂送故之格宜爲節制，以三年爲斷。」墨筆眉批：「送故之格以三年爲斷，不知何法。」

「堅駁之曰：自淳朴澆散，刑辟仍作，刑之所以止刑，殺之所以止殺。雖時有赦過宥罪，議獄緩死，未有行小不忍而輕易典刑者也。」墨筆眉批：「堅畢竟是好殺人者。」

「豈得不擯絶人倫，同之禽獸邪？」墨筆旁批：「此又呆！」

「雖所滯不同，其於遺之緣有弊而用，降己之道由私我而存，一也。」墨筆旁批：「又似欠一二字者。」又墨筆眉批：「好語。」

卷七十六

「及王敦構禍，帝遣廣喻敦，既不能諫其悖逆，乃爲敦所留，受任助亂。」墨筆旁批：「了了，世將了。」

「彬從兄豫章太守陵爲敦所害。」墨筆根批：「後作稜。」

「是時温將廢海西公，百僚震慄，温亦色動，莫知所爲」云云。墨筆眉批：「白須忽復爾。」

「疾篤，帝遣黄門侍郎問所苦，賜錢三十萬以營醫藥。太元二年卒，年七十三。」墨筆眉批：「二十歲卽白鬢，亦活至七十三歲。」

「然而朱家容布，爲大俠之首；酈寄載呂，興賣友之譏。」墨筆眉批：「酈寄賣友，〔二〕在班史，語自酌斟。」

卷七十七

「玩翼亮累世」云云。墨筆眉批：「『翼亮累世』是何意？」

「性公亮守正，行不合己，雖富貴不交也。」硃筆旁批：「至可厭語。」

「竟坐廢爲庶人，徙于東陽之信安縣。」墨筆眉批：「此卻怨不得元子。」

「浩有德有言，向使作令僕，足以儀刑百揆，朝廷用違其才耳。」〔三〕墨筆旁批：「公論。」

卷七十九

卷七十九至八十二之册封面墨筆批：「鄧璨言『隱初在我，不在于物』，可謂無忌憚矣。王遜之子王澄與平子同姓名。」

「有心之人，決不冒榮苟進。冒榮苟進之疇，必非所求之旨，徒開偷薄之門而長流弊之路。」墨筆眉批：「正經情理之論。」

「初，苻健將張遇降尚，尚不能綏懷之。」墨筆旁批：「疎漫。」

〔二〕「酈寄」，手稿作「酈興」，據文義改。

〔三〕「朝」，傅山全書初版本誤作「胡」，據批點底本改。

「羊曇者，太山人，知名士也，爲安所愛重。」墨筆眉批：「前説羊曇爲安外甥。」

「元熙中，爲光祿大夫，復兼太保，持節奉册禪宋。」硃筆旁批：「不似文靖家子弟耳。」〔一〕

「先是，王珣娶萬女，珣弟珉娶安女，並不終，由是與謝氏有隙。珣時爲僕射，猶以前憾緩其事。琰聞恥之，遂自造輼輬以葬，議者譏之。」墨筆眉批：「此是侄女婿不要伯丈母資給葬禮。」

「琰曰：苻堅百萬，尚送死淮南」云云。〔二〕硃筆旁批：「傻話！」

「萬著白綸巾，鶴氅裘，履版而前。」墨筆眉批：「『履版而前』，『履版』二字不解。」

「萬乃召集諸將，都無所説，直以如意指四坐云：諸將皆勁卒。」墨筆旁批：「模樣可矣。」

卷八十

「王羲之字逸少，司徒導之從子也」云云。墨筆眉批：「記書法者。衛夫人見王右軍年十二書，流涕曰：『此子必蔽我名。』右軍初學衛書，將謂不及，北游見李斯、曹喜等書。之許下，見鐘繇、梁鵠書。又之洛下，見蔡邕石經三體書。又于從兄洽處，見張昶華岳碑。歎曰：巫雲洛水外，雲水寧足貴哉！」

「豈可以一世之存亡。」硃筆旁批：「恁地推重。」

「羲之遂報書曰：吾素自無廊廟直」云云。墨筆眉批：「與揚州刺史書，凡五『吾』字。」

「又遺浩書曰：知安西敗喪」云云。墨筆眉批：「與殷浩書。浩爲揚州，是會稽上司矣，而書

〔一〕「子弟」，傅山全書初版本誤作「弟子」，據手稿改。

〔二〕「死」，傅山全書初版本脱，據批點底本補。

辭較前頗遜讓。」

「吾意望朝廷可申下定期」云云，「吾謂誅翦一人」云云。墨筆眉批：「四『吾』之書。」硃筆眉批：「外之會稽内史與尚僕射書，稱『吾』字者四見，當時不以爲傲。若在後世，雖最相知者，亦不敢。」

「又有百工醫寺，死亡絕沒，家戶空盡，差代無所，上命不絕，事起或十年、十五年，彈舉獲罪無懈息，而無益實事，何以堪之！」墨筆眉批：「醫那得人來便能充之。〔二〕其寺或謂在醫局充役修合者耳。不然須是百工醫有犯罪而原之耳邪？」「上命不絕，事起或十年、十五年」旁墨筆批：「此二句不明快。」

「羲之書其扇，各爲五字。」朱筆眉批：「五字五錢。」

「維永和十一年三月癸卯朔，九日辛亥。」墨筆旁批：「穆帝年號改元者二，永和有十二年，後改昇平又五年。」

「年五十九卒，贈金紫光祿大夫。」墨筆眉批：「年五十九不知是永和十一年後又幾年，但自永和十一年往前遡數之，五十九年當爲惠帝之八年。」

「凝之不從。」墨筆旁批：「竦。」

〔二〕「得」，傅山全書初版本脫，據手稿補。

卷八十一

「王遜字邵伯，魏興人也」云云，「轉魏興太守。」墨筆旁批：「魏興人轉魏興太守。」〔一〕

「既慚包胥無哭秦之感，又愧梁妻無崩城之驗。」硃筆旁批：「晉書中往往有此等書袋。」

「崇以道遠不敢渡水。遜以崇不窮追也，怒囚羣帥，執崇，鞭之。怒甚，發上衝冠，冠爲之裂，夜中卒。」墨筆旁批：「髮上衝冠，冠爲裂，此亦不想而冒爲之詞。」又墨筆眉批：「卽怒甚，髮不能粗大使冠裂也。」

「胤位任轉高，矜豪日甚、從酒耽樂、不恤政事，大殖財貨，商販百萬。」墨筆眉批：「劉江好大殖財貨。」

「及孝武末年，嗜酒好肉。」硃筆眉批：「好肉，可厭極矣。」

「閻晉，聲婦弟也，乃斬聲首出降。」墨筆旁批：「小舅着急，殺姊夫。」〔二〕

「伺既入，賊舉鋋擿伺。」墨筆旁批：「魯之象。」

「便宜急追信，改舊書，說必應俱征。」硃筆旁批：「不成文章。」

卷八十二

「輙著白旃小郭，以載車，當時異焉，後終於洛。」墨筆眉批：「『當時異焉』是何語？」

〔一〕此條，傅山全書初版本脫，據手稿補。

〔二〕此條，傅山全書初版本脫，據手稿補。

「君少長王都，游宦四方，華夷成敗，皆在耳目，何不述而裁之？」墨筆眉批：「以著述諫祖納，大可笑！竟似今代之洪洞老范。」

「隱兄瑚，字處仲。」墨筆眉批：「王處仲與敦同字。」

「虞預字叔寧，徵士喜之弟也。」墨筆眉批：「孫暠傳，暠聘預女爲妻。」

「從入關平洛，以功進封吴昌縣侯，出補長沙太守。」墨筆眉批：「孫盛爲長沙太守，營資貨。」〔一〕

「進無威鳳來儀之美」云云。墨筆旁批：「數句何謂？」

「退無鷹鸇搏擊之用，徘徊湘川，將爲怪鳥」。墨筆旁批：「若從事鷹鸇，老孫首在所搏。」

「君嘗聞千知星宿有不覆之義乎？」硃筆眉批：「『千知星宿有不覆』何說？」

「允源。」墨筆旁批：「虞溥。」

「紹統。」墨筆旁批：「司馬彪。」

「處叔。」墨筆旁批：「王隱。」

「叔寧。」墨筆旁批：「虞預。」

「令升、安國。」墨筆旁批：「干寶、孫盛。」

「習氏。」墨筆旁批：「鑿齒。」

「徐公。」墨筆旁批：「廣。」

「彦威。」墨筆旁批：「鑿齒。」

〔一〕此條，傅山全書初版本脱，據手稿補。

「野民。」墨筆旁批：「廣。」

卷八十三

卷八十三至八十六之册封面墨筆批：「劉毅請終喪之表，文至可觀。」〔一〕

「雅以恭等無當世之才，不可大任，乃從容曰」云云。硃筆眉批：「茂達徑知人。」

卷八十四

「淮陵内史虞珧子妻裴氏有服食之術，常衣黄衣，狀如天師。」墨筆旁批：「是何樣？」

「由是楷怒，遣子鴻說恭曰」云云。「楷」旁墨筆批：「黨國寶者。」

「於將軍何損？晉陽之師，其可再乎？」墨筆眉批：「劉牢之好話。」

「恭不從，乃上表」云云。墨筆旁批：「太不逞耳。」

「及玄執政，上表理恭，詔贈侍中、太保，謚曰忠簡。」末句旁墨筆批：「也雜說。」

「牢之許焉。」墨筆旁批：「依了元顯。」

「乃置酒請牢之於衆中，拜牢之爲兄，精兵利器悉以配之，使爲前鋒。」墨筆旁批：「不論所舉事勢如何，只此獃樣，只合平時爲春柳耳。」

「牢之自謂握强兵，才能筭略足以經綸江表，時譙王尚之已敗，人情轉沮，乃頗納穆說，遣使與

〔一〕「文」，傅山全書初版本脱，據手稿補。

玄交通。」「頗納穆說」旁墨筆批：「又依了桓玄了。」「與玄交通」旁墨筆批：「胡了。」

「俄令敬宣降玄。玄大喜，與敬宣置酒宴集，陰謀誅之。」墨筆旁批：「如何不曾誅得？」

「元顯既敗，玄以牢之征東將軍。」墨筆於「之」、「征」之間加一「爲」字。

「參軍劉襲曰：事不可者莫大於反，而將軍往年反王兗州，近日反司馬郎君，今復欲反桓公。一人而三反，豈得立也？」墨筆旁批：「不說其中名目，有當反者，不當反者，總之反是不堪事。劉襲之言，亦但取其名而已。」

「恢、顗、績並不同之，乃以楊佺期代績，顗自遜位。」首句旁墨筆批：「是何語？」

卷八十五

「乞賜餘骸，終其丘墳，庶幾忠孝之道獲宥於聖世。不許。」末句旁硃筆批：「是。」

「饑困死亡至者十二三。」墨筆眉批：「『死亡至』當是『至死亡』。」

「毅至江陵，乃輒取江州兵及豫州西府文武萬餘，留而不遣，又告疾困，請藩爲副。劉裕以毅貳于己，乃奏之。安帝下詔曰：『劉毅傲很凶戾，履霜日久，中間覆敗，宜即顯戮。』」墨筆眉批：「寄奴不殺盤龍，終是上流之害，而盤龍又不能戢鷺頭之毛，以至于敗。可惜，可惜！」

卷八十六

「從隴西内史遷涼州刺史。」墨筆旁批：「此『涼』字訛。」

「軌大悅，赦州内殊死已下。」墨筆旁批：「此處用『大悅』兩字甚無理。」

「城峻衡生負乘致寇，惟陛下圖之。」硃筆眉批：「『城峻衡生』四字甚雋。」

「瓘先欲征綝，以兄珪在綝中爲疑，綝亦以弟在瓘中」云云。硃筆旁批：「綝後不見下落。」

卷八十七

卷八十七至九十之册封面墨筆批：「王延叩汾水，踴出大魚，事同王祥。六十而仕劉聰，可笑！後又大駡靳準而見殺，更可笑！延一生篤孝，只爲劉聰作忠耳。」

卷八十八

劉殷傳末墨筆尾批：「惜乎！讀書人家落在劉胡處。」

王延傳上墨筆眉批：「王延總是穀貨。六十而仕于劉聰，已可笑矣。及靳準誅劉氏，又大駡準以死。是延一生純孝，只做得劉聰一個忠臣耳，孝也不值半錢。」

「年六十，方仕於劉聰。」墨筆旁批：「不可以已乎？」

王談傳上墨筆眉批：「王談好貨。」

「虞諸兄仕於石勒之世，咸登顯位，惟虞耻臣非類。」末句旁硃筆批：「明白！」

「五年後，石勒以爲武城令，虞以密邇黄河，去海微近，將申前志，欣然就職。」末句旁硃筆批：「㲉了，差了！」

「季龍死，國中大亂，朝廷以虞名父之子，必能立功海岱，潛遣東莞人華挺授虞寧朔將軍、青州刺史。虞曰：功名非吾志也。」硃筆眉批：「忽然變卦。」

「乃附使者啓，讓刺史，請居海右，不交境外。雖歷僞朝而不豫亂，世以此高之。」硃筆旁批：「還高甚麽！」又硃筆眉批：「一失足爲千載恨。」

卷九十一

卷九十一至九十四之册封面墨筆批：「成公綏有二，一見慕容超載記。」

「又撰周易訓註，以正動二體互通其文。」硃筆旁批：「愚曾有此義，然不能一一通矣。」〔二〕

「有五子：卓、炤、燿、育、臍。」硃筆眉批：「命名以臍亦怪。」

「後與紀依于劉元海，元海以隆爲大鴻臚，紀爲太常，並封公。」硃筆眉批：「㲉奴！」

「永嘉中，歷廷尉平、東安太守。劉琨承制于并州，以爲從事中郎。後遂没石勒，勒以爲理曹參軍。」末二句旁硃筆批：「差了！」又墨筆眉批：「不死尚可爲理曹參軍，過矣。」

「著遠游志、異物志、汲冢古文釋，皆十卷，行於世。」硃筆旁批：「豈不成個讀書人？」

「年九十七，死于石季龍之世。」硃筆旁批：「老無恥。」又硃筆眉批：「此老生于魏時。」

孔衍傳上墨筆眉批：「元吳師道正補國策叙曰：『鮑之成書，當紹興丁卯。同時郯川姚宏亦注是書，云得會稽某某所較，以閣本標出，錢藻、劉敞較字。又見晉孔衍春秋後語，參較補注，是正存疑，具有典則。大事記亦頗引之。而世罕傳，知有鮑氏而已。』據此，則衍所著，有春秋後語之名，而不及，何也？」

「前後四登九列，六在尚書，三爲侍中，再爲太子太傅，封京兆公。」硃筆旁批：「榮矣哉！」

〔二〕「矣」，傅山全書初版本誤作「之」，據手稿改。

「嘗謂伯陽曰：我高我曾重光累徽，我祖我考父父子子，汝爲我對，正值惡抵。」硃筆旁批：「不知無恥貨祖父是何如人。」

「范弘之字長文，安北將軍注之孫也。」硃筆改「注」爲「汪」。

「桓温於亡祖，雖其意難測，求之於事，止免黜耳，非有至怨也。」硃筆於「亡祖」旁批：「汪。」〔一〕

「至慕容暐襲僞號。署爲國子博士，親就受經。遷祭酒。」硃筆旁批：「總是沒志氣人。」

卷九十二

「孝武帝嘗會於西堂，滔豫坐，還，下車先呼子系之謂曰：百人高會，天子先問伏滔在坐不，此故未易得。爲人作父如此，定何如也？」墨筆眉批：「小器哉！」

卷九十四

「自典午運開，旁求隱逸，譙元彦之杜絶人事，江思悛之嘯咏林藪，峻其貞白之軌，成其出塵之迹」云云。「譙元彦」旁硃筆批：「秀。」又硃筆眉批：「譙秀傳中有之。江思悛不著，而附見江統傳中。」

「時時游人間，所經家或設衣食者，一無所受，辭去，皆捨棄。」硃筆旁批：「既云一無所受，

〔一〕此條，傅山全書初版本脱，據手稿補。

而又云辭去皆捨棄，是何等文章？」

「董京字威輦，不知何郡人也。」硃筆旁批：「京猶是悲天憫人之人。」

「孫楚時爲著作郎，數就社中與語，遂載與俱歸。」墨筆於「載」字上加一「欲」字。又墨筆眉批：「載與俱歸，幾時也？少不得一個字。」

「楚乃貽之書，勸以今堯舜之世，胡爲懷道迷邦。」硃筆旁批：「忽然出此鄙詞，不堪聽之甚。」

「京答之以詩曰：周道斁兮頌聲沒，夏政衰兮五常汨。」硃筆旁批：「此亦帶俗氣。」墨筆旁批：「仍是儒家者常言。」

「便便君子，顧望而逝。」「逝」字旁硃筆批：「入聲。」

「哀哉乎！時之不可與，對之以獨處。」硃筆眉批：「『對之以獨處』，妙哉乎言！」

「焉知不有達人，深穆其度，亦將闚我，皁顧而去。」硃筆眉批：「皁顧，志林竟作顰蹙。」

「末世流奔，以文代質，悠悠世目，孰知其實！逝將去此，至虛歸我自然之室。」硃筆旁批：「以『歸』字爲下句起字，『虛』字當屬上句之尾。然『至虛』是好字，說不得『去』。畢竟當作『至虛歸我自然之室』。」

「沖每聞徵書至，輒逃入深山，時人以爲梁、管之流。」硃筆眉批：「梁鴻、管寧。」

「粲高亮貞正，有丹風，而博涉强記，學皆可師，遠近請益者甚衆。」末句旁硃筆批：「要此何爲？」

「魏時州府交辟，皆無所就。久之，乃應命爲治中。」末句旁硃筆批：「又何來？」

「郡既接近寇戎，粲以重鎮輒去職，朝廷尤之，左遷樂涫令。」硃筆眉批：「樂涫在酒泉郡。」

「齊王芳被廢，遷于金墉城，粲素服拜送，哀慟左右。」硃筆旁批：「自者以下，才矢爲曹魏人矣。」又硃筆眉批：「原不爲隱逸。」

「可使郡縣輿致京師，加以聖恩。」硃筆旁批：「要怎地？」

「諸士大夫未有不及私者，而范伯孫恂恂率道，名諱未嘗經於官曹，士之貴異，於今而見。大道廢而有仁義，信矣！」後二句旁硃筆批：「此句在此何謂？」

「其著述爲世所稱，遭亂遺失。」硃筆旁批：「何其甾也！」

「高陽許猛素服其名，會爲幽州刺史，將詣之，主簿當車諫不可出界，猛歎恨而止。」「主簿」句旁硃筆批：「此列之傳中何謂？」

「褒傷時之貪鄙，乃隱姓名，而著錢神論以刺之。其略曰：錢之爲體，有乾坤之象」云云。硃筆眉批：「一篇俗話。」又墨筆眉批：「如此文字，不必列之傳中。」

「明帝卽位，又徵拜給事中，旭稱疾篤，經年不到，尚書以稽留除名。」硃筆旁批：「旭原未嘗仕，此云除名，何也？」

「又問曰：苟世不寧，身不得安，今將用先生以濟時，若何？」硃筆旁批：「太眞也鏖糟耶！」

「終身不復至成都，惟研考經典，譚思文章。」硃筆改「譚」爲「覃」。

「翟湯字道深，尋陽人。」墨筆旁批：「晉陽秋曰：湯字道淵，南陽人，漢方進之後也。篤行任素，義讓廉潔，饋贈一無所受。值亂多寇，聞湯名德，皆不敢犯。」

「建元初，安西將軍庾翼北征石季龍，大發僮客以充戎役，敕有司特蠲湯所調。湯悉推僕使委之鄉吏，吏奉旨，一無所受，湯依所調限，放免其僕，使令編戶爲百姓。」硃筆旁批：「此事可疑。」又硃筆眉批：「翟道深使有多少僕使？且一山林之人，安能隱占許多人而不爲百姓者？此事當時不知是如何規矩。」又硃筆眉批：「一無所受，雖不是湯之于餽遺，而四字熟用之，又輒于吏。」

翟湯傳末墨筆批：「尋陽記曰：初，庚亮臨江州，聞翟湯之風，束帶躡屐而詣焉。亮禮甚恭。湯曰：『使君直敬其枯木朽株耳。』亮稱其能言，表薦之。徵國子博士，不赴。主簿張玄曰：『此君臥龍，不可動也。』終於家。世說棲逸註。」

「子莊，字祖休。少以孝友著名，遵湯之操，不交人物，耕而後食，語不及俗，惟以弋釣爲事。」硃筆眉批：「四世不仕。」

「又歷石勒、季龍之世，並不應辟命。雖處喪亂之中，頽然高邁，視榮利蔑如也。」後三句旁硃筆批：「此句是何如主意？喪亂之世高邁不得耶？當急急榮利耶？著書者之肚腸見矣。」

「謐遺閔書曰：昔許由辭堯，以天下讓之」云云。硃筆旁批：「此處字有顛倒。」

「斯窮理盡性之妙，豈有識之者邪？」硃筆旁批：「此句大有撈摸著處。」

「君王功以成矣，而久處之，非所以顧萬全遠危亡之禍也。」硃筆眉批：「老辛竟大明白。」

「劉驎之字子驥，南陽人，光祿大夫耽之族也。」墨筆眉批：「卽遺民。寫得不如世說。」

「凡廝伍之家，婚娶葬送，無不躬自造焉。」硃筆旁批：「者個也可以不。」

「居於陽岐，在官道之側，人物來往，莫不投之。」後二句旁硃筆批：「可厭！」

「驎之躬自供給，士君子頗以勞累更憚過焉。」硃筆旁批：「那裏有者些解事人！」

「澹欲行鄉射之禮，請襲爲三老。」硃筆旁批：「來了。」

「會病卒，時年七十九。」硃筆旁批：「省下看鄉射禮。」

「苻堅遣使徵之。使者至，忠沐浴而起。」硃筆眉批：「不成隱逸了。」

「謂弟子曰：吾餘年無幾，不可以逆時主之意。」硃筆旁批：「何說？」

「浴訖就車。」硃筆旁批：「了，了。」

「堅謂之曰：先生考磐山林，研精道素」云云。硃筆旁批：「瞎搗情懷，都是崔鴻口吻中語。」

「屬堯舜之世，思一奉聖顔。」硃筆旁批：「胡説了！」

「堅遣黄門郎韋華持節策弔，祀以太牢，褒賜命服，謚曰安道先生。」硃筆旁批：「老張落得死後享了苻羌一隻牛耳。」

「故鄉原似中和，所以亂德；放達似連，所以亂道。」墨筆改「連」爲「通」。

「後王珣爲尚書僕射，上疏復請徵爲國子祭酒。」硃筆旁批：「只管歪纏。」

卷九十五

「通夜不寢，思欲見澄。澄知勒意悔，明旦造勒。」硃筆旁批：「不知何因緣只在石勒處。」

「僕谷，劉曜胡位也。劬秃當，捉也。此言軍出捉得曜也。」硃筆眉批：「石勒擒劉曜。」〔二〕

「麻襦謂澄曰：昔在光和中會，奄至今日。酉戎受玄命，絶曆終有期」云云。硃筆眉批：「一句不解。」

「嘉之死日，人有隴上見之。」硃筆旁批：「此等語皆套。」

「爾後不住僧坊，别立解舍，諸生多效之。」硃筆改「諸生」爲「諸僧」。

〔二〕此條，傅山全書初版本脱，據手稿補。

卷九十六

「及遭孫恩之難，舉厝自若，既聞夫及諸子已爲賊所害，方命婢肩輿抽刃出門，亂兵稍至，手殺數人。」硃筆眉批：「婦人焉能殺數人。」

「恩雖毒虐，爲之改容，乃不害濤。」硃筆旁批：「此處不列如何如何。」

「濟尼答曰：王夫人神情散朗，故有林下風氣；〔二〕顧家婦清心玉映，自是閨房之秀。」硃筆眉批：「濟尼不凡。」

〔二〕「氣」，傅山全書初版本脫，據批點底本補。

卷九十二　晉書批注（下）

卷九十八

卷九十八至一百之册封面墨筆批：「王彌傳有徐邈，與三國同名。張永與宋張裕子同名，孫恩傳。」

「敦勸彥起兵應諸王，故彥遂立勳績。」硃筆旁批：「明白。」

「敦以處分失所，自貶爲廣武將軍。」硃筆旁批：「像。」

「敦始自選置，兼統州郡焉。」硃筆旁批：「有意了。」

「奉送弘與敦，敦以爲將，遂見寵待。」硃筆旁批：「胡來了。」

「南康人何欽所居嶮固，聚黨數千人，敦就加四品將軍。」硃筆旁批：「益胡來了。」

「敦自貶，免侍中，并辭牧不拜。」硃筆旁批：「像。」

「敦上疏曰：導昔蒙殊寵」云云。硃筆旁批：「來了。」

「云導頃見疏外，所陳如昨，而其萌已著。」硃筆眉批：「其萌已著，說誰？」

「天下事大，盡理實難」云云。硃筆眉批：「疏大無禮矣。」

「帝畏而惡之，遂引劉隗、刁協等以爲心膂。」硃筆旁批：「二人恰是不濟貨。」

「永昌元年，敦率衆内向，以誅隗爲名，上疏曰」云云。硃筆旁批：「一遭。」

「自可使其大田以充倉廩」云云。墨筆旁批：「此謂良人之奴既免者。」

「當陛下踐阼之始，投刺王官，本以非常之慶」云云。墨筆眉批：「投刺王官以下，不知當時是何如法制。」

「其將杜弘曰」云云。墨筆旁批：「本賊將。」

「多樹私黨，莫能同惡，未有宰相繼體而不由王命者也。」「莫能」旁硃筆批：「訛。」

「兄之此舉，謂可得如大將軍昔年之事乎？」墨筆旁批：「此復何言？」

「如導之徒，心思外濟。」墨筆旁批：「是何言？」

「但恨大將軍桓文之勳不遂。」墨筆旁批：「甚桓文？」

「敦謂羊鑒及子應曰：我亡後，應便卽位，先立朝廷百官」云云。末句旁墨筆批：「憨樣。」

「充司馬顧颺說充曰」云云。墨筆眉批：「顧颺。顧衆傳，從弟護軍將軍颺討蘇峻，與此同姓名。」

「充曰：封侯不足貪也，爾以大義存我」云云。硃筆旁批：「尚何大義？」

「健又遣子生、弟雄衆數萬，屯嶢柳、愁思搥以拒溫。」墨筆眉批：「愁思搥，地名有『搥』字，何說？」

「伏願陛下決玄照之明，斷常均之外」云云。墨筆眉批：「『斷常均之外』，『常均』兩字亦別，當時或有此語。」

「溫初望簡文臨終禪位於己」云云。硃筆旁批：「獃想！」

「孟嘉字萬年，江夏鄳人。」墨筆眉批：「此不必往溫傳後。」

卷一百

「敏建議曰：南方米穀，皆積數十年，時將欲腐敗，而不漕運以濟中州，非所以救患周急也。」硃筆旁批：「是幹能處。」

「時敏統大軍在壽春」云云。硃筆眉批：「一度支，而曰統大衆，何自來也？下云運兵，當卽其所謂大衆耶？」

「時冰衆十倍，敏以少擊衆，每戰皆尅。」硃筆旁批：「又是幹能處。」

「時惠帝幸長安，四方交爭，敏遂有割據江東之志。」硃筆旁批：「幹能錯了些。」

「時越討豫州刺史劉喬，敏引兵會之，與越俱敗於蕭。」硃筆旁批：「幹能何在？」

「敏因中國大亂，遂請東歸。」硃筆旁批：「此是主意。」

「幷上言曰：弢，益州秀才，素有清望。」墨筆眉批：「賊秀才。」

「祖約」題下墨筆批：「胡人，初以怨望，從蘇峻作賊。既奔石勒，石勒殺之。奴。」〔二〕

「約以左右數百人奔于石勒，勒薄其爲人，不見者久之。」墨筆旁批：「賊罔了爲賊。」

「恩叔父泰，字敬遠，師事錢唐杜子恭。」「杜子恭」旁墨筆批：「名炅，南史沈約傳。」

〔二〕此條，傅山全書初版本脫，據手稿補。

卷一百一

卷一百一至一百五之册封面墨筆批：「劉元海鄙隨陸無武、絳灌無文，劉曜輕侮吳鄧而自比樂毅、蕭、曹，劉聰年十四通經史百家之言，工草隸，著述懷詩百餘篇、賦頌五十餘篇，劉曜工草隸，尤好兵書，諸言吾都不信。劉曜生，武功豕生犬，上邽馬生牛。犬豕交于相國府，又交于宮門，又交司隸，御史門。有豕著進賢冠，升劉聰座。犬冠武冠，帶綬，與豕並升。載記記之，以爲異。何異之有？卻好看。」

「劉元海。」題下墨筆批：「本名淵。前趙。」

「太康中，改置都尉，左部居太原茲氏。」墨筆旁批：「今孟縣。」

「中部居大陵。」墨筆旁批：「今文水。」

「七歲遭母憂，擗踴號叫，哀感旁鄰。」墨筆旁批：「胡奴，不勞爾！」

「時司空太原王昶聞而嘉之。」「嘉」字旁墨筆批：「怪。」

「尤好春秋左氏傳。」墨筆旁批：「可厭之極！」

「嘗謂同門生朱紀、范隆曰：吾每觀書傳，常鄙隨陸無武，絳灌無文。」墨筆旁批：「都是奴人聱說。」

「陛下若任之以東南之事，吳會不足平也。」墨筆旁批：「胡說來了。」

「因慷慨歔欷，縱酒長嘯，聲調亮然，坐者爲之流涕。」墨筆旁批：「又來了。」

「幽冀名儒，後門秀士，不遠千里，亦皆游焉。」墨筆眉批：「『後門秀士』四字亦可笑。」

「其侍中劉殷、王育進諫元海曰」云云。墨筆旁批：「好。」又墨筆眉批：「劉殷，孝友傳中人。王育，忠義傳中人。」

卷一百二

「劉聰。」題下墨筆批：「前趙。」

「工草隸，善屬文，著述懷詩百餘篇、賦頌五十餘篇。」硃筆旁批：「不信。胡雜大作怪。」

「僞太后單氏姿色絶麗，聰烝焉。」硃筆旁批：「妙。」

「粲曰：臣殺粲，本不以其晚識天命之故。」墨筆改「殺粲」爲「殺模。」

「劉曜既據長安，安定太守賈疋及諸氏、羌皆送質任。」墨筆旁批：「奴樣。」〔二〕

「杜人王禿、紀特等攻劉粲于新豐。」墨筆旁批：「好禿。」

「聰大悅，使其兼大鴻臚李弘拜殷二女爲左右貴嬪，位在昭儀上。又納殷女孫四人爲貴人，位次貴嬪。」硃筆眉批：「劉殷沒正緊。殷列孝女傳，逕當删去。」

「聰大悅，賜弘黄金六十斤。」墨筆旁批：「掇哄。」

「若死者有知，臣要當上訴陛下於天，下訴陛下於先帝。」墨筆旁批：「無恥狗奴！」

「臣得與龍逄、比干游於地下足矣。」墨筆旁批：「該死，該死！」

「自是後宮亂寵，進御無序矣。」硃筆旁批：「可笑！」

「所恨不得一見大司馬而死。」硃筆旁批：「謂曜也。」

〔二〕此條，傅山全書初版本脫，據手稿補。

「光義人羊充妻產子二頭，其兄竊而食之，三日而死。」硃筆旁批：「此是誰死？」

「若不信臣言，可呼大將軍從事中郎王皮、衞軍司馬劉惇，假之恩顧，通其歸善之路以問之。」墨筆旁批：「此大將軍是誰？衞軍是誰？」

「準曰：主上愛信於太弟，恐卒聞未必信也」云云。硃筆眉批：「靳準大好筭計。」

「時四后之外，佩皇后璽綬者七人，朝廷内外無復綱紀。」硃筆旁批：「可笑！」

「犬與豕交于相國府門，又交于宮門，又交于司隸、御史門。有豕著進賢冠，升聰坐，犬冠武冠，帶綬，與豕幷升。」硃筆旁批：「妙！妙！」

「三日而復返，於不周見諸王公卿相死者悉在，宮室甚壯麗。」硃筆旁批：「如此胡奴，有者些古怪。」

「靳準討之，震其二子而死。」硃筆眉批：「『震其二子而死』，不成語。」

「鑒瞋目叱之曰：豎子！使皇漢滅者，坐汝鼠輩與靳準耳，要當訴汝於先帝，取汝等於地下。」硃筆旁批：「無恥！」

「死亡相繼，粲弗之恤也。」硃筆旁批：「可厭！」

「粲晨夜烝淫於内，志不在哀。」硃筆旁批：「『志不在哀』句亦可笑。」墨筆眉批：「『志不在哀』是何文？」

「發掘元海、聰墓，焚燒其宗廟。」硃筆旁批：「妙！」

卷一百三

「劉曜。」題下墨筆批：「前趙。」

「元海異之曰：此吾家千里駒也。」硃筆旁批：「胡奴書袋。」

「生而眉白，目有赤光，鬚髯不過百餘根，而皆長五尺。」硃筆旁批：「此胡亦大怪相。」

「嘗夜閑居，有二童子入跪曰：管涔王使小臣奉謁趙皇帝。」硃筆旁批：「山神恁地沒正經！」墨筆眉批：「涎面管涔王。」

「時曜妻羊氏有殊寵，頗與政事，陰有餘之徵也。」末句旁硃筆旁批：「可笑語。」

「胤字義孫，美姿貌，善機對，年十歲，身長七尺五寸，眉鬢如畫。」硃筆旁批：「胡雛又怪相。」墨筆眉批：「胡奴十歲身長七尺五寸。」

「崧勵色大言曰：若賊氐奴才，安敢欲希覬非分！吾寧爲國家鬼，豈可爲汝臣，何不速殺我！」硃筆旁批：「田崧豈不懼之，只是不便爾。」

「產極言其故，曜覽而嘉之。」硃筆旁批：「臺產何人者？」

「產流涕歔欷，具陳災變之禍。」墨筆旁批：「扯淡奴！」

「曜曰：久謂卿等爲灰土，石王仁厚，全宥至今，而我殺石生，負盟之甚。」硃筆旁批：「兩石生邪？」

卷一百四

「石勒上。」題下墨筆批：「後趙。」

「敬對之流涕，以帶貨鬻食之。」墨筆旁批：「哭甚？」

「有一老父謂勒曰：君魚龍髮際」云云。墨筆旁批：「又一涎面老漢。」

「勒曰：『若如公言，弗敢忘德。』忽然不見。」末句旁硃筆批：「我不信。」

「俄而又見一父老，謂勒曰」云云。墨筆旁批：「又來了，是甚精怪？」

「詭請王彌宴于已吾」云云，「酒酣，勒手斬彌而并其衆。」硃筆旁批：「石勒誘斬王彌于已吾。」〔一〕

「浚雖不罪統，彌信勒之忠誠，無復疑矣。」墨筆旁批：「『雖不罪統』與下文義迕。」

「若脩牋于琨，送質請和，琨必欣于得我，喜于浚滅，終不救浚而襲我也。」墨筆眉批：「劉越石果爾耶？」

「琨既素疾浚，乃檄諸州郡，說勒知命思愆，收累年之咎」云云。墨筆眉批：「浚獃奴，原可殺，琨亦彀耳！」

卷一百五

「石勒下。」題下墨筆批：「後趙。」

「始建社稷，立宗廟，營東西官。」墨筆改「官」爲「宮」。

「大破之，俘獲牛馬二千餘萬。」墨筆改「千」爲「十」。

「初，勒與李陽鄰居，歲常爭麻地，迭相毆擊。」墨筆眉批：「李陽，與王衍傳中京師大俠同姓名。彼李陽爲幽州刺史。」

「令曰：武鄉，吾之豐沛。」墨筆旁批：「狗奴！」

〔一〕此條，傅山全書初版本脫，據手稿補。

「至留侯諫，乃曰：『賴有此耳。』其天資英達如此。」墨筆旁批：「不知是那狗奴秀才替羯奴粧點。」

「勒西夷中郎將王勝襲殺并州刺史崔琨、上黨内史王眘。」墨筆眉批：「王眘。前有科斗壘王眘。」

「晉龍驤將軍王國以南郡叛降于堪。」墨筆眉批：「王國。前云晉龍驤將軍王國以南郡降于勒。」

「侍中任播等參議，以趙承金爲水德，旗幟尚玄」云云。墨筆旁批：「不知胡說甚。」[二]

「季龍之門可設雀羅。」墨筆旁批：「好掉。」

「顧左右曰：天欲不成吾事邪？何奪吾右侯之早也？」墨筆旁批：「臭狗奴套話，胡奴也來搗。」

卷一百六

卷一百六至一百一十一之册封面墨筆批：「石虎記中，趙簡子墓中，炭下木板，木板八尺，下乃及泉，是何法？慕容皝馬四十九歲，奇哉！李產狗奴，既從祖士雅矣，何所見而又歸石勒？天生不上臺槃物爾。皇甫眞拜賊而卿國士，亦可笑。」

「石季龍上。」題下墨筆批：「後趙。」

「爲陛下之患者，丹陽也。區區河右，焉能爲有無！」墨筆旁批：「該死！」[三]

[二] 此條，傅山全書初版本脱，據手稿補。

[三] 此條，傅山全書初版本脱，據手稿補。

「季龍大悦，曰：獸者，朕也。」墨筆眉批：「獸者朕也，妙喻！」

「周有子穨之釁，鄭有叔段之難，此皆由寵之不道，所以亂國害親。」墨筆旁批：「狗奴肚中有此書袋。」

「冠軍苻洪諫曰：臣聞聖主之馭天下也，土階三尺，茅茨不翦，食不累味，刑措而不用。」墨筆旁批：「狗奴書袋又來了。」

卷一百七

「石季龍下。」題下墨筆批：「後趙。」

「張豺使弟雄等矯季龍命殺斌。」硃筆旁批：「妙！」

「一白鳥從雲間西南去，占者惡之。」墨筆旁批：「『占者惡之』，惡甚？」

「恪乃以鐵鏁連馬，簡善射鮮卑，勇而無剛者五千，方陳而前。」墨筆旁批：「此『勇而無剛』四字，似乎有用爲下文者，後逕不曾説及，用此何爲？」

「山左右七里草木悉枯。」墨筆旁批：「又何也？」

「史臣曰：夫拯溺救焚，帝王之師也。」墨筆旁批：「且道此二句何用？眞笑人也。」

卷一百八

「慕容廆。」題下墨筆批：「前燕。」又墨筆眉批：「慕容廆逕不差。」

「廆刑政脩明，虚懷引統，流亡士庶多襁負歸之。」墨筆眉批：「『引統』兩字何爲？」

「廆乃立郡以統流人」云云。墨筆根批：「立四郡。」〔一〕
「時平州刺史、東夷校尉崔毖」云云。墨筆眉批：「崔毖，東夷校尉。」〔二〕
「裴嶷。」題下墨筆批：「不差。」
「高瞻。」題下墨筆批：「高生明白人。」
「孤思與諸君匡復帝室」云云。硃筆旁批：「乃能作如此話頭。」〔三〕
「且大禹出于西羌，文王生于東夷，但問志略何如耳，豈以殊俗不可降心乎！瞻仍辭疾篤，廆深不平之。」墨筆眉批：「若劉越石、祖士雅輩，卽躍然而起矣。」

卷一百九

「慕容皝。」題下墨筆批：「前燕。」
「皝以段遼屢爲邊患，遣將軍宋回稱藩于石季龍。」墨筆旁批：「奴了。」
「所過焚燒積聚，倞徙幽冀三萬餘戶。」墨筆改「倞」爲「掠」。
「以牧牛給貧家，田于宛中，公收其八，二分入私。有牛無地者，亦田宛中。」墨筆改二「宛」字爲「苑」字。
「勒方任之，裕乃微服潛遁。」墨筆旁批：「是。」

〔一〕此條，傅山全書初版本脫，據手稿補。
〔二〕此條，傅山全書初版本脫，據手稿補。
〔三〕此條，傅山全書初版本脫，據手稿補。

「石季龍尅令支，裕以郡降，拜北平太守。」硃筆旁批：「差了。」墨筆眉批：「裕之不堪，正是降季龍一節。」

卷一百一十

「慕容儁。」題下墨筆批：「前燕。」

「用兵殺罰，哲王盛典。湯武親行誅放而仲尼美之。魏武養於宦官，莫知所出，衆不盈旅，遂能終成大功。」墨筆眉批：「亂世胡使都能此等辭令。」

「近以地濕不得納舄，而以衮襈改履。」墨筆旁批：「此謂衮襈之服當用舄，今乃改用履。」墨筆眉批：「舄、履不知如何分别。襈，音義：顧音仕合反，陸氏仕戀反。玉篇仕眷反，重繒也。仕合、仕戀二反遠甚。」

「韓恆字景山，灌津人也。」墨筆旁批：「地理志：灌津屬安平國。」

「恆少能屬文，師事同郡張載。」墨筆眉批：「張載，五十五卷張載傳曰：安平人也。卽此載。」

「既而恆至言於儁曰：趙有中原，非唯人事，天所命也。天實與之，而人奪之，臣竊謂不可。」墨筆旁批：「彀了！」

「李產。」題下墨筆批：「產自胡塗物。」

「遜素好縱横，弟約有大志，產微知其旨。」墨筆旁批：「此兩句于下文『產微知其旨』意謂產不然二祖之行事。」

「乃率子弟十數人間行還鄉里，仕於石氏，爲本郡太守。」墨筆旁批：「胡了人！」〔二〕又墨筆眉批：「舍祖而仕石，便是胡人了。」

「及慕容儁南征，前鋒達郡界，鄉人皆勸產降。產曰：夫受人之祿，當同負安危」云云。墨筆眉批：「慕容儁攻石，不論其于大義如何，理勢都該坦慕容者。」

「衆潰，始詣軍請降。」硃筆旁批：「又何也？」又墨筆旁批：「做了個甚？」

「然犬馬爲主，豈忘自効，但以孤窮勢蹙，致力無術，僶俛歸死，實非誠款。」墨筆旁批：「不依祖逖而狼狽至此。」

「績答曰：臣聞豫讓報智伯讎，稱于前史。」墨筆旁批：「此語無謂。」

「及暐立，慕容恪欲以績爲尚書右僕射，暐憾績往言，不許。」墨筆眉批：「『暐憾績往言』，見儁記中。」

卷一百一十一

「慕容暐。」題下墨筆批：「前燕。」

「護南奔于晉，悉降其衆。尋復叛歸于暐。」末句旁墨筆批：「又何也？」又墨筆眉批：「呂護反覆奴，死訖。」〔三〕

「今勁秦跋扈，彊吳未賓，二寇並懷進取。」墨筆眉批：「勁秦可也，強吳並稱胡說。」

〔二〕「人」，傅山全書初版本脫，據手稿補。

〔三〕「死訖」二字，傅山全書初版本脫，據手稿補。

「宜攝就幷豫，以臨三河，通接漕轂，擬之丘後。」墨筆眉批：「『丘後』何説？」

卷一百一十二

卷一百一十二至一百一十八之册封面墨筆批：「姚襄記中云：以太原薛讚、略陽權翼爲參軍。而姚萇記中又云：堅之司隸校尉權翼、光禄大夫薛讚奔于萇。是一時同姓名有兩權異、薛讚耶？苻堅記中已云太原薛讚、略陽權翼，是非兩人也。作者如此亂寫。苟氏竊如苻融所，而天市南門屏内后妃星失明，天道那裏講？以蚝爲名者，有張蚝、王蚝、彭蚝。亂世興兵，叵測難信，苟曜之徒，正不可惜。」

「苻洪。」題下墨筆批：「苻雄、王墮。前秦。」

「健引兵至長安，洪奔司竹。」墨筆眉批：「司竹，地名，不知在何處。」

「修尚儒學，而關右稱來蘇焉。」硃筆旁批：「有甚正經？」

「新平有長人見，語百姓張靖曰」云云。硃筆旁批：「者大漢也沒來由。」

「生無一目，爲兒童時，洪戲之。」硃筆眉批：「一隻眼。」〔二〕

「生雖在諒闇，游飲自若。」墨筆旁批：「如此掉，亦不勞。」

「璀曰：秦若兵彊化盛，自可先取江南。」墨筆旁批：「亦非所當言。」

〔二〕此條，傅山全書初版本脱，據手稿補。

卷一百一十三

「苻堅上。」題下墨筆批：「前秦。苻堅還是西門豹之種邪？不然。」

「其母苟氏嘗游漳水，祈子於西門豹祠，其夜夢與神交，因而有孕。」墨筆旁批：「神不必是西門豹，有所馮而爲之。」

「十二月而生堅焉。有神光自天燭其庭。」硃筆旁批：「我不信。」

「背有赤文，隱起成字，曰：艸付臣又土王咸陽。」硃筆旁批：「怪哉！」

「堅性仁友，與法詇於東堂。」墨筆旁批：「若果仁友，何至與詇？」

「猛讓世曰：陛下帝有海内，而君敢競婚，是爲二天子，安有天下！」墨筆旁批：「王猛如此行逕耶！」

「堅起明堂，繕南北郊，郊祀其祖洪以配天。」墨筆旁批：「有何不可？」

「開庠序之美，弘儒教之風，化盛隆周，垂馨千祀，漢之二武焉足論哉！」墨筆旁批：「眞奴儒生之言。」

「左衞苻雄、左禁竇衝率羽林騎七千繼發。」墨筆旁批：「雄與堅父同名耶，是後之苻雅之訛耶？」

「蛟龍猛獸，非可訓之物，不如除之。」墨筆旁批：「王猛如此肚腸，可笑！」

「留邵羌鎮金墉」云云，「又遣猛率楊安、張蚝、鄧羌等十將。」硃筆眉批：「同時有鄧、邵二羌。」

「評又求戰，乃陣於渭原而誓衆曰」云云。墨筆眉批：「渭原不知何地。」又墨筆旁批：「此處有渭原，與前潞川當不遠。『渭』字恐訛。」又硃筆旁批：「今百泉有此名。」

「今與諸軍深入賊地，宜各勉進，不可退也。」硃筆旁批：「兩句嘽話。」

「俄而兵交，猛召之，羌寢而弗應。猛馳就許之，羌於是大飲帳中，與張蚝、徐成等跨馬運矛，馳入評軍。」墨筆旁批：「頓挫得好！」

「堅入鄴宮，閲其名籍，凡郡百五十七」云云。硃筆眉批：「此氏亦可謂大横得意。」

「伶人王洛叩馬諫曰：臣聞千金之子坐不垂堂，萬乘之主行不履危，故文帝馳車，袁公止轡，孝武好田，相如獻規。」硃筆旁批：「伶人那得如此掉！崔鴻捻弄，可笑！」

「及堅之僭，頗留心儒學。」硃筆旁批：「教官生員南無曰萬萬年。」

「堅母苟氏，以融少子，甚愛之，比發，三至灞上，其夕又竊如融所」，「魏延上言：天市南門屛内后妃星失明。」墨筆眉批：「老大夫象，遝爲一苟氏見變，不可知哉！」

卷一百一十四

「苻堅下。」題下墨筆批：「前秦。」

「平子曰：臣丁至剛，不可以屈。」硃筆旁批：「小屈于苻氏。」

「堅下書悉發諸州公私馬，人十丁遣一兵。門在灼然者，爲崇文義從。」墨筆眉批：「門在灼然者，不解何義。」

「序詭謂石曰：若秦百萬之衆皆至，則莫可敵也。」墨筆眉批：「此『詭』字何謂？」

「沖曰：奴則奴矣，既厭奴苦，復欲取爾見代。」硃筆旁批：「龍陽翻了臉皮，恁地利害。」

「慕容沖僭稱尊號于阿房，改年更始。」硃筆旁批：「龍陽皇帝。」

「王猛。」題下墨筆批：「王景略也筭個人，只是不識道理，落得名在苻秦載記。」

「猛還山諮師，師曰：卿與桓温豈並世哉！在此自可富貴，何爲遠乎！」墨筆旁批：「不與温並世，做了個甚？」又墨筆眉批：「此師爲誰？正是一胡人耳。」

「異符同契，若玄德之遇孔明也。」墨筆旁批：「可恨！」

「臣沒之後，願不以晉爲圖。鮮卑、羌虜，我之讎也。」硃筆旁批：「何不當初只歸晉，豈不大明白？」

「天下不欲使吾平一六合邪？何奪吾景略之速也！」墨筆旁批：「奴套文又來了！」

「問之筮者，筮者云：憂獄訟，遠三枕，避三沐。」硃筆眉批：「此筮者亦不凡。」

「融曰：吾知之矣。周易坎爲水，馬爲離」云云。墨筆眉批：「苻融以周易解董豐之夢，亦奇中。」

「朗遣使詣謝玄於彭城求降。」墨筆旁批：「可謂幡然歸正。」

「頃復如之，坐者以爲不及之遠也。」墨筆旁批：「有何不及？」

卷一百一十五

「苻丕、苻登。」題下墨筆批：「前秦。」

「乃遣昌黎太守宋敞焚燒和龍、薊城宮室。」墨筆旁批：「『乃』字指誰？是王永、苻沖兩

人？」〔一〕

「於是王永宣檄州郡曰：大行皇帝棄背萬國」云云。墨筆眉批：「天生無知之人，如王永輩，何可勝記？」

「卿兄往合鄉宗，親逐城主。」墨筆眉批：「張猗之兄不知爲誰。」

「渤海王世祖之孫，先帝之子，南安王何由不立而自尊乎？」墨筆旁批：「南安卽登耶？前不曾說登爲南安之由。」

「萇以登頻戰輒勝，謂堅有神驗，亦於軍中立堅神主，請曰」云云。墨筆旁批：「急了禱鬼，可笑！」

「吾等生逢先帝堯舜之化，累世受恩」云云。墨筆旁批：「不知昭于禽獸，無恥胡說。」

「爲曜所敗，遂歸于萇，萇以爲將軍。」墨筆旁批：「義感君子之檄，何所置之？」

「萇率騎來距，大戰敗之。」墨筆旁批：「是姚萇敗了。」

「崇爲乾歸所逐，崇、定皆死。」墨筆眉批：「苻定，前無此名。」

卷一百一十六

「姚弋仲、姚襄、姚萇。」題下墨筆批：「後秦。」

「自古以來，未有戎狄作天子者。我死，汝便歸晉。」墨筆眉批：「弋仲，何羌而知此義？」

「單騎度淮，見豫州刺史謝尚于壽春。」墨筆旁批：「也像個有志向底。」

〔一〕後一句旁批，傅山全書初版本脫，據手稿補。

「中軍將軍、揚州刺史殷浩憚其威名，乃因襄諸弟，頻遣刺客殺襄。」墨筆旁批：「殷深源本不能辨此事，而妄生事端，不得其用。可惜，可惜！」

「襄哭之甚慟，曰：天將不欲成吾事乎？王亮捨我去也！」墨筆旁批：「者個套子那裏也使，可笑！」

「襄尋徙北屈，將圖關中。」墨筆旁批：「圖苻秦是正經。」

「堅司隸校尉權翼、尚書趙遷、大鴻臚皇甫覆、光祿大夫薛讚、扶風太守段鏗等文武數百人奔於萇。」墨筆眉批：「前姚襄記中，已云襄以太原薛讚、略陽權翼爲參軍，而此又云翼、讚奔于襄。」〔一〕

「俄而忠執堅，送之。」墨筆根批：「吳忠執苻堅送于姚萇。」〔二〕

「雷惡地應之，攻鎮東姚漢得於李潤。」墨筆根批：「李潤，地名，逕似人名。」

「萇時衆不滿二千，褐飛、惡地衆至數萬，氐胡赴之者首尾不絕。」墨筆眉批：「姚萇以二千破氐胡數萬。」〔三〕

「吾於舜之美，未有片焉；漢祖之短，已收其一。」墨筆旁批：「氐奴搗文，不都是那個奴書生爲之付氣！」〔四〕

〔一〕按底本原文，「襄」字當爲「萇」字，傅山筆誤。
〔二〕此條，傅山全書初版本脱，據手稿補。
〔三〕此條，傅山全書初版本脱，據手稿補。
〔四〕此條，傅山全書初版本脱，據手稿補。

「諸將咸曰：若值魏武王，不令此賊至今。」墨筆於「不令」旁批：「姚襄。」〔一〕

「陛下將牢太過耳。」墨筆眉批：「將牢，把穩也。」

「臣萇，殺陛下者兄襄，非臣之罪。」墨筆旁批：「禽堅者是吴忠，送之于萇，如何推云襄？」

卷末墨筆尾批：「李義山張惡子廟詩：『如何鐵如意，獨自與姚萇？』萇傳中不及此事。」

卷一百一十七

「姚興上。」題下墨筆批：「後秦。」

「今苻登未滅而自尋干戈，所謂追二袁之蹤，授首與人。」墨筆旁批：「都是搗瞎話。」

「興尚書郎李嵩上疏曰：三王異制，五帝殊禮」云云。「尹緯駁曰：帝王喪制，漢魏爲準。」

墨筆旁批：「何時？何地？何人？而嵩、緯動引帝王、漢魏，眞惡心殺人也。」

「興敕關尉曰：諸生諮訪道藝，脩己厲身」云云。墨筆旁批：「有幾個儒生省得？只得爾，只得爾！」

「詵風韻秀舉，確然不羣，每以天下是非爲己任。」末句旁墨筆批：「可笑！」

「京兆韋華、譙郡夏侯軌、始平龐眺等率襄陽流人一萬叛晉，奔于興。」墨筆旁批：「奴樣！」

「遣晉將軍劉嵩等二百三十七人歸于建鄴。」墨筆眉批：「後有建威將軍劉嵩。」

「興因爲超曰：宗敞文才何如？」墨筆改「爲」爲「謂」。

〔一〕此條，傅山全書初版本脱，據手稿補。

卷一百一十八

「姚興下。」題下墨筆批：「後秦。」

「右僕射、濟陽王嶷、高都公始皆來奔。」墨筆旁批：「此來奔，奔誰？還當云奔于興。」

「興又遣衞大將軍姚顯率騎二萬，爲諸軍節度。」墨筆旁批：「後爲常山王。」

卷末墨筆尾批：「僧肇述維摩經序曰：以弘始八年歲次鶉火，命大將軍常山公、右將軍安成侯與義學沙門千二百人，於長安大寺，請羅什法師重譯正本。」又於「常山公」旁墨筆批：「姚顯也。」又墨筆眉批：「安成侯爲誰？」

卷一百一十九

卷一百一十九至一百二十五之册封面墨筆批：「苻秦有張蚝。呂光記云：從苻堅討張平于銅壁，刺平養子蚝，中之。苻記云：張平以并叛，堅以將軍鄧羌爲前鋒。平爲羌所敗，獲養子蚝。不顯，爲光刺中也。二十一卷音義于『扞』字後、『毌丘』字前，〔二〕有一『玘』字，引字林：本⿰王乏字，方廉反。今卷中無『⿰王乏』字。慕容盛遇盜，百步射盜手中箭，與慕容翰射追兵手中刀事同。慕容盛論周公、伊尹，無忌憚之口敢爾。」

「姚泓。」題下墨筆批：「後秦。」

〔二〕「字前」的「字」字，傅山全書初版本脫，據手稿補。

「恢衆見諸軍悉集，咸懼而思善。」墨筆眉批：「『思善』兩字可笑。」

「送泓于建康市斬之，時年三十，在位二年。建康百里之外，草木皆燋死焉。」墨筆眉批：「此處云『建康百里之外，草木皆燋死』，何義？」

卷一百二十

「李特、李流。」題下墨筆批：「後蜀。」

「李特爲玄休。」墨筆改「爲」爲「字」。

「又令梓潼太守張演於諸要施關，搜索寶貨。」墨筆旁批：「『施關』兩字何説？」〔一〕

「雄曰：今計可定，二翁不從，將若之何？」「二翁」旁墨筆批：「謂李含、李胡也。」

卷一百二十一

「李雄」云云。題下墨筆批：「後蜀。」

「其後將立班爲太子。」墨筆眉批：「音義二十一卷有『玘』字，引字林：本玹字，方廉切。今此篇無『玹』字，豈『班』字訛作『玘』字耶？」

〔一〕此條，傅山全書初版本脱，據手稿補。

卷一百二十二

「呂光、呂纂、呂隆。」題下墨筆批：「後涼。」

「士卒淪沒洒臧者相繼矣。」墨筆旁批：「此句何說？」

「呂宗若敗，吾爲弘演矣。」墨筆旁批：「不知誰與掉此大老書袋。」

「紹曰：吾每念袁尚兄弟，未曾不痛心忘寢食」云云。墨筆旁批：「又搗來了。」

卷一百二十三

「慕容垂。」題下墨筆批：「後燕。」

「垂上表於苻堅曰」云云。墨筆眉批：「此表中不及王猛欲圖之事，何也？」

「惟東南一隅，敢違王命。」墨筆旁批：「胡說！』

「侏張幽顯，布毒存亡，中原士女，何痛如之！」墨筆眉批：「『侏張』何說？」

「博士劉詳、董謐議以堯母妃位第三」云云。墨筆旁批：「狗奴動引聖人作禮學，該死，該死！」

卷一百二十四

「慕容寶」云云。題下墨筆批：「後燕。」

「及寶之北伐，使會代攝宮事，總錄、禮遇一同太子，所以見定旨也。」墨筆眉批：「『所以見定旨也』，說甚？」
「寶引羣臣於東堂議之。中山尹苻謨曰」云云。墨筆旁批：「謨前降矣。」
「昔武王得九齡之夢，白文王」云云。墨筆旁批：「鮮卑敢爾妄說？」
「故言公將不利於孺子。」墨筆旁批：「奴人之常言。」
「周公當明大順之節，陳誠義以曉羣疑。」墨筆旁批：「當如何明，如何曉？」
「典軍杜靜載棺詣闕，上書極諫。熙大怒，斬之。」墨筆旁批：「該斬。」〔一〕

卷一百二十五

「乞伏國仁、乞伏乾歸、乞伏熾磐、馮跋。」題下墨筆批：「西秦乞伏，北燕馮。」
「昔項羽斬慶子以寧楚，胡建戮監軍以成功。」墨筆旁批：「大搗，那裏搗來？」
「乾歸曰：孤違蹇叔，以至於此。」墨筆旁批：「又來了。」
「昔曹孟德敗袁本初於官渡，陸伯言摧劉玄德於白帝」云云。墨筆旁批：「又搗來了。」
「乾歸泣謂衆曰」云云。墨筆旁批：「又何復泣？與前『奇策』語相異。」
「昔古公杖策，豳人歸懷；玄德南奔，荆楚襁負。」墨筆旁批：「又來了。可恨！」又墨筆眉批：「大凡搗文處，定是兩句兩事，不待細辨，自是一個奴秀才代爲妝點。載記中一個爛套，動輒抬出，眞笑倒人也。」
「本初之衆，非不多也，魏武運籌，四州瓦解。」墨筆旁批：「又來了。」

〔一〕此條，傅山全書初版本脫，據手稿補。

「十一年，熾磐攻剋沮渠蒙遜河湟太守沮渠漢平。」墨筆於「十一年」旁批：「此十一年是何十一年？」〔二〕

「以其左衞四逵爲河湟太守。」墨筆眉批：「四逵，後作匹逵，『匹』字是也。」

「馮跋。」題下墨筆批：「北燕。」

卷一百二十六

卷一百二十六至一百三十之册封面墨筆批：「張華，晉書有二人，一見慕容載記。慕容超記中有太史令成公綏，逕與子安同姓名。」

「禿髮烏孤」云云。題下墨筆批：「南涼。」

「業曰：昔成王弱齡，周召作宰；漢昭八歲，金霍夾輔。」墨筆旁批：「又來了。」

「明曰：宋宣能以國讓，春秋美之；孫伯符委事仲謀，終開有吳之業。」墨筆旁批：「看搗！」又墨筆眉批：「不知是那個奴書袋子替若輩葛龔也。」

卷一百二十七

「慕容德。」題下墨筆批：「南燕。」

「垂謂之曰：汝器識長進，非復吳下阿蒙也。」硃筆旁批：「搗文。」

〔二〕此條，傅山全書初版本脫，據手稿補。

「于時慕容永據長子，有衆十萬。」墨筆眉批：「此下不見與慕容永攻戰之事。」

「今既建僞號，扇動華戎」云云。硃筆旁批：「此謂永也。」

「思怒曰：周室衰微，晉鄭夾輔；漢有七國之難，實賴梁王。」硃筆旁批：「那里搗將來？」

「思雖無申胥哭秦之效，猶慕君賓不生莽世。」硃筆旁批：「此都是崔鴻代爲。」

「瑛神色自若，徐對曰：渾之有臣，猶韓信之有蒯通。」硃筆旁批：「又一套搗。」

「顧謂其尚書魯邃曰：齊魯固多君子」云云。硃筆旁批：「又是一套瞎話。」

「妖賊王始聚衆于太山，〔一〕自稱太平皇帝」云云。硃筆眉批：「者個太平帝到底展樣。」

卷一百二十八

「慕容超、慕容鍾。」題下墨筆批：「南燕。」

「若天下太平，汝以東歸，可以此刀還汝叔也。」「汝叔」旁墨筆批：「謂德也。」

卷一百二十九

「沮渠蒙遜。」題下墨筆批：「北涼。」

〔一〕「賊」，傅山全書初版本誤作「賦」，據批點底本改。

卷一百三十

「出其不意，救我則擊其後。」硃筆改「我」爲「前」。

「以叱干阿利領將作大匠，發嶺北夷夏十萬人，於朔方水北、黑水之南，營起都城。」硃筆眉批：「統萬，水經注曰契吳山築城也。志云卽賀蘭山。」

「然後歸老朔方，琴書卒歲。」硃筆眉批：「『琴書』可笑。」

「王桀不綱，綱漏殷氏。」硃筆旁批：「無忌憚如此。」

「密網遐張，則東絚滄海之表。」墨筆眉批：「絚，音義古恆反，爲何聲？」

「據質以究名，形疑妙出。」末句旁硃筆批：「當脫一字。」

「雖如來須彌之寶塔，帝釋刀利之神宮，尚未足以喻其麗。」硃筆旁批：「可笑！」

晉書音義

「處士弟約以優閑，溺於墳史。」墨筆旁批：「此句叙得欠明快。」墨筆眉批：「約以優閑，約字似謂隱約之約，又似大約之約，猶大要也。」

「晉書卷八：梁王⿰王逢，子仁反，本亦作璡。」硃筆眉批：「子仁反可以反璡字，不可反⿰王逢字。」

「晉書卷二十五：袴褶，神入反。」墨筆眉批：「神入反，神字不合。」

「晉書卷四十六：辥，子內反。」墨筆眉批：「辥字見李重傳，但作辥。」

「晉書卷五十五：⿰虫長，步項反。」墨筆又去「⿰虫長」字，並墨筆眉批：「蚌。」

「晉書卷七十八。」墨筆眉批：「孔愉封餘不亭侯，『不』字不音，何也？」

「晉書卷八十六：白帢。白幍。」墨筆眉批：「帢、幍字同。」

「晉書卷一百二十一：玘，字林本㺠字，方廉反。」墨筆眉批：「二十一卷無玘字。」又硃筆眉批：「㺠，方廉反。如氾濫之氾，一作泛。」

卷九十三　宋書批注〔一〕　南齊書批注〔二〕

宋書批注

卷十五

「玄曰：漢文以末世淺薄，不能復行國君之喪，故因而除之。數百年一旦復古，恐難行也。」

硃筆旁批：「何難？」

卷十八

「所謂搢紳之士者，搢笏而垂紳帶也。垂三尺。笏者有事則書之。」墨筆眉批：「垂三尺，非垂笏。『垂』字接上。云三尺之長。『笏者』連下『有事讀』。」

〔一〕　此篇據山西博物院藏批點手稿整理。批點底本爲明萬曆二十六年刊本。由任仲民整理，李鳳琴校補。重復書中詞句的批語未錄。批本缺卷一至十一、卷八十四至九十、卷九十六至一百。

〔二〕　此篇據山西博物院藏批點手稿整理。批點底本爲明萬曆三十三年刊本，存卷十二至十六一册。傅山全書初版本未收。由谷錦秋釋文整理。

卷十九

「自作詩四篇，一曰思齊皇姚，二曰六騏驎，三曰竭肅雝，四曰陟叱根。」硃筆改「雝」爲「雍」。又硃筆眉批：「『陟叱根』是何語？」

「至其韻逗曲折，皆擊於舊。」硃筆改「擊」爲「繫」。〔一〕

「吳音呼緒爲紵，疑白紵卽白紵。」硃筆改前一「白紵」爲「白緒」。〔二〕

「爾雅曰：笙十九簧者曰巢。漢章帝時，零陵文學奚景於舜祠得笙，白玉管。後世易之以竹乎。」墨筆眉批：「今說文『琯』字注云：零陵文學姓奚。下無『景』字。」

「魏、晉之世，有孫氏善弘舊曲，宋識善擊節倡和。」硃筆眉批：「『弘』字何義？」〔三〕

卷二十二

「聖人制禮樂一篇，巾舞歌一篇，按景祐廣樂記，言字訛謬，聲辭雜書。」硃筆眉批：「『袧』字不知是从句从旬。袧，从示从句，舉朱切。若从旬从衣者，旬、絇兩音。」

〔一〕此條，傅山全書初版本脱，據手稿補。
〔二〕此條，傅山全書初版本脱，據手稿補。
〔三〕此條，傅山全書初版本脱，據手稿補。

卷二十七

卷二十七至二十九之册封面墨筆批：「周獝猗，『獝』字不知何音，二十九卷。廣韻、玉篇皆不列。篇韻犬部有，音丑知切。恐是『摛』字少訛。『獝猗』亦不知何義。」

卷二十九

「泰始四年三月庚戌，太子西池冬生連理，園丞周獝猗以獻。」墨筆眉批：「獝，篇韻音丑知切，廣韻、玉篇皆無之。」〔一〕

卷三十四

「晉惠帝世，杜錫家葬，而婢誤不得出。」墨筆旁批：「此事如何得誤？」

卷三十七

「州陵侯相，漢舊縣，屬南郡。」墨筆眉批：「州陵，王微與江湛書。湛父夷封州陵縣五等侯。」

〔一〕 此條，傅山全書初版本脫，據手稿補。

卷四十二

「在任贓貨狼藉，揚州刺史王弘遣從事檢校。」墨筆眉批：「漢書王尊傳：治而公正。」〔一〕

「此人嘗以蒲戲得罪，弘詰之曰：『君得錢會戲，何用禄爲？』答曰：『不審公城子野何在？』弘默然。」「答曰」旁硃筆批：「此語似非相嘲，但因弘語及錢，戲偶問及耳。」

卷四十四

卷四十四至四十九内封頁硃筆批：「張邵曰：『子陵方弘至公，必不以私讎害正義。』劉寄奴料敵内、外水，事見朱齡石傳。」又硃筆批：「卌六卷，趙倫之等傳末：『臣穆等案高氏小史』云云。」〔二〕

卷四十六

「初，王華與邵有隙，及華參要，親舊爲之危心。邵曰：『子陵方弘至公，必不以私讎害正義。』是任也，華實舉之。」硃筆眉批：「古人行事往往爾。」

「子敷、演、敬，有名於世。敷字景胤」云云。硃筆眉批：「後六十二卷復有敷傳。」

〔一〕此條，傅山全書初版本脱，據手稿補。

〔二〕此條，傅山全書初版本脱，據手稿補。

「暢字少微，邵兄偉之子也。」傳末硃筆批：「此既以張暢附邵傳後，五十九卷復有暢傳，差詳于此。」

卷四十八

「脩之誘令入蜀，馮遷斬玄於枚回洲，脩之力也。」硃筆旁批：「惜不傳其委曲。」

「先是，劉敬宣女嫁，高祖賜錢三百萬」云云。硃筆旁批：「入此一條何爲？」

「脩之後得還，具相申理，上意乃釋。」硃筆於「脩之」上加一「朱」字。又硃筆眉批：「此『脩之』上如何少得『朱』字！」

「元嘉二十三年，死於虜中。」硃筆旁批：「可惜！」

卷五十

卷五十至五十五之册封面墨筆批：「琦字，褚叔度傳，似是地名。灟恭期，南史作漏恭期，褚叔度傳。」

「義旗起，玄戰敗，將出奔，藩於南掖門捉玄馬控。」末句旁硃筆批：「又是甚心肝？」

「高祖出倪塘會之。藩勸於坐殺毅。」下句旁硃筆批：「又何爲？」

「時盧循餘黨與蘇淫賊大相聚結，以爲始興相。」末句旁硃筆批：「此句最少斤兩。」

卷五十一

「處士南郡師覺才學明敏，操介清脩。」硃筆眉批：「南史作師覺授。」

「州統内官長親老不隨在官舍者，年聽遣五吏餉家。」硃筆眉批：「南史作三吏。」

「撰徐州先賢傳十卷，奏上之。」硃筆眉批：「南史，義慶著世説十卷、集林二百卷，此不及。」

卷五十二

「玄篡位，徙中書侍郎。」硃筆旁批：「混。」

「及篡位，領驍騎將軍。」硃筆旁批：「難過。」

「高祖屢求去，景仁不許，曰：主上見待，要應有方。我欲與客共食，豈當不得待。」硃筆旁批：「若此非桓玄，豈不是佳事？」以硃筆乂去「主上見待」四字。

「葬日，高祖親臨，哭之甚慟。」墨筆眉批：「是憐。」〔一〕

「及毅兵敗衆散，時已暗夜，司馬毛脩之謂純曰：『君但隨僕。』純不從，抉兩人出，火光中爲人所殺。」墨筆眉批：「純死劉毅，自是正人一邊事。」

「述字景先，少有志行，隨兄純在江陵。」墨筆眉批：「述，賢弟也，純亦得此弟。」

「秀之妹，恭帝后也，雖晉氏姻戚，而盡心於高祖。」墨筆旁批：「好姻戚。」

〔一〕此條，傅山全書初版本脱，據手稿補。

「帝不肯飲，曰：佛教自殺者不得復人身。」硃筆眉批：「彭城王義康傳亦有『佛教自殺不得人身』語。」

「左光祿大夫孔季恭子山士在艱中，皆起爲將軍。」墨筆眉批：「孔季恭傳，子『岦』作一字。」

「高祖雖累棄江南，楚言未變。」硃筆改「棄」爲「葉」。

卷五十三

「庾沖遠乃當送至新林，見縛束，猶未得解手。」硃筆旁批：「庾沖遠是仲文之侄。」

卷五十四

「子岦，歷顯位，侍中、會稽太守。」墨筆眉批：「前褚度傳『岦』分開作『山土』二字。」

「元凶弒立，爲吏部尚書，領國子祭酒。」硃筆旁批：「不成甚羊保。」

「玄保既善棊，而何尚之亦雅好棊。吳郡褚胤，年七歲，入高品」云云。硃筆眉批：「齊書蕭惠基傳：宋文帝世，玄保爲會稽太守，帝使褚思莊入東與玄保戲，遂置局圖歸，于帝前覆之。南史又曰：與文帝睹，得宣城太守。」

卷五十六

「縱而不禁，既乖國憲；禁而不止，又不經通。」硃筆眉批：「此處用『經通』。」

卷五十七

「妻劉氏早卒，一女甚幼，外甥袁覬始生象而妻劉氏亦亡。興宗姊，卽覬母也。」硃筆眉批：「以女與重外甥作婚。」〔一〕

卷五十九

「張暢字少微，吳郡吳人，吳興太守邵兄子也。」硃筆眉批：「前四十六卷亦有暢傳。」

「初爰去，城内聞虜遣追，慮爰見禽，失米最。」硃筆眉批：「『米最』何解？」

卷六十

「鄭玄注禮，三年之喪，二十七月而吉，古今學者多謂得禮之宜。」硃筆眉批：「三年之喪，宜從鄭言。」〔二〕

〔一〕此條，傅山全書初版本脱，據手稿補。
〔二〕此條，傅山全書初版本脱，據手稿補。

卷六十一

「高祖始踐阼，義眞意色不悦。」墨筆眉批：「其父踐阼，其子不悦。」〔一〕

卷六十二

「張敷字景胤，吳郡人，吳興太守邵子也。」硃筆眉批：「前四十六卷，景胤已附邵傳，此復再見。此差詳于前。」

「鄙夫瞻彼，固不任下走，未知新沓何如州陵耳。」「新沓」旁硃筆批：「山濤所封也。」又墨筆眉批：「州陵，湛父夷，以平桓玄功封南郡州陵縣侯。」

「則商販之事，又連所不忍聞也。」墨筆眉批：「『連』字何義？」

「而先命猥加，魂氣褰薾，常人不得作常自處疾苦。」末句旁硃筆批：「不解句意。」

「微躬自處治，而僧謙服藥失度，遂卒。」硃筆旁批：「治殺兄弟。」

卷六十三

「恭檄令起兵，歆卽聚衆應之，以女爲貞烈將軍，以女人爲官屬。」硃筆眉批：「以女爲貞烈將軍，以女人爲官屬，以孔氏爲司馬。卽顧琛母也，見琛傳。」

〔一〕此條，傅山全書初版本脱，據手稿補。

「華性尚物，不欲人在己前。」硃筆旁批：「何也？」
「蓋由每生情多，寧敢一朝頓懷逆志。」硃筆眉批：「『每生』何説？」
「湛既入，以景仁位遇本不踰己，而一旦居前，意甚憤憤。」硃筆眉批：「劉湛棗樕。」
「湛議遣人若劫者於外殺之。」硃筆旁批：「何便爾？」
「演之折節好學，讀老子日百遍，以義理業尚知名。」末句旁墨筆批：「是何等語？」
「轉別駕從事史，〔二〕領本郡中正，深爲義康所待。」墨筆旁批：「前曰義宣。」
「勃好爲文章，善彈琴，能圍棊，而輕薄逐利。」墨筆眉批：「圍棋無所不可，琴則有道之器，而輕薄逐利之人何所取于此？」

卷六十四

「穴從僕射車宗使青、兗州。」硃筆改「穴」爲「宂」。

卷六十五

「郡人黄公生、任肅之、張石之等，並護縱餘燼」云云。硃筆改「護」爲「譙」。

〔二〕「轉」，傅山全書初版本誤作「韓」，據批點底本改。

卷六十六

「年向九十，生理殆盡。」硃筆眉批：「八十而云年向九十。」

「左右常使二老婢，戴五絛五辮。」墨筆旁批：「此大可厭！」墨筆眉批：「『五絛五辮』是何物？」

卷六十七

「玄甚異之，謂親知曰：我乃生瑍，瑍那得生靈運！」墨筆眉批：「又云那得不生。」

「驅斤澤而風靡，蹶坑谷而鳥竄。」硃筆眉批：「『竄』如何叶？」墨筆眉批：「當讀如『粹』之開口。」

「故反師於曹門，將以塞於夷庾。」硃筆改「庾」爲「庚」。

「近東則上田、下湖，西谿、南谷，石埭、石滂」云云。注：「入西谿之裏，得石埭，以石爲阻，故謂爲埭。」墨筆眉批：「埭，大字作塚。字書廣韻塚讀如埭，耕土卷也。海篇除兗切，耕合也。大字似正。」硃筆改注中二「埭」字爲「塚」。

「近南則會以雙流，縈以三洲，表裏回游，離合山川，崿崩飛於東峭，槃傍薄於西阡，拂青林而激波，揮白沙而生漣。」硃筆眉批：「流、洲、游三字韻。下川又與阡、漣葉。以文勢論之，表裏、離合是一義，翻疑洲字當叶。注明明『成此洲漲』，又不是叶字。」注：「成此洲漲，表裏合，是其貌狀也。」硃筆改「表裏合」爲「表裏離合」。

「近北則二巫結湖，兩胥通沼。」墨筆眉批：「『胥』字字書不見，不知何音。刀部有『劏』字，音偘，或復是此字耶？」

「遠東則天台、桐栢，方石、太平，二韭、四明，五奧、三菁」云云。注：「四明，方石四面自然開窗也。」硃筆旁批：「此『方』原非上之『方石』。」

「遠南則松箴、棲雞，唐嵫、漫石。崪、嵊對嶺，⿰山邑、孟分隔。」注：「曇濟道人住孟山，名曰孟埭，芋薯之疁田。」墨筆眉批：「疁，力周切，田之不耕燒者。說文：燒種也。」

「供粒食與飲，謝工商與衡牧。」上句旁硃筆批：「脫一字。」

「參核六根，五華九實。」注「六根者，苟七根」云云。墨筆眉批：「『苟七』字，不知是何字訛。」

「飛泳騎透，胡可根源。」硃筆改「騎」爲「騁」。注：「獸有相種，有騰者，有走者。」硃筆改「相」爲「數」。

「魚則鱫鱧鮒鱮，鱒鯇鰱鯿。」注：「鱫音優，鱧音禮，鮒音附，⿰魚奭音叙。」硃筆改「⿰魚奭」爲「鱮」。硃筆眉批：「與逕訛作奭。」

「魴鮪魦鱖，鱨鯉鯔鱣。」注：「鯔音比之反。」硃筆改「比」爲「此」。

「鳥則鶡鴻鶂鵠，鵚鷺鴇鶮。」硃筆眉批：「鶮，別本作鶴。」

「苦節之僧，明發懷抱。」注：「詩人西發不勝，造道者，其亦如此。」硃筆改「西發不勝」爲「明發不昧」。

「賤物重己，棄世希靈」云云。注：「莊周云：『和以天兒。』兒者，崖也。」硃筆眉批：「『兒者，崖也』，不知何說。」

「揚勝所拮，秋冬蘊獲。」墨筆眉批：「蘊，卽蓄。詩：其采其蓄。又作覆。」

「苦以木成，甘以擣熟。」注：「木，木酒，味甘。」硃筆改「甘」爲「苦」。

「慕椹高林，剥芨叢椒。」注：「椹音甚，味似菰萊而勝，利木而作之，謂之慕。」墨筆改「利」爲「刊」。

「掘蒨陽崖，擿擗陰摽。」墨筆改「擗」爲「檘」，並墨筆眉批：「檘，海篇音如鮮之上聲。」

「品收不一，其灰。」「其灰」旁硃筆批：「似脱二字。」

「傷美物之遂化，怨浮齡之如借。」硃筆眉批：「借叶。」

「石傾瀾而稍巖，木映岥而結藪。」墨筆眉批：「岥，字或是波也、陂也。」

「寒葱摽倩以陵陰，春藿吐苕以近陽。」硃筆眉批：「管子：北伐山戎得寒葱。」

「採石上之地黄，摘竹下之天門。」墨筆眉批：「天門，省『冬』字。」

「糟粕猶在，啓縢剖袠。」注：「縢者，金縢之流也。」硃筆旁批：「此非指周公事。」

「或平生之所流覽，竝於今而藁諸。」硃筆眉批：「藁，當是棄謡。」

「靈運以族東歸，而遊娱宴集，以夜續晝，復爲御史中丞傅隆所奏，坐以免官。」硃筆改「族」爲「疾」。墨筆眉批：「傅隆此奏，眞傖老所爲。」

「太守孟顗事佛精懇，而爲靈運所輕，嘗謂顗曰：『得道應須慧業文人，生天當在靈運前，成佛必在靈運後。』顗深恨此言。」硃筆旁批：「有何可恨？」

「靈運謂顗非存利民，正慮決湖多害生命。」硃筆旁批：「若果爾，亦是佛事。」

「上愛其才，欲免官而已，彭城王義康堅執謂不宜恕。」墨筆眉批：「義康何勞爾！」

「宜有及後嗣，可降死一等，徙付廣州。」硃筆眉批：「廣州亦有可游山川，何必不往！」

卷六十八

「表奏，即收付建康獄，賜死。」硃筆旁批：「胡了。」

「止虜異志者或奉義康爲亂。」硃筆改「止虜」爲「上慮」。

「義康不肯服藥，曰：佛教自殺，不復得人身。」硃筆眉批：「褚叔度傳晉恭帝亦有『佛教自殺，不復得人身』語。」

「故嚴道疾終，嗣啓方字；阜陵悠屏，身遲晚恩。」硃筆改「字」爲「宇」。又硃筆眉批：「淮南厲王罪廢，有司奏請處蜀嚴道邛郵。文帝憐厲王，王有子四人，皆七八歲，迺封子安爲阜陵侯。後又立厲王三子王淮南故地，三分之：阜陵侯安爲淮南王。」

卷六十九

「元嘉元年冬，彭城太妃薨。」墨筆旁批：「義康母。」

「曄與司徒左西屬王深宿廣淵許，夜中酣飲，開北牖聽挽歌爲樂。義康大怒。」墨筆眉批：「此怒亦管不了許多。」

「爲員外散騎侍郎，不爲時所知。」墨筆旁批：「最妙事。」

「久不得調。」墨筆旁批：「又妙。」

「及義康被黜」云云。墨筆旁批：「先爲豫章。」

「熙先藉嶺南遺財，家甚富足。」墨筆旁批：「父默之宦囊。」

「始與綜諸弟共博，故爲拙行，以物輸之。綜等諸年少，既屢得物，遂日夕往來，情意稍款。」墨筆眉批：「無論所謀事爲何如事，而以拙博入之，其實令人不覺。」

「丈人若謂朝廷相待厚者，何故不與丈人婚，爲是門戶不得邪？」硃筆旁批：「急毒。」

「曄又以此爲怨。」硃筆旁批：「何怨？」

「臣雖尼下，朝廷許其殉有所及。」硃筆眉批：「『尼』字不知何訛。」

「嘗共比方班氏所作，非但不愧之而已」云云。硃筆旁批：「也還差些。」

卷七十

「袁淑。」題下硃筆批：「顧覬之傳：覬之正色謂淑曰：『卿乃復以忠義笑人。』淑有媿色。」

「劉湛，淑從母兄也。」硃筆眉批：「劉湛，姨兄弟也。」〔一〕

「宜選敢悍數千，鶩行潛掩，偃旗裹甲，鉗馬和銜枚，檜稽而起」云云。硃筆改「檜」爲「旝」。

卷七十一

「永初三年，詔曰：永興公主一門嫡長，早罹辛苦。」硃筆眉批：「前後皆云會稽公主，此又曰永興公主。」

〔一〕此條，傅山全書初版本脫，據手稿補。

「祖母年老，辭以朝直，不拜。」硃筆眉批：「辭以朝直，何說？」
「劭既立，轉爲吏部尚書，委以事任。」硃筆旁批：「混了。」

卷七十二

「昶知其不捷，乃夜與數十騎開門北奔索虜，棄母妻，唯携愛妾一人。」硃筆眉批：「南史，昶奔索虜時，在道爲斷句曰：『白雲滿鄣來，黄塵半天起。關山四面絶，故鄉幾千里。』亦自可憐。」
「其夜，遣人齎藥賜休仁死，時年三十九。」硃筆眉批：「所謂太宗者之不死，全虧休仁一句緩之，而卒殺休仁。」

卷七十三

卷七十三至七十七之册封面墨筆批：「顔峻傳中『玡』字不知何聲。」
「外示寡求，内懷奔競，干祿祈遷，不知極已。」硃筆旁批：「口也利害。」
「延之性既褊激，兼有酒過，肆意直言，曾無遏隱，故論者多不知云。」硃筆眉批：「南史：論者不與，謂之顔彪。」

卷七十四

「穴從僕射胡崇之領質府司馬。」硃筆改「穴」爲「宂」。
「高祖定長安，軌爲寧南將軍、荆州刺史。」硃筆眉批：「高祖定長安，軌爲誰之荆州刺史？

筆力乃爾胡塗。」

卷七十五

「又躬自屠牛。」硃筆旁批：「是何業？」

「兄錫罷臨海郡還，送故及奉禄百萬以上，僧達一夕令奴輩取，無復所餘。」後二句旁硃筆批：「不長俊爾爾！」

卷七十六

「孝武狎侮羣臣，隨其狀貌，各有比類」云云。硃筆眉批：「孝武一段，應入其紀，列此甚無義。」

卷七十七

「虜蒲城鎮遣僞帥何難於封陵白列三營，以擬法起。」硃筆眉批：「封陵阜，今潼關有風陵渡，有墓曰『風后先生之墓』，此作『封』。」

「元嘉二十七年，虜主拓跋燾南寇汝、潁，浩密有異圖。」硃筆眉批：「崔皓有異志耶？魏書殊不爾。」

卷七十八

卷七十八至八十三之册封面墨筆批：「竟陵王誕傳有司奏中，有『舀韓近恭中護軍』，舀字不知的爲何義。八十卷始平孝王傳中有『簪』字。」

卷八十

「升雲簪以引思，鏘鴻鍾以節音。」墨筆眉批：「簪，定『簪』字也。」

卷八十二

「文義之士畢集，爲連句許，懷文所作尤美。」硃筆改「許」爲「詩」。

卷九十三

「江州刺史劉柳薦之高祖曰」云云。硃筆眉批：「老劉眞駁貨。」

「若使値見信之主，逢時來之運，豈其放情江海，取逸丘樊，蓋不得已而然故也。」硃筆旁批：「巢許莊列之徒爲誰？」

「故知松山桂渚，非止素玩；碧間清潭，翻成麗矚。掛冠東都，夫何難之有哉。」硃筆旁批：「休文且自説難易何如？」

卷九十五

「嗣聞高祖崩問，追報範等。」硃筆改「報」爲「執」。

南齊書批注

卷十四

「宋泰始中，西江督護陳伯紹獵北地，見二青牛驚走入草，使人逐之不得，乃誌其處，云『此地當有奇祥』。啓立爲越州。」硃筆眉批：「見青牛而立越州。」

卷九十四　梁書批注〔一〕（上）

卷一

「四年，魏帝自率大衆寇雍州。」「四年」旁硃筆批：「建武。」

「明年三月，慧景與高祖進行鄧城。」「明年」旁硃筆批：「建武五年。」

「高祖謂張弘策曰：『夫用兵之道，攻心爲上，攻城次之，心戰爲上，兵戰次之。』」硃筆眉批：「蕭鸞子恁地毒辣。」

「及問天虎而口無所説，行事不得相聞，不容妄有所道。」硃筆旁批：「害殺，害殺。五間中惟此毒。」

「是馳兩空函定一州矣。」硃筆眉批：「此際妙在得一席闡文，爲行事謀，見穎達傳首。」

「山陽至江安，聞之，果疑不上。」「聞之」旁硃筆批：「此處再得點綴聞之之由，乃足觀。」

「豈有不珍滅者哉！」硃筆改「珍」爲「殄」。

「齎蕭穎胄等議，謂高祖曰：今頓兵兩岸，不併軍圍郢」云云。硃筆眉批：「必于取郢。」

「取江州，此機已失，莫若請救於魏，與北連和，猶爲上策。」硃筆旁批：「便是奴人急樣。」

〔一〕此篇據山西博物院藏批點手稿整理。批點底本爲明萬曆三十三年刊本。由梁秀芝釋文，李鳳琴校補。重復書中詞句的批語未録。

「閹人王偘子持白虎幡督率諸軍，又開航背水，以絕歸路。王茂、曹景宗等犄角奔之，將士皆殊死戰，無不一當百，鼓噪震天地。」硃筆旁批：「可恨可厭！」

「二年正月，天子遣兼侍中席闡文，兼黄門侍郎樂法才慰勞京邑，追贈高祖散騎常侍、左光禄大夫，考侍中丞相。」後一「祖」字旁硃筆批：「道賜。」「考」字旁硃筆批：「順。」

「實望多士得其此心。」硃筆旁批：「『其』字可笑。」

「夫日月麗天，高明所以表德；山岳題地，柔博所以成功。」硃筆眉批：「『題地』，『題』字亦別。」

「策曰：二儀寂寞，由寒暑而代行；三才並用，資立人以爲寶」云云。硃筆旁批：「起語甚常。」又硃筆眉批：「策文實不能有所浮誕，而此文鑾點綴，尚不稱耳。」

「蓋聞受金於府，通人弘致」云云。硃筆旁批：「語亦可笑。」

「乙丑，南兗州隊主陳文興於桓城内鑿井，得玉鏤騏驎、金鏤玉璧、水精環各二枚。」硃筆旁批：「來了。」

「正月己酉，邏將潘道蓋於山石穴中得毛龜一。」硃筆旁批：「可矣。」

卷二

「衍投袂星言，摧鋒萬里，萬其挂冠之情，用拯兆民之切。」硃筆旁批：「連天也倒鬼起。」

卷三

「王侯朝臣皆奉表質疑，高祖皆爲解釋。」硃筆旁批：「勝事。」

卷四

「簡文帝。」硃筆旁批：「被侯景弑。」

「其序云：『余七歲有詩癖，長而不倦。』然傷於輕豔，當時號曰『宮體』。所著昭明太子傳五卷、諸王傳三十卷、禮大義二十卷、老子義二十卷、莊子義二十卷、長春義記一百卷、法寶連璧三百卷，並行於世焉。」硃筆眉批：「天子述作之富，此家世擅長春義記。」

卷五

「遣世子方等帥衆討譽，戰所敗死。」硃筆旁批：「『戰所』是何言？」

「定州刺史杜多安帥衆下武昌。」硃筆改「多」爲「幼」。

「甫聞伯昇之禍，彌切仲謀之悲。」硃筆旁批：「掉得不切當。」

「侯景，項籍也；蕭楝，殷辛也。」硃筆旁批：「不倫。」

「孤聞天生蒸民而樹之以君，所以對揚天休，司牧黔首」云云。硃筆眉批：「倉卒戎行，有此文彩。」

「正月甲戌，世祖下令曰：軍國多虞，戎旃未靜」云云。硃筆眉批：「文。」

「八月，蕭紀率巴、蜀大衆連舟東下。」「蕭紀」旁硃筆批：「武陵王。」
「久應旁求掌固，諮詢天官。」「固」字旁硃筆批：「故。」
「所著孝德傳三十卷，忠臣傳三十卷」云云。硃筆眉批：「如此文學，即博士不多得。」

卷六

「三月庚子，文育前軍丁法洪於蹠口生俘傅泰。蕭孜、余孝頃軍退走。」硃筆眉批：「俘者止是傅泰耳。蕭、余名上還宜别加一字。」

卷七

「生哀太子大器、南郡王大連、長山公主妙䂳。」硃筆眉批：「䂳，廣韻音略，引爾雅，利也。」

卷八

「太子性寬和，兼神用端凝，在于賊手，每不屈意。」「在于賊手」旁硃筆批：「是何語？」
「曹景宗。」硃筆旁批：「『競病』之詩不載，失之疎略。」

卷九

「父天生，宋末爲列將，於石頭克司徒袁粲，以勳至巴西、梓潼二郡太守，上黄縣男。」「勳」

字旁硃筆批：「非袁勳。」

「茂年數歲，爲大夫深所異，常謂親識曰：此吾家之千里駒，成門戶者必此兒也。」硃筆旁批：「套話可厭。」〔一〕

「每衆騎赴鹿，鹿馬相亂，景宗於衆中射之，人皆懼中馬足，鹿應弦輒斃，以此爲樂。」硃筆旁批：「亦是射得妙。」

「景宗爲人自恃尚勝，每作書，字有不解，不以問人，皆以意造焉。」硃筆眉批：「字有不解不問人，皆以意造。武漢倔强，可笑爾爾。」

「入爲長水校尉，出爲平北錄事參軍、襄陽令。」硃筆旁批：「魏興太守矣，又爲襄陽令。」

「高祖行營壘，見慶遠頓舍嚴整，每歎曰：人人若是，吾又何憂？」硃筆旁批：「極嘽之語，可厭。」

「柳慶遠器識淹曠，思懷通雅。」硃筆旁批：「可笑話。」

「初，慶遠從父兄衞將軍世隆嘗謂慶遠曰：吾昔夢太尉以褥席見賜，吾遂亞台司；適又夢以吾褥席與汝，汝必光我公族。」硃筆眉批：「褥席之夢。」

卷十

「蕭穎達。」硃筆旁批：「兄穎胄，而『穎』字詳見傳中。」

「制之，歲寒復不爲朝廷所容。」硃筆眉批：「此處用『歲寒』兩字何謂？」

〔一〕「話」，傅山全書初版本誤作「語」，據手稿改。

「初，義師之起也，巴東太守蕭惠訓子璝、巴西太守魯休烈弗從。」墨筆眉批：「蕭璝與琛弟兄。」〔二〕

「魏人不得進。又潛作伏道以決壍水，道恭載土豘塞之。」硃筆眉批：「土豘是如何制？」

「元起曰：朝廷萬里，軍不卒至，若寇賊侵淫，方須樸討，董督之在，非我而誰？何事忽忽使救。」硃筆旁批：「賴話。」

卷十一

「呂僧珍。」硃筆旁批：「買鄰之事不載。」

「張弘策，字眞簡」，「兄弟友愛，不忍暫離，雖各有室，常同臥起。」硃筆眉批：「孝友。」

「弘策與高祖年相輩，幼見親狎，恒隨高祖游處。每入室，常覺有雲烟氣，體輒肅然。」硃筆旁批：「此未必然。」

「弘策因曰：『請言其兆。』高祖曰：『漢北有失地氣，浙東有急兵祥。今冬初，魏必動，若動則亡漢北。』」硃筆旁批：「此公何處撈摸，得此風角？」

「弘策起曰：『今夜之言，是天意也，請定君臣之分。』高祖曰：『舅欲效鄧晨乎？』」硃筆旁批：「書袋便意掉。」

「是冬，魏軍寇新野，高祖將兵爲援，且受密旨，仍代曹虎爲雍州。」硃筆旁批：「停當。」

「弘策方救火，盜潛後害之，時年四十七。高祖深慟惜焉。」「高祖」句旁硃筆批：「要此句何

〔二〕此條，傅山全書初版本脱，據手稿補。

爲？」

「詔曰：亡從舅衞尉，慮廢所忽，殞身袄豎。其情理清貞，器識淹濟。」「其情理清貞」旁硃筆批：「說甚？可笑！」

「時魏軍攻圍南鄭，州有空倉數十所，域封題指示將士云：『此中粟皆滿，足支二年，但努力堅守。』衆心以安。」硃筆眉批：「封空倉以安衆。」

「紹叔兄植爲東昏直後，東昏遣至雍州，託以候紹叔，實潛使爲刺客。」硃筆眉批：「鄭植欲作刺客。」

「紹叔知之，密以白高祖。」硃筆旁批：「大功。」

「兄若取雍州，紹叔請以此衆一戰。送兄於南峴，相持慟哭而別。」硃筆旁批：「何爲爾？」

「僧珍既至，乃棄業欲求州官。僧珍曰：吾荷國重恩，無以報效。汝等自有常分，豈可妄求叨越，但當速反葱肆耳。」硃筆旁批：「州官固不可妄想葱業，亦可與別圖。」

卷十二

卷十二至二十一之册封面墨筆批：「王份之子王綝與北齊同名。」

「及高祖起兵，惔舉漢中應義。」硃筆旁批：「功。」〔一〕

「惔對曰：『罰不及嗣，賞延于世，今復見之聖朝。』時以爲知言。」「時以爲知言」旁硃筆批：「要此句何用？」

〔一〕此條，傅山全書初版本脫，據手稿補。

「進退無可，且深慮之。」硃筆改「且」爲「宜」。

「高祖之將起義也，闡文深勸之，穎胄同焉。」硃筆旁批：「成甚文字？」

「高祖見叡甚悦，拊几曰：他日見君之面，今日見君之心，吾事就矣。」硃筆旁批：「套話，可厭！」

「初，郢城之拒守也，男女口垂十萬，閉壘經年，疾疫死者十七八，皆積屍於牀下，而生者寢處其上，每屋輒盈滿。」硃筆旁批：「成何生活！」

「先是，右軍司馬胡略等久未能下，叡按行山川」云云。硃筆眉批：「合肥之攻。」〔一〕

「元英大驚，以杖擊地曰：是何神也？」硃筆旁批：「此亦專習套語。」

「軍人奮勇，呼聲動天地，無不一當百。」硃筆旁批：「可厭！可恨！」

卷十三

「時高祖納齊東昏余妃。」硃筆旁批：「此等事定不可作。」

「高祖謂臨川王宏、鄱陽王恢曰：我與范尚書少親善，申四海之敬；今爲天下主，此禮既革，汝宜代我呼范爲兄。」硃筆眉批：「四海之敬，掉兄弟也，亦可笑。」

「帝曰：庸人，聞其恆相賣弄，不復窮法。」硃筆眉批：「『恆相賣弄』是何語？」

「帝問識座中客不？曰：惟識沈家令。」硃筆旁批：「藝過人。」

「及還，未至牀，而憑空頓於戶下，因病，夢齊和帝以劍斷其舌。」硃筆旁批：「自意知。」

〔一〕此條，傅山全書初版本脱，據手稿補。

「出謂人曰：此公護前，不讓卽羞死。」硃筆旁批：「此豈奸鑾所宜出口？」

卷十四

「廣陵令郭彥文得罪，辭連淹，繫州獄。」硃筆旁批：「不知是如何得罪。」

「淹微服來奔。」硃筆旁批：「黠。」又墨筆眉批：「黠。」

「淹少以文章顯，晚節才思微退，時人皆謂之才盡。」硃筆眉批：「江淹才盡。」

「昉常歎曰：知我亦以叔則，不知我亦以叔則。」硃筆旁批：「叔則，裴楷也。」

「然因此五交，是生三釁：敗德殄義，禽獸相若，一釁也；難固易攜，讐訟所聚，二釁也；名陷饕餮，貞介所羞，三釁也。」硃筆眉批：「三釁實是一釁。」

卷十五

「既而武帝言於高帝，請誅朏。帝曰：『殺之則遂成其名，正應容之度外耳。』遂廢于家。永明元年，起家拜通直散騎常侍，累遷侍中，領國子博士。」「起家拜通直散騎常侍」旁硃筆批：「又何必？」

「子諼，官至司徒右長史，坐殺牛免官。」硃筆眉批：「殺牛免官。」

卷十六

「王亮。」硃筆旁批：「乾是琅邪一王，而無一豪可觀，所謂多味人耳？」〔二〕

「時齊明帝即位，聞而嘉之。」「及即位，累遷太子中庶子。」墨筆眉批：「前『即位』二字錯。」

「亮傾側取容，竟以免戮。」硃筆旁批：「了，了。」

「義師至新林，内外百僚皆道迎，其未能拔者，亦間路送誠款，亮獨不遣。」「亮獨不遣」旁硃筆批：「是謾耶？定耶？」又硃筆眉批：「倒像有見人。」

「及城内既定，獨推亮爲首。」硃筆旁批：「爲首是爲何首？語混。」

「亮出現高祖。高祖曰：顛而不扶，安用彼相？」硃筆旁批：「此句也混。責不得東昏，乃人教如何扶？」

「元日朝會萬國，亮辭疾不登殿，設饌别省，而語笑自若。」〔三〕硃筆旁批：「是何意？」

「曲學諛聞，未知去代。」硃筆改「代」爲「伐」。

「而今黨協疊餘。」墨筆眉批：「『疊餘』不解。」

「廷辱民宗。」硃筆旁批：「謂䌷。」

「稷還荆州，就拜黄門侍郎，復爲司馬、新興永寧二郡太守。郡犯私諱，改永寧爲長寧。」硃筆

〔二〕「所」，傅山全書初版本誤作「何」，據手稿改。

〔三〕「語笑」，傅山全書初版本誤作「笑語」，據批點底本改。

眉批：「稷父諱永，改永寧爲長寧。」
「乃使直閤張齊害東昏于含德殿。」硃筆旁批：「東昏自是當爾者，也要敢。」
「稷召尚書右僕射王亮等列坐殿前西鍾下」云云。硃筆眉批：「西鍾之議。」
「州人徐道角等夜襲州城，害稷，時年六十三。」硃筆旁批：「只是疎忽吃此虧。」又硃筆眉批：「魏書作州人徐玄明。」

卷十七

「馬仙琕。」硃筆旁批：「若論東昏之時，不待姚仲賓之招，而仙琕當先自有眼色。既殺仲賓，亦當終別作一局，那得又歸罪？爲用『失主之犬』喻，〔一〕何奴也？」
「張齊。」硃筆旁批：「手刃東昏者。」
「仙琕於軍斬仲賓以殉。」硃筆旁批：「豈不好事！」
「仙琕謝曰：小人如失主犬。後主飼之，便復爲用。」硃筆旁批：「胡說！」又硃筆眉批：「後主飼之，便復爲用。只是姚仲賓之死，當何如處之？」
「會起等亦相次退散。」硃筆改「起」爲「超」。〔二〕
「初，南鄭沒於魏，乃於益州西置南梁州。」硃筆眉批：「置南梁州於益州西。」〔三〕

〔一〕「爲」，傅山全書初版本誤作「而」，據手稿改。
〔二〕此條，傅山全書初版本脫，據手稿補。
〔三〕此條，傅山全書初版本脫，據手稿補。

卷十八

「康絢。」硃筆旁批：「堰淮。」

「昌義之。」硃筆旁批：「守鍾離有戰功。」

「聞義師起，馳歸高祖。」硃筆旁批：「見幾。」又墨筆眉批：「見幾。」

「率鄉人子弟勝兵者，悉歸高祖。」硃筆旁批：「功。」

「昇對曰：昔柳莊寢疾，〔二〕衛獻公當祭」云云。硃筆眉批：「朱异引經。」

「絢舉郡以應高祖。」硃筆旁批：「功。」

「緣淮百里內，岡陵木石，無巨細必盡，負檐者肩上皆穿。夏日疾疫，死者相枕，蠅蟲晝夜聲相合。」硃筆旁批：「此亦不仁事。」

「十五年四月，堰乃成。」「夾之以堤，并樹要杞柳。」硃筆旁批：「堰矣，又曰『夾之以堤』，寫得含糊。」

卷十九

「劉坦。」硃筆旁批：「坦行湘州，運資糧，消反側，爾時眞不可少若人。」

「桂陽人邵曇弄、鄧道介報復私讐，因合黨亦同焉。」硃筆眉批：「曇弄是何名？」

〔二〕「昔」，傅山全書初版本誤作「者」，據批點底本改。

「玄紹未及發，明旦詣坦問其故。」硃筆旁批：「來得好。」

卷二十

「十月，巴西人趙續伯又反。」硃筆眉批：「前新城人趙續伯，此又有巴西人趙續伯。同時有兩趙續伯。」

「陳伯之，濟陰睢陵人也。幼有膂力。年十三四，好著獺皮冠。」硃筆旁批：「賊樣。」

「河南褚緭，京師之薄行者」云云。硃筆眉批：「褚緭自是傾邪人矣，然亦有傾邪之本領。何時無此等人？彥龍遂不謂其能爾而疎之。」

「伯之追孝季不得，得其母郎氏，蠟灌殺之。」硃筆旁批：「殘賊。」

卷二十一

「王瞻。」硃筆旁批：「思範三術：棊、射、酒。」

「朝廷之恩，本爲殊特。〔二〕所可光榮，在屈賢子。」硃筆旁批：「修詞文婉乃爾。」

「俄遷吏部，當官不稱職。」「遷吏部尚書，處選甚得名譽。」硃筆眉批：「前爲吏部不稱職，從爲吏部尚書，甚得名譽。何也？」

「琮爲國子生，尚始興王女繁昌縣主，不惠，爲學生所嗤，遂離婚。」硃筆旁批：「王家亦有不

〔二〕「殊特」，傅山全書初版本誤作「特殊」，據批點底本改。

惠之琮，咄咄怪事！」
「峻曰：臣太祖是謝仁祖外孫，亦不藉殿下姻媾爲門戶。」硃筆旁批：「何爾遠扳？」
「長子琳，字孝璋。」硃筆眉批：「王琳與北齊者同姓名。」
「義師下次江州，遣寧朔將軍劉諓之爲郡，蒨帥吏民據郡拒之。」硃筆旁批：「理當爾。」〔一〕
「僕射徐勉以權重自遇，在位者並宿士敬之。」硃筆旁批：「『並宿士敬之』，何語？」
「勉因蒨門客翟景爲第七兒繇求蒨女婚，蒨不答。景再言之，乃杖景四十。」硃筆眉批：「徐勉求婚不得。」

卷二十二

卷二十二至二十九之册封面墨筆批：「骨肉之戰，愈勝愈酷，捷則非功，敗則有喪。」〔二〕
「南浦侯推，字智進。」「所臨必赤地大旱，吳人號『旱母』焉。」硃筆眉批：「蕭推，旱母。」
「侯景之亂，守東府城，賊設樓車，盡鋭攻之，推隨方抗拒，頻擊挫之。至夕，東北樓主許鬱華啓關延賊，城遂陷，推握節死之。」硃筆旁批：「旱母能此。」
「成都去新城五百里，陸路往來，悉訂私馬，百姓患焉，累政不能改。」硃筆眉批：「訂馬，『訂』字是何如義？」

〔一〕「當」，傅山全書初版本誤作「爾」，據手稿改。
〔二〕此條，傅山全書初版本脱，據手稿補。

卷二十三

「既不能誅翦逆賊，[一]正當同死朝廷，安能投身異類，欲保餘生？」硃筆旁批：「好話！」

「桂陽王象以孝聞，在於牧湘，猛虎息暴，蓋德惠所致也。」硃筆眉批：「『在於』兩字何文？」

卷二十四

「其於刑戮，頗無期度。醉時所殺，醒或求焉，亦無悔也。」硃筆旁批：「從來宗姓恁地無道。」

卷二十五

「徐勉。」硃筆旁批：「修篡五禮。」

「建武中，魏人吳苞南歸，有儒學，尚書僕射江祏招包講。捨造坐累折包，辭理遒逸，由是名爲口辯。」墨筆眉批：「慶文論文末曰：周升逸之辨。」

「勉歎曰：吾憂國忘家，乃至於此。若吾亡後，亦是傳中一事。」硃筆旁批：「俗話。」

「又該綜百氏，皆爲避諱。」硃筆旁批：「細心。」

「其掌知者，以貴總一，不以稽古。」硃筆旁批：「是病。」

「寧孝宣之能擬，豈孝章之足云？」硃筆旁批：「不必如此作訣。」

〔一〕「翦」，傅山全書初版本誤作「前羽」，據批點底本改。

卷二十六

「映答曰：元嘉之末，開闢未有，故太尉殺身以明節，司徒當寄託之重，理無苟全，所以不顧夷險，以殉名義。」硃筆眉批：「此説是。」

「琛徐答曰：『詩所謂雨我公田，遂及我私。』座者皆服。」硃筆旁批：「服甚？」

卷二十七

「謝朓文章盛於一時，見洽深相賞好，日引與談論。每謂洽曰：君非直名人，乃亦兼資文武。」〔二〕硃筆旁批：「如此眞足重。」

「並貽詩曰：平仲古稱奇，夷吾昔擅美。令則挺伊賢，東秦固多士。築室非道傍，置宅歸仁里。」硃筆旁批：「如此掉，亦别。」

「臺軍攻陷城，閑見執，將刑，第二子綘求代死，不獲，遂以身蔽刃，刑者俱害之。」硃筆旁批：「胡。」

卷二十八

「韋放。」硃筆旁批：「叡之子，亦可謂無忝所生。」

〔二〕「乃」，傅山全書初版本脱，據批點底本補。

「邃固求隨肅，密圖南歸。」硃筆旁批：「是。」

「乃致書於呂僧珍曰：昔阮或、顔延有『二始』之歎。」硃筆改「或」爲「咸」。

「譔弟譒，少麤險薄行」云云。硃筆眉批：「夏侯譒，大無賴。譒，玉篇音播，謠也。」

「淵明沒魏，其妾並還京第，譒至，破第納焉。」硃筆旁批：「該殺！」

「普通八年，高祖遣兼領軍曹仲宗等攻渦陽，又以放爲明威將軍，帥師會之」云云。硃筆眉批：「渦陽之戰，不忝乃翁。」

卷二十九

「高祖三王。」硃筆旁批：「邵陽攜王蕭綸貽元帝書，大有情語。」

「長史王僧孺弗之覺，績見而輒詰之，便卽時首服。」硃筆旁批：「少黠。」

「十七年，出爲使持節、都督南北兗、徐、青、冀五州諸軍事、南兗州刺史，在州著稱。」硃筆旁批：「此時績裁十四歲耳，任爾大任，且又著稱，其然耶？」

「功業難成，不若身赴京都。」硃筆旁批：「也是。」

「太清中，侯景内寇，乂理聚賓客數百，輕裝赴南兗州，隨兄會理入援，恆親當矢石，爲士卒先」云云。硃筆眉批：「會理、乂理都是好貨，惜乎天不許！」

「高祖令圍綸第，捕子高。綸匿之，竟不出。坐免爲庶人。」硃筆旁批：「難說便不問。」

「骨肉之戰，愈勝愈酷，捷則非功，敗則有喪。」硃筆眉批：「骨肉之戰，愈勝愈酷。好話！」

「綸軍潰，遂與子確等十餘人輕舟走武昌。」「確」字旁墨筆批：「子範子同名。」

「確既出見景，景愛其膂力，恆令在左右。後從景行，見天上飛鳶，羣虜爭射不中，確射之，應弦而落。」硃筆眉批：「其實確好漢！」

卷三十

卷三十至三十八之册封面墨筆批：「梁武與子範兄弟一段話説甚鄙。『詎念耋嗟人，徒深老夫託』二句，再見劉孝綽、謝舉傳。『王有養炬，謝有覽舉』，王筠、謝舉傳皆有之。養炬是王筠、王泰小字。」

「子野於昉爲從中表，獨不至。」硃筆旁批：「何必輒至？」

「少時將聘舅息女，未成婚而協母亡。免喪後不復娶。至六十餘，此女猶未他適，協義而迎之。」硃筆旁批：「難。」

「摛商較縱横，應答如響。高祖甚加歎異，更被親狎，寵遇日隆。領軍朱异不説，謂所親曰：『徐叟出入兩宮，漸來逼我，須早爲之所。』」硃筆旁批：「細人只是眼裏著不得。」

「遂承聞白高祖曰：擒年老，又愛泉石，意在一郡，以自怡養。」硃筆旁批：「其實大借重了。」

卷三十一

「袁昂。」硃筆旁批：「千里自篤性人。」

「君正性怯懦，乃送米及牛酒郊迎子悦。」硃筆旁批：「念頭差了。」

「子悅既至，掠奪其財物子女，因是感疾卒。」硃筆旁批：「必然之理，而妄想不爾。」

卷三十二

「陳慶之。」硃筆旁批：「滎陽之戰，若依馬佛念殺顥擾洛，天下豈復有南北之分？惜乎哉！惜乎哉！慶之、昕皆好漢，皆君子。簡文奴物，誤昕事，尤可惜！」

「陳慶之字子雲，義興國山人也。幼而隨從高祖。高祖性好棊，每從夜達旦不輟，等輩皆倦寐，惟慶之不寢，聞乎卽至，甚見親賞。」硃筆眉批：「侍棊之勤。」

「慶之命浮水築壘，攻陷其城。」硃筆眉批：「浮水築壘，如何築？」

「壯士東陽宋景休、義興魚天愍踰堞而入。」硃筆眉批：「魚天愍名字用『愍』字，亦怪。」

「顥既得志，荒于酒色，乃日夜宴樂，不復視事，與安豐、臨淮共立姦計，將背朝恩，絕賓貢之禮。」硃筆旁批：「此時元顥便是一贅物。滎陽之戰，當爲中原，不當爲顥。馬佛念，馬佛念，如今老夫想殺公也！」

「軍副馬佛念言於慶之曰：『功高不賞，震主身危，二事既有，將軍豈得無慮？自古以來，廢昏立明，扶危定難，鮮有得終。今將軍威震中原，聲動河塞，屠顥據洛，則千載一時也。』慶之不從。」硃筆旁批：「傷于忠厚耳。」又硃筆眉批：「馬佛念大可人。」

「第五子昕，字君章，七歲能騎射。」硃筆旁批：「好貨！」

「太宗遲疑，累日不決，外事發洩。」硃筆旁批：「奴貨誤事。可惜！可惜！」

「昕既不肯爲書，期以必死，遂爲景所害，時年三十三。」硃筆旁批：「到底好貨！」

「史臣曰：陳慶之、蘭欽俱有將畧，戰勝攻取，蓋頗、牧、衞、霍之亞歟。慶之驚悟，早侍高祖，既預舊恩，加之謹肅，蟬冕組珮，亦一世之榮矣。」硃筆卷終批：「傅山曰：老夫于蕭梁何與？讀陳慶之傳，至滎陽大捷，鼓掌作快。至于贅顒，良不足姑息。而不聽馬佛念之策，惜乎傷于仁厚。俾中原仍沒荆榛，老天何苦欲看世界之有南北也？扼掔人，扼掔人。」

卷三十三

「王典籤簽湯道愍暱於王，用事府內。」硃筆眉批：「湯道愍又以『愍』命名。」

「四年三月，禊飲華光殿。其日，河南國獻舞馬，詔率賦之」云云。硃筆眉批：「舞馬賦，賦馬處不過數句。」

「懷夏后之九代，想陳王之紫騂。乃命涓人，效良駿，經周衞，入鉤陳。」硃筆眉批：「『鉤陳』之『陳』當叶如『陣』。」

「其年，父憂去職。其父侍妓數十人，善謳者有色貌，邑子儀曹郎顧玩之求娉焉，謳者不願，遂出家爲尼。」硃筆眉批：「顧玩之，小人。」

「高祖覽牒問之，並無對，但奉答云：『事在牒中。』高祖不悅。」硃筆旁批：「此自不應問若人者。」

「天監初，起家著作佐郎，爲歸沐詩以贈任昉。昉報章曰：彼美洛陽子，投我懷秋作。詎慰耋嗟人，徒深老夫託。」硃筆旁批：「作卻平。」又硃筆眉批：「後卅七卷謝舉傳亦載任昉與舉別詩，〔二〕有『詎慰』兩句十字。」

「孝綽自以才優於洽，每於宴坐，嗤鄙其文。」硃筆旁批：「不必。」

「洽尋爲御史中丞，遣令史案其事，遂劾奏之，云：攜少妹於華省，棄老母於下宅。」硃筆旁批：「胡說。」

「兼逢匿怨之友，遂居司隸之官，交構是非，用成萋斐。」硃筆旁批：「謂到洽。」

「孝綽少有盛名，而仗氣負才，多所陵忽，有不合意，極言詆訾。」硃筆旁批：「不濟。」

「反呼騶卒，訪道途間事。」硃筆旁批：「其實不善。」

「筠狀貌寢小，長不滿六尺。性弘厚，不以藝能高人。」硃筆旁批：「遠于孝綽。」

卷三十四

「配軒皇以邁迹，豈商、周之比隆。」硃筆旁批：「不必如此過情。」

「益陽縣人作田二頃，皆異畝同穎。」硃筆眉批：「『異畝同穎』不解，是何如異同？」

「纘馳信報曰：河東已竪檣上水，將襲荆州。」硃筆旁批：「混了。」

卷三十五

「宋孝武爲性猜忌，兄弟粗有令名者，無不因事鴆毒，所遺唯有景和。至於朝臣之中，或疑有天

〔二〕「後」，傅山全書初版本誤作「從」，據手稿改。

命而致害者，枉濫相繼。然而或疑有天命而不能害者，或不知有天命而不疑者，于時雖疑卿祖，而無如之何。此是疑而不得。又有不疑者，如宋明帝本爲庸常被免，豈疑而得全？又復我于時已年二歲，彼豈知我應有今日？當知有天命者，非人所害，害亦不能得」云云。墨筆眉批：「又怕又疑，又脇又慰，頗令人難看。」

「二子滂、確，並少有文章。」墨筆眉批：「確，與邵陵王綸子同名。」〔一〕

卷三十六

「每逮訪前事，休源卽以所誦記隨機斷決，曾無疑滯。吏部郎任昉常謂之爲『孔獨誦』。」硃筆眉批：「孔獨誦，其實三字也無甚風味。」

卷三十七

「祕書監任昉出爲新安郡，别擧詩云：詎念耋嗟人，方深老夫託。」硃筆眉批：「前三十三卷劉孝綽傳載，昉與劉詩中亦有『詎念』兩句，前『念』作『慰』。」

卷三十八

「賀琛。」硃筆旁批：「琛明五經、三禮，而被侯景執之，求見王克、朱异，勸開城納賊，好經

〔一〕「子」，傅山全書初版本脫，據手稿補。

學，好經學！」

「高祖夢中原平，舉朝稱慶。」硃筆眉批：「一夢耳，何至令舉朝稱慶？」

「厨下珍差腐爛，每月常棄小數車。」硃筆改「差」爲「羞」。〔二〕

「若是大夫服士，又以尊，降則成小功。」〔三〕硃筆旁批：「此亦難説。」

「琛被搶未至死，賊求得之，轝至闕下，求見僕射王克、領軍朱异，勸開城納賊。」硃筆旁批：

「成甚賀琛也？」

〔二〕此條，傅山全書初版本脱，據批點底本補。

〔三〕「成」，傅山全書初版本誤作「爲」，據批點底本改。

卷三十九

卷三十九至四十七之册封面墨筆批：「王珣與晉人同名，王僧辯傳。」

「大同二年，徵爲侍中、大尉，領軍師將軍，薨，時年八十三。」硃筆旁批：「老虜。」

「見景隆後爲廣州刺史。」硃筆眉批：「『見景隆後』一句不懂。」

「子尊業，仕至太僕卿。」硃筆於「子」字旁批：「神念。」[一]

「太清中，侯景亂，華欲立志節，妻子爲賊所擒，遂降之，卒於賊。」硃筆旁批：「志節遂爲妻子撓耶！」

「高祖因賜侃馬，令試之。侃執矟上馬，左右擊刺，特盡其妙。高祖善之。」「高祖善之」旁硃筆批：「此等句要他何用？」

「其爲北人所欽慕如此。」硃筆將此句鈎去，並旁批：「删。」

「侃少而雄勇，膂力絕人，所用弓至十餘石。嘗於兖州堯廟蹋壁直上至五尋，橫行得七跡。泗橋有數石人，長八尺，大十圍，侃執以相擊，悉皆破碎。」硃筆旁批：「奇哉！」

「聞太尉僧辯敗，乃還，爲侯瑱所破，於豫章遇害，時年二十八。」墨筆旁批：「可惜！可

[一]　此條，傅山全書初版本脱，據手稿補。

惜！」

「羊鴉仁字孝穆，太山鉅平人也。」硃筆眉批：「鴉仁命名何取？」

卷四十

「溉斂板對曰：『臣既事君，安敢失禮。』高祖大笑。其見親愛如此。後因疾失明。」硃筆將「其見親愛如此」一句鈎去，並眉批：「到瞽。」

「及臥疾家園，門可羅雀。」硃筆旁批：「不必掉。」

「登北顧樓賦詩，藎受詔便就。」硃筆眉批：『北顧』今作『固』。」

「如飛蛾之赴火，豈焚身之可吝。必耄年其已及，可假之於少藎。」硃筆旁批：「文士喻至于此。」

「誌銘曰：繁弱挺質，空桑吐聲。分器見重，播樂傳名。誰其均之？美有髦士。」硃筆旁批：「來頭別一機杼。」

「之遴已略撰其事行」，「乃蒙令爲誌銘曰」云云。硃筆眉批：「皇太子許之遴爲誌。」〔二〕

「昉曰：荆南秀氣，果有異才，後世必當過僕。」硃筆旁批：「俗話，何必及此？」

「當是齊桓欲行此事，管仲知其不可，故舉怪物以屈之也。」硃筆旁批：「此不可以其所未見者並疑管仲。」

〔二〕　此條，傅山全書初版本脱，據手稿補。

卷四十一

「常曰：此兒吾家千里駒也。」硃筆旁批：「俗套可厭。」

「去歲冬中，已傷劉子。」硃筆旁批：「劉指誰？」

「高祖曰：我門中久無此職，〔二〕宜用蕭介爲之。」硃筆旁批：「皇帝尚惜門中無侍中，何也？」

「太清中，侯景於渦陽敗走，入壽陽，高祖敕防主韋默納之，介聞而上表諫曰」云云。硃筆眉批：「蕭介表諫侯景不可再容。」

「孺幼聰敏，七歲能屬文。年十四，居父喪，毀瘠骨立，宗黨咸異之。」硃筆旁批：「此正文章之本。」

「是以新沓莫之舉，社武弗之知。」硃筆眉批：「『社武』何語？當是『壯武』。」

「殷芸，字灌蔬，陳郡長平人。性倜儻，不拘細行；然不妄交遊，門無雜客。勵精勤學，博洽羣書。」硃筆眉批：「倜儻不拘細行，而又不妄交遊，門無雜客。殷生自是磊落人。惜再無行事可讀。」

「每見幾，謂人曰：康公此子，可謂桓靈寶出。」硃筆旁批：「此等擬比，不知的是何如？」

「昨見賢甥楊平南誄文，不減希逸之作。」「平南」旁硃筆批：「楊公則。」

〔二〕「門」，傅山全書初版本誤作「們」，據批點底本改。

卷四十二〔一〕

「臧盾。」硃筆旁批：「父子至性。」又硃筆眉批：「臧盾與周顗中表。」〔二〕

「御史中丞、新除散騎常侍盾，志懷忠密，識用詳慎，當官平允，處務勤恪，必能緝斯戎政。可兼領軍，常侍如故。」硃筆眉批：「前蕭介傳中載盾以詩不成罰酒耳。」

卷四十三

「韋粲。」硃筆旁批：「以下五公，皆死侯景之難。」

「先是，安北將軍鄱陽王範亦自合肥遣西豫州刺史裴之高與其長子嗣，帥江西之衆赴京師，屯於張公洲，待上流諸軍至。」硃筆旁批：「此『其』字不分明。」

「之高垂泣曰：吾荷國恩榮，自應帥先士卒，顧恨衰老，不能効命，企望柳使君共平凶逆，謂衆議已從，無俟老夫耳。若必有疑，當剖心相示。」硃筆眉批：「裴之高還是賢者。」

「是夜，仲禮入粲營」，「令粲頓青塘。青塘當石頭中路，粲慮柵壘未立，賊必爭之，頗以爲憚。謂仲禮曰：『下官才非禦侮，直欲以身殉國。節下善量其宜，不可致有虧喪。』仲禮曰：『青塘立柵，迫近淮渚，欲以糧儲船乘盡就泊之。此是大事，非兄不可。』」硃筆眉批：「仲禮不知粲不勝此

〔一〕此四字，傅山全書初版本脫，據本書體例加。

〔二〕此條硃筆眉批文字，傅山全書初版本脫，據手稿補。

任而强使之。」

「景登禪靈寺門閣，望粲營未立，便率鋭卒來攻。軍副王長茂勸據栅待之，粲不從，令軍主鄭逸逆擊之，命劉叔胤以水軍截其後。叔胤畏懦不敢進，逸遂敗。賊乘勝入營，左右牽粲避賊，粲不動，猶叱子弟力戰。兵死畧盡，遂見害，時年五十四。」硃筆眉批：「可惜一場好舉動，遂一敗不支。然長倩亦不愧乃祖父。」

「粲長子臧」，「侯景至，帥兵屯西華門。城陷，奔江州，收舊部曲，據豫章。」硃筆旁批：「當然。」

「賊騎乘勝焚栅，栅内衆軍皆土崩。嵊乃釋戎服，坐於聽事。賊臨之以刃，終不爲屈。乃執嵊以送景。景刑之於都市。」硃筆眉批：「可惜四山！『刑』字何法？」

「臺城沒，敬禮與仲禮俱見於景。」硃筆眉批：「於字何文？」

「仲禮見備衛嚴，不敢動，計遂不果。」硃筆旁批：「可惜！」〔一〕

「會景征晉熙，敬禮與南康王會理共謀襲其城。」墨筆眉批：「好宗室！」

「建安侯蕭賁知而告之，遂遇害。」硃筆旁批：「老蕭賴貨。」〔二〕

硃筆卷尾批：「傅棘人曰：韋粲抵孝儀之酒，馳馬嚴兵，造裴高之營，峻辭合從，惜乎青塘不振。韋粲既負仲禮之推，〔三〕而後渚無勇，仲禮又虛賢弟之壯。讀之邑邑。天漏侯體。」

〔一〕此條，傅山全書初版本脱，據手稿補。
〔二〕此條，傅山全書初版本脱，據手稿補。
〔三〕「韋粲」二字，傅山全書初版本脱，據手稿補。

卷四十四

「潯陽王大心，字仁恕。幼而聰朗，善屬文。中大通四年，以皇孫封當陽公，邑一千五百户。大同元年，出爲持節、都督郢南北司定新五州諸軍事、輕車將軍、郢州刺史。時年十三。」硃筆旁批：「如此重任，委之童孺，難説當爾。」

「二年，侯景寇京邑，大心招集士卒，遠近歸之，衆至數萬，與上流諸軍赴援宫闕。」墨筆眉批：「庾肩吾傳云：侯景矯詔遣肩吾喻當陽公大心，大心尋舉州降賊。」

「侯景數遣軍西上寇抄，大心輒令鐵擊破之」，「會莊鐵據豫章反，大心令中兵參軍韋約等將軍擊之。鐵敗績，又乞降。」硃筆眉批：「莊鐵自是該殺貨。」

「鄱陽世子嗣先與鐵遊處，因稱其人才略從横」云云。硃筆眉批：「轂塗宗室。」

「大心未决，其母陳淑容曰：『即日聖御年尊，儲宫萬福，汝久奉違顔色，不念拜謁闕庭，且吾已老，而欲遠涉險路，糧儲不給，豈謂孝子？吾終不行。』因撫胸慟哭，大心乃止。遂與約和。」硃筆眉批：「陳淑容轂嫣耳。大心人子，只得如此耶！」

「景仍遣其將趙伯超、劉神茂來討。」墨筆眉批：「『討』字。」又硃筆根批：「『討』字何爲？」

「吾嘗夢爲魚，因化爲鳥。當其夢也，何樂如之；及其覺也，何憂斯類，良由吾之不及魚鳥者遠矣！」硃筆眉批：「魚鳥亦有魚鳥之苦。」

卷四十五

「宮城陷沒，天子蒙塵。僧辯與柳仲禮兄弟及趙伯超等，先屈膝於景，然後入朝。」硃筆旁批：「此豈可已而不已者耶？」

「頃之，又執王珣等至于城下。」硃筆眉批：「王珣與晉人同姓名。」

「緣淮號叫之聲，震響京邑，於是百姓失望。」硃筆旁批：「百姓何知，少不得要炤管。」

「師不疲勞，民無怨讟。」硃筆旁批：「卻有之。」

「策謚曰貞敬太夫人。夫人姓魏氏。神念以天監初董率徒衆據東關，退保合肥濼湖西，因娶以爲室，生僧辯。」硃筆旁批：「此中既無甚節目，那須多言。」

「上黨王陳兵見衞。」硃筆旁批：「高渙。」

「陳霸先時爲司空、南徐州刺史，惡其翻覆。」硃筆旁批：「也應惡。」

卷四十六

「文盛不敢戰。諸將咸曰：『景水軍輕進，又甚饑疲，可因此擊之，必大捷。』文盛不許。」硃筆旁批：「賴貨！」

「文盛謂約曰：『汝何不早降，令我至此？』約曰：『門外不見卿馬跡，使我何遽得降？』文盛無以答，遂死獄中。」硃筆旁批：「死貨！」

「幼安遂降于景。景殺之，以其多反覆故也。」硃筆旁批：「杜乃官賴耳！」

「孫顥，少知名。釋褐奉朝請，歷尚書金部郎。後入周。撰瓊林二十卷。」硃筆眉批：「陰顥撰瓊林，不知是何等書。」

卷四十七

「孝行。」硃筆旁批：「傅山曰：毀不滅性，是聖人不以不肖待人之言。頑冥之性，亦何容易言滅？江左至性，往往有之。當時風教，亦因可見。」

「崇傃奉詔釋服，而涕泣如居喪，固辭不受官，苦自陳讓，經年乃得爲永寧令。」硃筆旁批：「便可不出矣。」

「黔婁示不違之，請書數篋。」硃筆旁批：「是何語？」

「恬敷月喪父，哀感有若成人。」硃筆旁批：「『月』字當是『歲』字。」

「懷明竊問其故，虬家人答云：是外祖亡日。時虬母亦亡矣。」硃筆旁批：「外祖亡日亦爾，要知是母在時，豈經其忌日之哀，因外祖痛母耳！」

「謝藺字希如」云云。硃筆眉批：「謝藺是阮孝緒外生。」

卷四十八

「司馬筠。」硃筆旁批：「筠傳中載高祖辨皇子慈母之服，朗明條晰，直出諸儒之上。」

「是時百度草創，佟之依禮定議，多所裨益。天監二年，卒官，年五十五。高祖甚悼惜，將贈之官。」「高祖甚悼惜」旁硃筆批：「可厭！」

「母憂去職，歸居于南州。義軍至，縝墨經來迎。高祖與縝有西邸之舊，見之甚悅。」硃筆眉批：「贊中『墨經徵倖』四字，嚴不可廢。」

「子良問曰：『君不信因果，世間何得有富貴，何得有貧賤？』縝答曰：『人之生譬如一樹花，同發一枝，俱開一蔕，隨風而墮，自有拂簾幌墜於茵席之上，自有關籬牆落於溷糞之側。墜茵席者，殿下是也；落糞溷者，下官是也。貴賤雖復殊途，因果竟在何處？』」硃筆眉批：「說得好聽，不必以理。」

「子良不能屈，深怪之。縝退論其理，著神滅論曰」云云。硃筆眉批：「神滅論其實無理而强辨，亦復不犀利。不知當時何以無屈？亦似是之言。」

「安有生人之形骸，而有死人之骨骼哉？」硃筆旁批：「大說不去了。」

「又曰：載鬼一車，其義云何？」硃筆旁批：「此問帶得不靈利。」

「四年，初置五經博士，各開館教授，以植之兼五經博士。植之館在潮溝，生徒常百數。植之講，五館生必至，聽者千餘人。」硃筆眉批：「嚴孝源潮溝館講，五館生畢至，後伏挺傳，宅亦在潮溝。」

「靈恩聚徒講授，聽者常數百人。性拙樸無風采。」硃筆旁批：「儒者氣象。」

「時北來人儒學者有崔靈恩、孫詳、蔣顯，幷聚徒講說，而音辭鄙拙；惟廣言論清雅，不類北人。」硃筆眉批：「北人音辭鄙拙，〔二〕想來此事當堯、舜時定不然，亦應秦、漢後風氣雜亂而然。唐虞明良賡歌之盛，不知如何冠冕鏗鋐之中聽也。」

〔二〕「音」，傅山全書初版本誤作「者」，據手稿改。

卷四十九

「沆爲人不自伐，不論人長短，樂安任昉、南鄉范雲皆與友善。其年，遷丹陽尹丞，以疾不能處職事，遷北中郎諮議參事。五年，卒官，年三十。」硃筆眉批：「任昉等友善句，當在卒後摠言之，係『其年』之上，不倫。」

「苞年十六，始移墓所，經營改葬，不資諸父，未幾皆畢。」硃筆旁批：「本領。」

「初，太宗在藩。」硃筆旁批：「簡文帝。」

「時太子與湘東王書論之曰」云云。墨筆眉批：「南史曰簡文與湘東。」

「若以今文爲是，則古文爲非；若昔賢可稱，則今體宜棄。俱爲盍各，則未之敢許。」「盍各」旁硃筆批：「別掉。」

「景矯詔遣肩吾使江州，喻當陽公大心，大心尋舉州降賊。」硃筆旁批：「了了，文人了！」

「肩吾因逃入建昌界。久之，方得赴江陵。」硃筆旁批：「還好！還好！」

「東京二百載中，唯有班固詠史，質木無文致。」硃筆眉批：「是。」

「其年，河南獻儛馬，詔興嗣與待詔到沆、張率爲賦，高祖以興嗣爲工。」硃筆眉批：「率賦見本傳。此傳何不見所稱工賦也？」

「任昉又愛其才，常言曰：周興嗣若無疾，旬日當至御史中丞。」硃筆旁批：「俗話可㛴！」

「騫官至王國侍郎，並有文集。」硃筆眉批：「前何遜傳稱騫善五言詩。」

卷五十

「齊永明中，從桑乾得還。」硃筆旁批：「不知如何得還。」

「天乙之時，焦金流石。文公疐其尾，宣尼絕其糧」云云。硃筆眉批：「文公疐其尾，如此掉書袋。」

「然則天下善人少，惡人多；闇主衆，明君寡。」硃筆旁批：「一篇辣意，在此一段。」

「峻又嘗爲自序，其略曰：余自比馮敬通」云云。硃筆眉批：「馮敬通是最嘽物，孝標何自擬？」

「至如魏文述典，陳思序書，應瑒文論，陸機文賦，仲洽流別，弘範翰林，各照隅隙，鮮觀衢路。」墨筆眉批：「摯虞，字仲洽，區類文章三十卷，爲流別集。」

「然勰爲文長於佛理。」硃筆旁批：「『然』字何用？」

「蟬噪林逾靜，鳥鳴山更幽。」硃筆眉批：「好句！惜義複耳。」

「句韻之問，光彩相照。」硃筆改「問」字爲「間」字。〔一〕

「杳年數歲，徵士明僧紹見之，撫而言曰：此兒實千里之駒。」硃筆旁批：「再無佳語足相稱道耶？」

「約云：鄭玄答張逸，謂爲畫鳳皇尾娑娑然。」硃筆旁批：「鄭玄往往硬作。」

「出爲臨津令，有善績。」硃筆眉批：「劉杳文人，爲臨津令，有善績。此亦難事。」

〔一〕此條，傅山全書初版本脫，據手稿補。

「天監十七年，自居母憂，便長斷腥羶，持齋蔬食。」硃筆旁批：「此受用事，人未易知。」

「從叔未甄爲江夏郡，攜嚴之官，於塗作屯遊賦。任昉見而稱之。」硃筆眉批：「未甄之名何義？未甄卽盾父，見盾傳。」

「又作七筭，辭亦富麗。性孤介，於人間未嘗造請。僕射徐勉欲識之，嚴終不詣。」硃筆旁批：「高致皆爾，非異事。」

「父友人樂安任昉深相歎异，常曰：此子日下無雙。」硃筆眉批：「日下無雙，此句多有之。」

「高祖見之甚悅，謂曰『顏子』。」硃筆眉批：「何謂？」

「天監初，除中軍參軍事，宅居在潮溝。」硃筆眉批：「前嚴植之傳，宅在潮溝。」

「城闕之歎，曷日無懷。何遲萱蘇，書不盡意。」硃筆眉批：「『萱蘇』何義？」

「挺後遂出仕，尋除南臺治書，因事納賄，當被推劾，挺懼罪，遂變服爲道人。」硃筆旁批：「嚇得逃禪。」

「子知命，先隨挺事邵陵王，掌書記。亂中，王於郢州奔敗，知命仍下投侯景。常以其父宦途不至，深怨朝廷，遂盡心事景。景襲郢州，圍巴陵，軍中書檄，皆其文也。」硃筆眉批：「伏知命，奴才孩兒。」

「高祖受禪，見遠乃不食，發憤數日而卒。」硃筆旁批：「也少不得此士。」

「時吳郡顧協亦在蕃邸，與協同名，才學相亞，府中稱爲二協。」硃筆眉批：「湘東府有顧、顏二協。」

卷五十一

「既内絕心戰，外勞物役，以道養和，履候無爽。」硃筆旁批：「此當云『外無方是』。不然則『外』字不是對上『内』字之『外』，是『置外』之『外』耳。」

「胤因謂果曰：吾昔於齊朝欲陳兩三條事：一者欲正郊丘；二者欲更鑄九鼎；三者欲樹雙闕。」硃筆旁批：「三事卻迂而無當。」

「又有異鳥如鶴，紅色，集講堂，馴狎如家禽焉。」硃筆旁批：「此卽今所謂紅鶴者。」

「時有善筮者張有道，謂孝緒曰：見子隱跡而心難明，自非考之龜蓍，無以驗也。」〔二〕硃筆旁批：「此有何難明？」

「弘景爲人，圓通謙謹，出處冥會，心如明鏡，遇物便了，言無煩舛，有亦輒覺。」硃筆旁批：「此實寫得微細，〔三〕不可忽看。」

「顧惜光景，老而彌篤。」硃筆旁批：「悲哉！」

「義師平建康，聞議禪代。弘景援引圖讖，數處皆成『梁』字，令弟子進之。」硃筆旁批：「多事了，不必。」

「天監四年，大舉北伐，訂民丁，吳興太守柳惲以顗從役，揚州別駕陸任以書責之。惲大慙，厚禮而遣之。」硃筆眉批：「柳惲不唯沒心，並沒眼，眞瞎漢，眞瞎漢！柳，河東人，自出傖耳。」

〔二〕「也」，傅山全書初版本誤作「之」，據批點底本改。

〔三〕「微細」，傅山全書初版本誤作「細微」，據手稿改。

「晝夜行道，孜孜不怠，遠近欽慕之。」硃筆鈎去「遠近欽慕之」五字，並旁批：「可恨！」

「及長好學，博通經史，兼精佛義。然性謙敬，不以所長驕人。」硃筆旁批：「往往『然』字下得可笑。」

「神爲生本，形爲生具，死者神離此具，而卽非彼具也。」硃筆改「非」爲「其」。又硃筆旁批：「此是火盡傳薪之義。」

「雖死者不可復反，而精靈遞變，未嘗滅絶。當其離此之日，識用廓然，故夏后明器，示其弗反。卽彼之時，靈魂知滅，故殷人祭器，顯其猶存。」硃筆旁批：「只是自己神亦隨變而迷。如爲我知是我，既而爲彼知是彼，終不能于爲彼時知爲我，于爲我時知爲我之前之爲誰，何也？」「靈魂知滅」之「知」，硃筆改爲「不」。

「嘗乘舟從田舍還，載米一百五十石。有人寄載三十石。既至宅，寄載者曰：君三十斛，我百五十石。」硃筆旁批：「無賴！何時無遇此類？只得爾。」

「高祖少與詵善，雅推重之。及起義，署爲平西府記室參軍，詵不屈。平生少所遊狎，河東柳惲欲與之交，詵距而不納。」「雅推重之」旁硃筆批：「該打！」又硃筆眉批：「惲以沈顗充丁役者，又何必交詵？」

「舉室咸聞空中唱上行先生已生彌陁淨域矣。」硃筆旁批：「奇！奇！」

「庾承先字子通」，「是非不涉於言。」硃筆旁批：「吾師乎！吾師乎！」

卷五十二

「止足。」硃筆旁批：「其實三人無甚大高行過人。」

「陶季直，丹陽秣陵人也。祖愍祖，宋廣州刺史。」硃筆眉批：「『愍祖』是何名？」

「季植又請儉爲淵立碑」云云。硃筆眉批：「若爲褚淵作名，也是陶生之觳。」

「因還山宅，獨居屏事，非親戚不得至其籬門。」硃筆旁批：「此亦有病，親戚那得便佳？」

卷五十三

卷五十三至五十六之册封面墨筆批：「張彪既是起義，如何又言寇？侯景傳。」

「庾蓽。」硃筆旁批：「蓽終以着不得樂藹，憋悶殺，亦齷齪士。」

「丘仲孚。」硃筆旁批：「凡良吏，來頭多自婆媽氣。仲孚獨以家貧結盜，劫掠而起，當云『能』吏，『良』未足盡之。不知當時遇劫盜事何以處之。」

「嘗詣齊尚書右丞殷瀰。」硃筆眉批：「瀰，廣韻：綿婢切，水流。」

「永泰元年，爲建德令，教民一丁種十五株桑、四株柿及梨栗。女丁半之。人咸歡悅，頃之成林。」硃筆眉批：「今江南梨、柿樹極少，何也？」

「瑀怒曰：『汝等下縣吏，何自擬貴人耶？』悉使著芒屩麤布，侍立終日。」硃筆旁批：「正經。」

「徵爲游擊將軍，郡送故舊錢二十餘萬。」硃筆旁批：「當云『故舊送』。」

「丘仲孚字公信，吳興烏程人也。少好學，從祖靈鞠，有人倫之鑒，常稱爲千里駒也。齊永明初，選爲國子生，舉高第，未調，還鄉里。家貧，無以自資，乃結羣盜，爲之計畫，劫掠三吳。」硃筆改「人偷」爲「人倫」。「結羣盜」旁硃筆批：「奇過度。」

「太守徐嗣召補主簿，歷揚州從事、太學博士、于湖令，有能名。」硃筆旁批：「來頭原帶賊氣。」

「仲孚竄逃，逕還京師詣闕。」硃筆旁批：「卻也難說。」

「宋江夏王義恭聞之，〔二〕引爲行參軍。」硃筆眉批：「初仕宋。」

「齊初，爲寧朔將軍，錢唐令。」硃筆眉批：「又仕齊。」

「天監六年，出爲輔國將軍、零陵太守。」硃筆眉批：「又仕梁。」又硃筆眉批：「難說不是廉吏，只是一連廉了三家。」

「及去官，百姓以謙在職不受餉遺，追載縑帛以送之，謙卻不受。每去官，輒無私宅，常借官空車廄居焉。」硃筆旁批：「此皆不足爲賢。」

「每朝見，猶請劇職自效。」硃筆旁批：「此老可謂頑涎。」

「夏日無幬帳，而夜臥未嘗有蚊蚋，人多異焉。」硃筆旁批：「此極可笑。」又硃筆眉批：「蚊子不唖良吏。」

「天監初，沈約、范雲當朝用事，廉傾意奉之，及中書舍人黄睦之等，亦尤所結附。」硃筆旁批：「不知文理。」

卷末硃筆批：「傅山曰：凡史中循良傳，我皆極不待看，勉一過之耳。」

〔二〕「義恭」，傅山全書初版本脱，據批點底本補。

卷五十四

「嫁娶必用八月，女先求男，由賤男而貴女也。」硃筆旁批：「奇。」

「佛滅度後，一日一夜，役鬼神造八萬四千塔。」硃筆旁批：「事奇，話奇。」

「函内有鐵壺，[一]以盛銀坩。」硃筆眉批：「坩，口甘切，土器也。」

「盤盤國，宋文帝元嘉，孝武孝建、大明中，並遣使貢獻。大通元年，其王使使奉表曰：揚州閻浮提震旦天子：萬善莊嚴，一切恭敬，猶如天淨無雲，明耀滿目，天子身心清淨，亦復如是。道俗濟濟，並蒙聖王光化，濟度一切，永作舟航。臣聞之慶善。我等至誠敬禮常勝天子足下，稽首問訊。今奉薄獻，願垂哀受。」硃筆眉批：「此等書，豈是華言、華文？當時定是本國文字，惜不炤文載之，如白狼詩譯出。」

「普通三年，其王頻伽復遣使珠貝智貢白鸚鵡、青蟲、兜鍪、瑠璃器、吉貝、螺杯、雜香、藥等數十種。」硃筆眉批：「青蟲、兜鍪是何物？」

「身毒卽天竺。」硃筆眉批：「天竺瑞像見扶南國下。」

「又云：大秦人採蘇合，先笮其汁以爲香膏，乃賣其滓與諸國賈人」云云。硃筆旁批：「『又云』是誰云？」又硃筆眉批：「中天竺中插入大秦一段，殊無倫理。」

「其國舊無人民，止有鬼神及龍居之。諸國商估來共市易，鬼神不見其形，但出珍寶，顯其所堪價商人依價取之。」硃筆旁批：「奇！」又硃筆眉批：「人與鬼神交易。」

〔一〕「壺」，傅山全書初版本誤作「壼」，據批點底本改。

「至齊東昏，遂毀玉像，前截臂，次取身，爲嬖妾潘貴妃作釵釧。」硃筆旁批：「眞東昏幹底事？」

「從帶方至倭，循海水行，歷韓國，乍東乍南，七千餘里始度一海。海闊千餘里，名瀚海。」硃筆眉批：「此又一瀚海名。」

「又西南萬里，有海人，身黑眼白，裸而醜。其肉美，行者或射而食之。」硃筆旁批：「行者誰耳？」

「國人養鹿，如中國畜牛，以乳爲酪。」「乳」字旁硃筆批：「鹿。」又硃筆眉批：「鹿乳酪，佳物。」

「祖父母喪，五十不食。」硃筆改「十」爲「日」。

「女人被裘，頭上刻木爲角，長六尺，以金銀飾之。」硃筆旁批：「是何模樣？」

「曰題國，王姓支。」硃筆改「曰」爲「白」。

卷五十五

「初，其母吳淑煖自齊東昏宮得幸於高祖，七月而生綜。」〔一〕硃筆改「煖」爲「媛」。硃筆旁批：「混事。」

「綜乃私發齊東昏墓，出骨，瀝臂血試之；並殺一男，取其骨試之，皆有驗。」「並殺一男」旁硃筆批：「此句何說？」

〔一〕「綜」，與此下兩條中的「綜」字，傅山全書初版本均誤作「線」，據批點底本改。

「綜乃改名纘，字德文，追爲齊東昏服斬衰。」「東昏」旁硃筆批：「者老子也不佳。」

「初，紀將僭號，妖怪非一。其最異者，内寢柏殿柱繞節生花。其莖四十有六，靃靡可愛，狀似荷花。」硃筆旁批：「怪則怪矣，豈不好看？」

卷五十六

「景報書曰：蓋聞立身揚名者，義也；在躬所寶者，生也。苟事當其義，則節士不愛其軀；刑罰斯舛，則君子實重其命。昔微子發狂而去殷，陳平懷智而背楚者，良有以也。」硃筆眉批：「不知誰爲此，辭令殊不惡。」

「景黨大駭，具船舟咸欲逃散。」硃筆眉批：「『具船舟』語可笑。」

「朱異專斷軍旅。」硃筆眉批：「其實侯奴錯恨朱異。」

「景復遣其將李賢明討華。」墨筆眉批：「『討』字何爲？」

「建安侯賁知其謀，以告景。」硃筆眉批：「建安侯賁告之。賢侯，賢侯！」

「是月，張彪起義於會稽，攻破上虞。景太守蔡臺樂討之，不能禁。至是，彪又破諸暨、永興等諸縣，景遣儀同田遷、趙伯超、謝答仁等東伐彪。二年正月，彪遣別將寇錢塘、富春。」墨筆眉批：「張彪既是起義，如何言寇錢唐、富春？」

卷九十六　陳書批注〔一〕

目錄

題下硃筆批：「五帝，共三十三年。」

卷二：「高祖下。」硃筆下批：「永定三年。」

卷三：「世祖。」硃筆下批：「天嘉六年，天康一年，凡七年。」

卷四：「廢帝。」硃筆下批：「光大一年。」

卷五：「宣帝。」硃筆下批：「太建十四年。」

卷六：「後主。」硃筆下批：「至德四年，禎明三年，凡七年。」

卷九：「歐陽頠。子紇。」墨筆下批：「紇子詢。」

卷三十二：「張昭。」硃筆下批：「三國同名。」

卷三十四：「阮卓。」墨筆下批：「陰鏗附。」

「乃以舣艕貯石沈塞淮口，緣淮作城。」硃筆眉批：「『舣艕』是何製？」〔二〕

〔一〕此篇據山西博物院藏批點手稿整理。批點底本爲明萬曆三十三年刊本。由王小蓉釋文，李鳳琴校補。重復書中詞句的批語未錄。

〔二〕此條，傅山全書初版本脫，據手稿補。

卷一

「高祖上。」題下硃筆批：「凡三年。」

「旣景煥於圖書，方葳蕤於史諜。」硃筆改「諜」爲「牒」。

卷二

卷末硃筆尾批：「季奴之於劉毅，法生之於僧辨，事極相類，皆屬負心先發治人英雄。有取貞陽之納，吾亦不解王生，王生何其疎哉！觀其襲胡墅、秦州、瓜步、江乘之舉，法生可謂知兵。告天之文，未免欺天。」

卷三

「世祖。」題下硃筆批：「凡七年。」

卷四

「廢帝。」題下硃筆批：「一年。」

卷五

「宣帝。」題下硃筆批：「凡十四年。」

「甲子，南譙太守徐樌克石梁城。五月己巳，石梁城降。」硃筆眉批：「既克矣，又何降也？」

卷六

「後主。」題下硃筆批：「再改元，凡七年。」

卷七

「每微風暫至，香聞數里，朝日初照，光映後庭。」硃筆旁批：「不亦樂乎！」

卷八

「因請自迎昌，昌濟漢而薨。」硃筆旁批：「胡。」

「嘗陪樂游禊飲，乃白帝曰：何如作臨川王時？」硃筆旁批：「胡。」

「宴訖，又啓便借供帳水飾。」硃筆旁批：「胡。」

「明日，安都坐於御坐」云云。硃筆旁批：「胡極。」

卷九

「及侯景寇京師，天下大亂，明徹有粟麥三千餘斛，而隣里饑餧，乃白諸兄曰：『當今草竊，人不圖久，柰何有此而不與鄉家共之？』於是計口平分，同其豐儉，羣盜聞而避焉，賴以存者甚衆。」硃筆眉批：「賢者事。」

卷十四

「荆州陷，又與高祖俱還關右。」硃筆改「高祖」爲「高宗」。

「四月庚寅，喪柩至京師，上親出臨哭。乃下詔曰」云云。硃筆眉批：「敵國未嘗作機橋，阿兄竟忍于膠舟。」

卷十六

「六年，坐妻兄劉洽依倚景歷權勢，前後姦訛」云云。硃筆眉批：「不是妻弟就是妻兄。」

「劉師知，沛國相人也」云云。硃筆眉批：「師知議允當不必按舊，亦屬情文兼到之論。何難見而乃有異同？」

「及高祖崩，六日成服，朝臣共議大行皇帝靈座俠御人所服衣服吉凶之制，博士沈文阿議，宜服吉服。」末句旁硃筆批：「不是。」

「陵重答云：老病屬纊，不能多說」云云。硃筆旁批：「悻悻然矣。」

卷十七

卷十七至二十七之册封面墨筆批：「袁樞弟憲看著陳後主投了井，拜哭而去，入于隨。極像有主意底後婚婆娘，打發前夫死訖，停停當當，再嫁一家，說我也于前夫有禮有情來！」封二硃筆批：「孫德璉船上爲亭池，植芰荷，亦豪俊。」

卷十八

「京城陷，衆降於景。」硃筆旁批：「不該。」

「範卒，泌乃降景。」硃筆旁批：「胡。」

卷十九

「茂陵玉椀，宛出人間。」硃筆旁批：「杜詩用此語。」

卷二十

「父延慶，及子弟竝原宥」云云。墨筆旁批：「老人參果。」

卷二十二

「駱牙識眞有奉，知世祖天授之德，蓋張良之亞歟！」末句旁硃筆批：「不倫。」

卷二十四

「意者願聞殿下抗自夷上仁之義，執子臧大賢之節。」硃筆改「自」字爲「目」字。〔二〕

「永定之年，授中書侍郎，兼散騎常侍。」硃筆眉批：「又一朝了。」〔三〕

「後主遑遽將避匿，憲正色曰：北兵之入，必無所犯，大事如此，陛下安之。臣願陛下正衣冠，御前殿，依梁武見侯景故事。」硃筆眉批：「侯景本梁臣，隋是敵國，如何引此？」又墨筆旁批：「假如作了此事，不知老袁當如何自處。」

「後主不從，因下榻馳去。憲從後堂景陽殿入，後主投下井中。」末句旁硃筆批：「是何文法？」

「憲拜哭而出。」硃筆旁批：「哭可出不可？」又墨筆旁批：「也入了井，豈不一場大好結局？」

「京城陷，入于隋，隋授使持節。」硃筆旁批：「又大不可。」

〔二〕此條，傅山全書初版本脫，據手稿補。

〔三〕此條，傅山全書初版本脫，據手稿補。

「憲弗渝終始，良可嘉焉。」硃筆旁批：「何説？」

卷二十五

「時瑒兵不滿千人，乘城拒守，瑒親自撫巡，行酒賦食，士卒皆爲之用命。」墨筆眉批：「守得郢州好。」

「遂遣使奉表詣闕。」墨筆旁批：「來陳了。」

卷二十六

「天傾西北，地缺東西。」墨筆改「東西」爲「東南」。

「孝克密因媒者陳意，景行多從左右，逼而迎之，臧涕泣而去，所得穀帛，悉以供養。」硃筆旁批：「此亦似是而實非，君子不盡與之，既去矣，無復來之理。」

「後景行戰死，臧伺孝克於途中，累日乃見，〔二〕謂孝克曰」云云。硃筆旁批：「臧爲失身之婦矣，誰不相負，面目難施。」

「往日之事，非爲相負，今既得脱，當歸供養。」硃筆旁批：「此處未當，當令臧爲尼，别居可耳。」

「孝克砥身厲行，養親逾禮，亦參、閔之志歟！」硃筆眉批：「養親豈有逾禮之理？」

〔二〕「見」，傅山全書初版本誤作「是」，據批點底本改。

卷二十七

「蘊大禹之金書，鎸暴秦之在字。」硃筆改「在」字爲「石」字。〔二〕
「天嘉四年，以中書侍郎徵還朝，直侍中省。」硃筆於「天嘉」旁批：「入陳。」〔三〕
「開皇十四年，卒於江都，時年七十六。」硃筆旁批：「總有自長安還、揚州九日詩。」

卷二十八

卷二十八至三十六之册封面墨筆批：「謝太傅墓被始興王叔陵劫以葬其母彭，大可恨！」
「時高祖在周未還。」硃筆改「祖」爲「宗」。

卷二十九

「元饒劾奏曰」云云。硃筆眉批：「奏疏細曲可看。」

卷三十

「無諍論言」云云。硃筆眉批：「宜事辨才有礙，答不及，論我勝則聖人勝，足爲荷擔如來，

〔二〕此條，傅山全書初版本脱，據手稿補。
〔三〕此條，傅山全書初版本脱，據手稿補。

人長志氣，不逆不同之旨，始得之矣！」

卷三十一

「及將戰，明徹謂摩訶曰：若殪此胡，則彼軍奪氣，君有關、張之名，可斬顏良矣。」硃筆旁批：「胡亂掉文。」

「其年入隋，授開府儀同三司。」硃筆旁批：「老將嘴臉。」〔一〕

卷三十二

「謝貞字元正，陳郡陽夏人，晉太傅安九世孫也。」硃筆旁批：「好來頭。」

卷末硃筆尾批：「謝先生得還奉養，自屬孝感。趙王賢王，可謂孝子不匱，永錫爾類。讀之猶令人感泣。」

卷三十三

「及世祖卽皇帝位，剋日謁廟，尚書右丞庾持奉詔遣博士議其禮。文阿議曰」云云。硃筆眉批：「何此議盡理盡情而俠御則如彼爭執也？」

「衆議以爲宜依范泉前制」云云。硃筆眉批：「意于此處當列上之文無所發明。」

〔一〕此條，傅山全書初版本脫，據手稿補。

「嘗於白馬寺前逢一婦人，容服甚盛，呼德基入寺門，脱白綸巾以贈之。」〔二〕硃筆眉批：「此婦人耶？鬼邪？」

「元規性孝，事母甚謹」云云。硃筆眉批：「是。」

卷三十四

「持善字書，每屬辭，好爲奇字，文士亦以此譏之。」硃筆眉批：「自來文士不許人識奇字，但當論其文之佳否，不可因其好爲奇字而遂一概譏之。三人不識謂之爲狂，昔尚如此，今復何言？」

「玠剛毅有膽決，兼善騎射。」硃筆眉批：「文學之人而善騎射。」

〔二〕「以」，傅山全書初版本誤作「從」，據批點底本改。

卷九十七　南史批注[一]（上）

目錄

卷十四：「始安王休仁。」墨筆下批：「原封建安，死後降爲始安。」「晉平剌王休祐。」墨筆下批：「初封山陽，改晉平。」

卷十七：「蒯恩。」墨筆下批：「自稱鄙人。」

卷二十一：「王弘。子錫。孫僧達。」硃筆改「孫」爲「錫弟。」

卷三十一：「張裕。」墨筆眉批：「與蜀周羣傳張裕同名。」

卷一

「九年二月乙丑，帝至自江陵。」「帝剋期至都，而每淹留不進。」硃筆於「淹留」旁批：「賊。」

「既而帝輕舟密至，已還東府矣。」硃筆於「帝輕舟密至」旁批：「賊。」

「長人到門，引前，卻人閑語，凡平生言所不盡者，皆與及之。」硃筆於「凡平生言所不盡者」

[一] 此篇據山西博物院藏批點手稿整理。批點底本爲明萬曆三十一年刊本。由吳崇謙釋文，李鳳琴校補。重復書中詞句的批語未錄。

旁批：「賊。」

「十一年正月，帝收休之子文寶，兄子文祖，並賜死，率聚西討。」「延之報書曰」云云。硃筆眉批：「韓延之忠義直質，不少宛轉，世上那得有此等人！」

「少帝諱義符」，「時武帝年踰不惑。」硃筆眉批：「不惑之掉，可笑。」

「然武皇將涉知命，弱嗣方育。」墨筆旁批：「是何掉？」〔二〕

卷四

「陳太妃罵之曰：『蕭道成有大功於國，今害之，誰爲汝盡力？』故止。高帝謀與袁褚廢立，皆不見從。」墨筆眉批：「袁褚輩豈不是？但此物豈足爲之義？」

卷五

「帝與文帝幸姬霍氏淫通，改姓徐氏。」「文帝」旁墨筆批：「文惠太子。」

「既而文忠太子薨，鬱林、海陵相繼廢黜，此其驗也。」硃筆改「忠」爲「惠」。

「廢帝海陵恭王諱昭文。」「永明四年，封臨汝公，鬱林王卽位。」硃筆於「鬱林王」旁批：「昭業。」

〔二〕　批本此下缺卷三。

「及鬱林廢，西昌侯鸞奉帝纂統。」〔二〕硃筆於「鸞」旁批：「明帝。」

「是時宣城王鸞輔政，帝起居皆諮而後行。」硃筆於「宣城王」旁批：「鸞。」

「先是，武帝立禪靈寺於都下。」硃筆於「武帝」旁批：「陵。」

「及明帝以宗子入纂，此又奪朱之效也。」硃筆於「明帝」旁批：「鸞。」

卷七

「中大通元年」，「乙亥，元顥入京師，僭號建武。」「己卯，魏捋尒朱榮攻殺元顥，京師反正。」墨筆眉批：「元顥入京師僭號。下又曰『京師反正』，此皆元魏人當如此言，而作梁史者爾爾，可笑之極。」

「中大同元年春正月丁未，曲阿縣建陵隧口石辟邪起舞。」墨筆眉批：「石辟邪起舞，豈不奇觀？」

「初，齊高帝夢屐而登殿，顧見武、明二帝後一人手張天地圖而不識，問之，答曰順子後。」墨筆於「順子」旁批：「武帝父名。」〔三〕

卷八

「雖在蒙塵，尚引諸儒論道說義，披尋墳史，未嘗暫釋。及見南康王會理誅，知不久。」硃筆於

〔二〕「統」，傅山全書初版本誤作「號」，據批點底本改。

〔三〕此條，傅山全書初版本脫，據手稿補。

「誅」字旁批：「當云見害。」

「初，景納帝女溧陽公主，公主有美色，景惑之，妨於政事。」墨筆眉批：「溧陽公主賴婢！」

「初，武帝夢眇目僧，執香爐，稱託生王宫。」硃筆眉批：「來頭既是佛子，慧業似之矣，〔一〕而嫉妬虚矯，何也？」

「及簡文帝卽位，改元爲大寶元年，帝以簡文制於賊臣，卒不遵用。」硃筆於「卒不遵用」旁批：「不成文理。」墨筆眉批：「不遵也是。」

卷九

「世祖文皇帝諱蒨，字子華。」墨筆眉批：「張彪曰：誓不生見陳蒨。」

卷十二

「武德郗皇后諱徽。」「及武帝爲雍州刺史，殂於襄陽官舍。」墨筆眉批：「蕭衍老公才爲刺史，而徽已死，乃小説遂有衍苦徽妒，〔二〕有人進鶬鶊治妒之言，何也？若呆讀之，大可笑。」

「后酷妬忌，及終化爲龍入於後宫，通夢於帝。」硃筆旁批：「此景如何怪？」又墨筆旁批：「『後宫』兩字，於雍州刺史官舍不合。」墨筆眉批：「今梁皇懺則曰徽爲毒蟒，卽此事。」

〔一〕「矣」，傅山全書初版本誤作「也」，據手稿改。
〔二〕「乃」，傅山全書初版本誤作「及」，據手稿改。

「元帝徐妃諱昭佩。」「與荊州後堂瑤光寺智遠道人私通。」「帝左右暨季江有姿容，又與淫通。季江每嘆曰：栢直狗雖老猶能獵，蕭溧陽馬雖老猶駿，徐娘雖老猶尚多情。」墨筆眉批：「王妃私通亦不易，如何便爾縱任自流？」

「隋煬帝每巡幸，桓令從駕。」硃筆旁批：「是何說？」

卷十三

「上曰：車士雖爲刺史」云云。墨筆眉批：「車士似義眞小字。」

「詔故太傅長沙景王、故大司爲臨川烈武王」云云。墨筆眉批：「道憐、道規。」

「子悼王瑾嗣，傳爵至子。」墨筆眉批：「劉瑾，道憐孫。」

「韞弟述，字彥思，亦甚庸劣。從子俁疾危篤」云云。〔一〕墨筆改「從子」爲「從父子」。

「義融弟義宗」，「坐門生杜德靈放横打人，入義宗第蔽隱，免官。」墨筆眉批：「杜德靈，又見謝惠連傳。」

「德靈以姿色，故義宗愛寵之。」墨筆旁批：「杜德靈不知當時有多少私人，而見之於史者，便有劉義宗、謝惠連。」

「子懷珍嗣，無子，弟彥節以子承繼。」墨筆旁批：「前有俁之父彥節。」

「及帝廢爲蒼梧王，彥節出集議，於路逢從弟韞。」墨筆旁批：「此又一韞耶！」

「位湘州刺史，謚僖侯。」墨筆旁批：「用此字何取？」又墨筆眉批：「僖，廣韻去聲，引廣雅

〔一〕「從」，傅山全書初版本誤作「後」，據批點底本改。

曰：恣態。說文曰：作姿也。」

「元嘉中爲丹陽尹，有百姓黃初妻趙殺子婦遇赦，應避孫讎。」墨筆眉批：「傅隆傳云：黃初，會稽剡縣人。」

「子季連，字惠績，早歷清官。」硃筆於「子」字上加「思考」二字。〔二〕

「義眞改揚州刺史，鎭石頭。」墨筆眉批：「劉道憐傳云，義眞爲揚州刺史。」

「義康曰：身不讀書，君無爲作才語見向。」墨筆眉批：「義康顧不讀之人，袁淑亦不必只管掉。」

「劉斌等讒之被斥，乃以斌爲諮議，領豫章太守，事無大小皆委之。」墨筆於「斌」字旁批：「蕭。」又於「事無大小」句旁批：「此處用此句何謂?」

「嚴廚持藥賜死。」墨筆旁批：「也慘。」

「而孝武閨庭無禮，與義宣諸女淫亂。」墨筆旁批：「是孝武駿之姑輩。」

卷十四

「劭答：南第昔屬天興，求將吏驅使」云云。〔三〕硃筆於「南第」旁批：「謂東陽主。」

「天興先署佞人府位。」硃筆旁批：「義恭。」

「鸚鵡既適懷遠，慮與天興私通事泄，請劭殺之。」硃筆旁批：「淫惡。」

〔二〕此條，傅山全書初版本脫，據手稿補。

〔三〕「求」，傅山全書初版本誤作「未」，據手稿改。

「二十二年，爲南豫州刺史，加都督。」墨筆旁批：「十五歲。」〔一〕

「前廢帝景和末，召鑠妃江氏入宮，命左右於前逼之。江氏不受命。謂曰：若不從，當殺汝三子。」墨筆於「命左右」旁批：「狗奴！如何不卽爲人殺？」「當殺汝」旁批：「狗！」

「上欲奉乘輿法物以迎義宣。」「上性多猜頗相憚」云云。墨筆眉批：「急則欲迎南譙。少選卽疑竟陵。」又於「性」字旁墨筆批：「棗核。」

「吳郡人劉成又訴稱息道龍伏事誕，見誕在石頭城内脩乘輿法物。」墨筆旁批：「至廣陵矣，而此復在石頭城内，是幾時事？」

「有司又固請，乃貶爵爲侯，遣令之國。」墨筆旁批：「前云至廣陵矣，此又云遣令之國，又何之耶？」

「七月二日，慶之進軍。」「帝命城中無大小悉斬。」墨筆旁批：「胡說！如此，那得不有子業之報？」

「誕左右侍直，眠中夢人告之曰：『官須髮爲矟毦。』既覺，已失髻矣。」墨筆眉批：「怪夢。」

「王璵之，琅邪人，有才局。其五子悉在建鄴。璵之嘗乘城，慶之縛其五子，示而招之」，〔二〕「及城平，慶之悉撲殺之。」墨筆旁批：「王璵之不得不爾，五子何可並殺？老沈自食其報。」

「前廢帝景和元年。」墨筆旁批：「孝武帝子業。」

「常於休仁前，使左右淫逼休仁所生楊太妃。」墨筆旁批：「不卽時刳此奴！」

〔一〕此條，傅山全書初版本脫，據手稿補。

〔二〕「招」，傅山全書初版本誤作「抬」，據批點底本改。

「至右衞將軍劉道隆，道隆歡以奉旨，盡諸醜狀。」墨筆眉批：「成何人？」

「上與連長等定謀，召休仁入宿尚書下省，其夜遣人賫藥賜休仁死。」硃筆眉批：「宋書載明帝與大臣詔，說休仁死狀。」

「晉平剌王休祐」，「在荆州多營財貨。以短錢一百賦人，田登就求白米一斛。」墨筆旁批：「自然該死。」

「海陵王休茂，文帝第十四子也。」硃筆於「文帝」旁批：「義隆。」

「次南平王子產與永永王子仁同生。」墨筆改「永永王」爲「永嘉王」。

「晉剌以獷暴摧軀，已哀由和良酖體。」墨筆改「已」爲「巴」。於「晉剌」旁批：「休祐。」於「巴哀」旁批：「休若。」

卷十五

卷十五至十八之册封面墨筆批：「嶢柳，王鎮惡傳、趙倫之傳皆有之。」

「祥曰：不能殺袁、劉，安得免寒士！」墨筆旁批：「語與謝超宗同。」

「後羨之隨親之縣，住在縣内。」墨筆旁批：「祚云在上虞。」

「劭入殺之且，其夕上與湛之屛人語，至曉猶未滅燭。」硃筆改「且」爲「旦」。

「初至廣莫門，上亦使以詔謂曰：『以公江陵之誠，當使諸子無恙。』亮讀詔訖曰：『亮受先帝布衣之眷，遂蒙顧託。黜昏立明，社稷之計。欲加之罪，其無辭乎！』於是伏誅。」墨筆眉批：「大老棗核矣。」

「時被遇方深，道濟彌相結附，每構羨之等，弘亦雅仗之。」墨筆旁批：「『每構』句何義？」
「道濟都督征討諸軍事，北略地，轉戰至濟上，魏軍盛，遂克滑臺。」墨筆於「魏軍盛」旁批：
「三字用之此處何爲？」

卷十六

「田子求屏人，因斬之幕下，並兄基弟鴻、遵、深，從弟昭、朗、弘，凡七人。」硃筆旁批：
「可惜！可惜！」
「孝武狎侮羣臣，各有稱目。多須者謂之羊，短長肥瘦皆有比擬。顔師伯缺齒，號之曰齴。」墨筆眉批：「廣韻齴，魚蹇切，齒露。」
「玄謨從弟玄象，位下邳太守。好發冢，地無完槨。」墨筆旁批：「該殺！」
「有一棺尚全，有金蠶、銅人以百數。剖棺見一女子，年可二十，姿質若生，臥而言曰：『我東海王家女，應生，資財相奉，幸勿見害。』女臂有玉釧，破冢者斬臂取之，於是女復死。」墨筆旁批：「可惜！可惜！若扶出，當有異聞。」

卷十七

「事平，封灄陽縣男。」墨筆眉批：「灄，廣韻，水名，在西陽。」
「州府辟不就，須二弟冠婚畢，乃參郗悏征虜軍事。」墨筆改「悏」爲「恢」。

「藩遇江陵省企生，因説仲堪曰：桓玄意趣不常，節下崇待太過，〔一〕非將來計也。」「後玄自夏口襲仲堪，藩參玄後軍軍事。」墨筆眉批：「本至江陵省企生耳，忽然參玄後軍事，何也？」又墨筆旁批：「方才勸企生早去此，又何云參玄後軍事？無來頭。」

「藩轉參太尉大將軍相國軍事。」墨筆旁批：「此爲誰？」

「宋武帝起兵，玄戰敗將出奔，藩扣馬曰：今羽林射手猶有八百，皆是義故西人，一旦捨此，欲歸可復得乎？」墨筆旁批：「此處又爲桓玄死作計較。」

「帝出倪塘會毅，藩請殺之。」墨筆旁批：「可恨！」

卷十八

「孝武與劉秀之詔曰：今以蕭惠開爲憲司，冀當稱職。但一往眼額，已自殊有所震。」墨筆於「一望眼額」旁批：「是何語？」又墨筆眉批：「一往眼額，南宋書本『一往服領』。」

「啓云：吉爲劉義宣所遇，交結不暹。向臣訕毁朝政，輒已戮之。」墨筆於「劉義宣」旁批：「南郡王。」

「始琛爲宣城太守，有北僧南度，唯賫一瓠蘆，中有漢書序傳。僧云：三輔舊書，相傳以爲班固眞本。」墨筆眉批：「一件大好古董，班固眞本。」

〔一〕「崇」，傅山全書初版本誤作「棠」，據批點底本改。

卷十九

卷十九至卷二十二之册封面墨筆批：「王筠子祥與晉同姓名。」

「時謝琨風華爲江左第一，嘗與晦俱在武帝前，帝目之曰：一時頓有兩玉人耳。」墨筆旁批：「是時尚爲太尉主簿。」

「俄而晦至江陵，無佗，唯愧周超而已。」墨筆旁批：「『無佗，唯愧周超』，是何語？」

「玄建楚臺，〔一〕以補黄門侍郎。」墨筆旁批：「差了些。」

「又使御史中丞范岫奏收脁，下獄死，時年三十六。」墨筆眉批：「脁竟如此死。」

「武帝意薄謨，又以門單，欲更適張弘策子。」墨筆旁批：「是何言！」

「策卒，又以與王志子諲。而謨不堪，嘆恨爲書。」墨筆旁批：「此亦不必不堪，渠自敗壞渠女。」

「狀如詩，贈主。」墨筆旁批：「此句何説？」

「靈運幼便穎悟，〔二〕玄甚異之。〔三〕謂親知曰：我乃生瑍，瑍兒何爲不及我？」墨筆眉批：〔四〕「瑍那得不生靈運句，較此句好。」

〔一〕「楚」字下，傅山全書初版本衍一「大」字，據批點底本删。

〔二〕「靈運」上，傅山全書初版本衍一「謝」字，據批點底本删。

〔三〕「玄」，傅山全書初版本誤作「去」，據批點底本改。

〔四〕「眉批」，傅山全書初版本誤作「旁批」，據手稿改。

「超宗門生王永先又告超宗子才卿死罪二十餘條。」硃筆眉批：「好門生！」

卷二十

「及東鄉君薨，遺財千萬，園宅十餘所」，「公私咸謂室内資財宜歸二女，田宅僮僕應屬弘微，弘微一不取，自以私祿營葬。」硃筆眉批：「阮孝緒亦有此事。」

「其年母憂，尋有詔攝職如故。」硃筆旁批：「過矣。」

「邵陵王綸於婁湖立園，廣讌，酒後好聚衆賓冠，手自裂破，投之唾壺，皆莫敢言。」〔二〕墨筆眉批：「聚冠投之唾壺是何戲？」

卷二十一

「王弘。子錫。錫子僧達。」硃筆旁批：「又說是弟，又説是子。」

「奏彈世子左衞率謝靈運，爲軍人桂興淫其嬖妾，靈運殺興，棄屍洪流。」墨筆旁批：「此自該殺者。」

「自領選及當朝總錄，將加榮爵於人者，每先呵責譴辱之，然後施行。」硃筆於「加榮」句旁批：「不必。」又硃筆眉批：「正人正事，那得如此有心做作！」

「錫字寡光，位太子左衞率，江夏内史。」硃筆眉批：「『寡光』何義？」

〔二〕「皆」，傅山全書初版本誤作「背」，據手稿改。

「卒，子僧亮嗣。齊受禪，降爵爲侯。僧亮弟僧衍，位侍中。僧衍弟僧達。」硃筆旁批：「此處分明僧達是錫之子矣，下『與兄錫』者，何也？」又硃筆眉批：「僧達，弘子少子，如何與錫子僧亮等並列也？」

「僧達幼聰敏」，「兄錫質訥乏風采。」墨筆旁批：「與錫爲兄弟，而錫傳何列之錫子輩？」

「性好鷹犬，與令里少年相馳逐，又躬自屠牛。」硃筆於「躬自屠牛」旁批：「是何等惡業？」

「錫罷臨海郡還，送故乃奉祿百萬以上，僧達一夕令奴輩取無餘。」〔一〕墨筆眉批：「『送故』兩字，謂故人相贈送者耶？」

「初，僧達爲太子洗馬，在東宮，愛念軍人朱靈寶。及出爲宣城，靈寶已長。僧達詐列死亡，寄宣城左永籍之，注以爲子，改名元序。啓文帝以爲武陵國典衛令，又以補竟陵國典書令，〔二〕建平國中軍將軍。」墨筆眉批：「混帳！」又於「以爲武陵國典衛令」旁硃筆批：「人參果眞沒造化人矣。」

「僧達族子確，少美姿容，僧達與之私欵。」硃筆旁批：「是何等私欵？」墨筆旁批：「大混帳！」

「行遇朱雀桁開，〔三〕路人塡塞，乃搥車壁曰：車中乃可無七尺，車前豈可乏八騶。」硃筆於「車前」句旁批：「俗。」

〔一〕「令奴輩」，傅山全書初版本誤作「含奴輩」，據批點底本改。

〔二〕「補」，傅山全書初版本脫，據手稿補。

〔三〕「桁」，傅山全書初版本誤作「拆」，據批點底本改。

「至若邪溪賦詩云：蟬噪林逾靜，鳥鳴山更幽。」硃筆眉批：「句自好，〔二〕但義複耳。」

卷二十二

「時朝儀草創，衣服制則，未有定準」，中郎謁者金貂出入殿門。左思魏都賦云：藹藹列侍，金貂齊光。」墨筆眉批：「賦作金蜩。」

「儉曰：臣所謂博而寡要。臣請誦之。」硃筆改前一「臣」字爲「澄」。

「訓字懷範，生而紫胞，師媪乙法當貴。」墨筆眉批：「『乙』字是媪名耶？」

「時有前將軍陳天福，坐討唐寓之於錢唐。」「又宋世光祿大夫劉鎮之，年三十許。」硃筆眉批：「列陳天福、劉鎮之之事于此何爲？」

「亡曾祖領軍，右軍云」云云。硃筆改「領軍」爲「領軍書」。〔三〕

「皆學逸少書，須吾下當比之張翼」云云。硃筆旁批：「有錯。」

「或以闔棺自欺，或更擇美業。」硃筆改「欺」爲「期」。

「僧虔宋世嘗有書誡子曰：知汝恨吾未許汝學」，「汝曾未窺其題目，未辨其指歸，而終日自欺人，人不受汝欺也。」硃筆旁批：「原文此處有要緊語，如何删得？」又硃筆眉批：「南齊書載全書，此删去大半，失之。」

「況吾不能爲汝蔭，政應各自努力耳。或有身經三公，蔑爾無聞，布衣寒素，輕相屈體，父子貴

〔二〕「好」字下，傅山全書初版本衍一「句」字，據手稿删。
〔三〕「改」，傅山全書初版本誤作「於」，據手稿改。

賤殊，兄弟聲名異，何也？體盡讀數百卷書耳。」硃筆改「輕」爲「卿」。墨筆眉批：「要在讀書。」

「筠字元禮，一字德柔。」墨筆眉批：「四十八卷陸襄傳有廣晉令王筠被鮮于琮所殺。〔二〕與元禮同姓名。」

卷十九至二十二之册封底墨筆批：「馭二龍于長塗，江淹稱謝覽、謝舉語。」〔三〕

卷二十三

卷二十三至二十五之册封面墨筆批：「王猛字景略者人皆知之，王猛字世雄者人少知之。王淮之玄孫。」

「誕結事元顯嬖人張法順，故見寵。」硃筆旁批：「不堪了。」

「偃尚宋武帝第二女吳興長公主，〔三〕諱榮男。常倮偃縛諸庭樹。」「偃謙虛恭謹，不以世事關懷。」墨筆旁批：「被老婆縛樹上，亦謙虛之過。若云『榮男常倮』句，『偃縛諸庭樹』，則便是偉丈夫矣。」

「而儉於財用，設酒不過兩盌，輒云『此酒難遇』。鹽豉薑蒜之屬，並掛屏風，酒漿悉置牀下。」墨筆旁批：「如琨，亦不必以此儉用相責。」

〔一〕「令」字上，傅山全書初版本衍一「縣」字，據手稿删。
〔二〕此條，傅山全書初版本脱，據手稿補。二「謝」字，傅山誤作「王」字，據南史卷二十改。
〔三〕「長」，傅山全書初版本脱，據批點底本補。

「十一年，奐遣軍主朱公恩征蠻失利，興祖欲以啓聞，奐大怒，收付獄。」「上知其枉，敕送興祖還都，奐恐辭情翻背，輒殺之。」硃筆於「輒殺之」旁批：「是何事？孟浪胡塗。」

「上大怒，遣中書舍人呂文顯、直閤將軍曹道剛領兵收奐」，「司馬黄瑶起、寧蠻長史裴叔業於城内起兵攻奐，奐聞兵入，禮佛，未及起，軍人斬之。」硃筆眉批：「此奐自取死。」

卷二十四〔一〕

「晏父普曜藉晏勢，多歷通官。」墨筆眉批：「沈昭略謂晏曰：猶賢于尊君以卿爲初蔭。」

「謂親人曰：平頭憲事已行矣。」墨筆旁批：「何説？」〔二〕

「晉安帝之崩，武帝使韶之與帝左右密加酖毒。」墨筆眉批：「酖是何等事，輒敢爲之？」

「時承奢忲之後，姦竊者衆，悦之按覆無所避，得姦巧甚多，於是衆署共咒詛。悦之病甚，恆見兩鳥衣人捶之。」墨筆眉批：「咒詛豈眞能害人耶？」

「承聖末，陳武帝殺太尉王僧辯，遣文帝攻僧辯婿杜龕，龕告難於清」，「時廣州刺史歐陽頠亦同清援龕，中更改異，殺清而歸陳武帝。」硃筆於「中更改異」旁批：「反覆人，該殺！」

「猛字世雄，〔三〕本名勇。五歲而父清遇害，陳文帝軍度浙江，訪之將加夷滅。母韋氏攜之，遁于

〔一〕此四字，傅山全書初版本脱，據批點底本補。
〔二〕此條，傅山全書初版本脱，據手稿補。
〔三〕「字」，傅山全書初版本誤作「子」，據批點底本改。

會稽，〔一〕遂免。」硃筆旁批：「如何便得終免？」

「以父遇酷，終文帝之世不聽音樂，蔬食布衣，以喪禮自處。宣帝立，乃始求位。」硃筆旁批：「不知何以待歐陽頠？」

卷二十五

「後以軍功封很山縣子，爲太尉中兵參軍。」墨筆眉批：「很山縣，〔二〕漢地理志屬犍爲郡。」

「搗愛伎陳玉珠，明帝遣求不與，逼奪之。」墨筆旁批：「胡。」

「超疑之不至，〔三〕改宿他所，詢之不知，逕往斫之。」墨筆旁批：「可惜！」

「榮祖善彈。」「於是彈其兩翅，毛脫盡，墮地無傷。」墨筆旁批：「寫得有漏。」

「袁顗仍亦奔散，興世遂與吳喜共平江陵。」墨筆旁批：「『仍亦』何語？」

「欣泰通涉雅俗，交結多是名素，下直輒著鹿皮冠。」墨筆眉批：「又一鹿皮冠。」

「後瓦屋墮傷額，又聞相者」云云。墨筆眉批：「瓦屋當是屋瓦。」

卷二十六

「袁粲小兒數歲，乳母將投粲門生狄靈慶。」「此兒死後，靈慶常見兒騎大羖狗戲如平常，經年

〔一〕「于」，傅山全書初版本誤作「子」，據批點底本改。
〔二〕「很山縣」，傅山全書初版本脫，據手稿補。
〔三〕「超」字下，傅山全書初版本衍一「之」字，據批點底本删。

餘。鬮場忽見一狗走入其家，遇靈慶於庭噬殺之。」墨筆眉批：「快狗，快狗！」

「少時妻子皆沒。」墨筆旁批：「此句何說是狗喫了耶？」

「江陵令宗躬啓州，荆州刺史廬江王求博議。彖曰：夫迅寒急節，[一]乃見松筠之操」云云。墨筆旁批：「如此快事，那須爾迂緩書袋。」

「帝勞之曰：『射鈎斬袪，昔人弗忌，卿勿以戮使斷運苟自嫌絕也。』謝曰：『小人如失主犬，後主飼之，便復爲用。』」硃筆旁批：「何忽爾自犬？」

「吳人陸映公等懼不濟，賊種族其家，勸之迎賊。君正性怯懦，乃送米乃牛酒郊迎賊，賊掠奪其財物子女。」墨筆眉批：「斬巫似矣，而迎賊何爲？」

「侯景之亂，樞往吳郡省父疾，丁父憂。時四方擾亂，人求苟免，樞居喪以至孝聞。」墨筆旁批：「人求苟免，樞居喪以至孝聞，二句何義？」

卷二十七

「靈符慤實有堪幹，不存華飾。」[二]墨筆眉批：「『有堪幹』是何語？」

「時安陸應城縣人張江陵與妻吳共罵母黄令死，黄忿恨自經死。」「江陵雖遇赦恩，故合梟首。婦本以義，愛非天屬，黄之所恨，情不在吳，原死補治，有允正法。」墨筆眉批：「此法亦無可議，自然夫婦皆死刑。」又於「情不在吳」旁墨筆批：「難說。」

[一]「寒」，傅山全書初版本誤作「塞」，據批點底本改。

[二]「飾」，傅山全書初版本誤作「實」，據批點底本改。

「孔琇之」「出爲臨海太守，在任清約。罷郡還，獻乾姜二十斤，齊武帝嫌其少，及知琇之清，乃歎息。」墨筆旁批：「獻豈該耶？〔一〕又嫌少，何也？」

「明帝即位」，「上遣都水使者孔璪入東慰勞。璪至說」，「今南北並起，遠近離叛，若擁五郡之銳，招動三吳，事無不剋。覬然其言，遂發兵馳檄。」墨筆眉批：「孟浪漢至此始大醉矣。」

「殷景仁，陳郡長平人也。」墨筆眉批：「劉湛傳中，劉敬文父成從殷鐵干祿。此傳中無鐵名。」〔二〕

「景仁引湛還朝，共參朝政。湛既入，以景仁位遇本不踰己，一旦居前，意甚憤憤。」墨筆旁批：「湛如此局量，那得不受人算計？」

「湛議欲遣人若劫盜者於外殺之，以爲文帝雖知，當不能傷至親之愛。」硃筆旁批：「胡。」

卷二十八

「吾近危篤，故召卿，欲使著黃羅襬。」墨筆眉批：「襬，廣韻去聲箇中。」

「人有餉彥回鰒魚三十枚。彥回時雖貴，而貧薄過甚，門生有獻計賣之，云可得十萬錢。」墨筆旁批：「自是奴見。」

〔一〕「豈」，傅山全書初版本誤作「其」，據手稿改。

〔二〕「此」，傅山全書初版本誤作「比」，據手稿改。

「然世頗以名節譏之，〔一〕于時百姓語曰：可憐石頭城，寧爲袁粲死，〔二〕不作彦回生。」〔三〕墨筆眉批：「袁粲之死，自是死分死性，若𣅀那須死之！」

「長子賁字蔚先，少耿介。父背袁粲等附高帝，賁深執不同，終身愧恨之，有捿退之志。」墨筆眉批：「賢郎！」

卷二十九

「廓年位並輕，而時流所推重，〔四〕每至時歲，〔五〕皆束帶詣明。」墨筆眉批：「『束帶詣明』是何語？」

「蔡豫章昔在相府，亦以方嚴不狎。」墨筆於「豫章」旁批：「廓爲豫章太守。」〔六〕

「每至官賭，常在勝明。」墨筆旁批：「不知何語。」

「慶之使要興宗。興宗因説之曰：主上比者所行，〔七〕人倫道盡，今所忌憚，唯在於公。公威名素著，天下所服」云云。墨筆眉批：「如此事逕明目張膽言之。」

〔一〕「譏」，傅山全書初版本誤作「識」，據批點底本改。
〔二〕「寧爲」，傅山全書初版本誤作「爲寧」，據批點底本改。
〔三〕「作」，傅山全書初版本誤作「爲」，據批點底本改。
〔四〕「而」字下，傅山全書初版本衍一「爲」字，據批點底本删。
〔五〕「時歲」，傅山全書初版本誤作「歲時」，據批點底本改。
〔六〕此條，傅山全書初版本脱，據手稿補。
〔七〕「比者」，傅山全書初版本誤作「皆」，據批點底本改。

「外甥袁覬始生子彖，而妻劉氏亦亡。」墨筆於「妻」上加「興宗」二字。

卷三十

「何尚之字彥德」，「父叔度，恭謹有行業。姨適沛郡劉璩，與叔度母情愛甚篤。叔度母早卒，奉姨若所生。姨亡，朔望必往致哀」云云。墨筆眉批：「零霍虛燥。」

「尚之既任事，上待之愈隆，於是袁淑乃錄古來隱士有迹無名者，爲眞隱傳以嗤焉。」硃筆眉批：「尚之本爲官人者，何必以隱士嗤之？」

「元凶弒立，進位司空、尚書令。」硃筆旁批：「差了些。」

「慶之曰：『沈公不效何公去而復還也。』尚之有愧色。」硃筆旁批：「可見當時極重高尚。」

「尚之常謂延之爲猨。」墨筆眉批：「顏猿何猨？」〔一〕

「元凶弒立，以偃爲侍中」。硃筆旁批：「又混了。」

「而尚之及偃善攝機宜，曲得時譽。」硃筆旁批：「何時也，而當有譽？」

「尚之去選未五載，偃復襲其迹，世以爲榮。」硃筆旁批：「左來胡混。」

「戢字慧景，選尚宋孝武長女山陰公主，拜駙馬都尉。〔二〕累遷中書郎。景和世，山陰公主就帝求史部郎褚彥回侍己。」硃筆眉批：「山陰淫女，何戢既美容儀，而又求彥回侍。」

「彥回雖拘逼，終不肯從。與戢同居止月餘日。」硃筆旁批：「此專爲避嫌，令戢知之耳。」

〔一〕此條，傳山全書初版本脫，據手稿補。

〔二〕「駙」，傳山全書初版本誤作「附」，據批點底本改。

「求字子有，偃弟子也。」「除中書郎，不拜，仍住吳，隱居波若寺。」硃筆旁批：「此不爲隱。」

「點雖不入城府，性率到，好狎人物。」「故世論以點爲孝隱士，弟胤爲小隱士，大夫多慕從之。」「孝」字旁墨筆批：「大。」

「兄求亦隱吳郡虎丘山。」硃筆旁批：「求曾爲官人。」

「杲之先至胤所。胤恐朏不出，先示以可起。乃單衣鹿皮巾，執經卷，下牀跪受。詔出，就席伏讀。」墨筆眉批：「何必爾！」

「胤因謂杲之曰：吾昔於齊朝，欲陳三兩條事，一者欲正郊丘，二者欲更鑄九鼎，三者欲樹雙闕。」「鼎者神器，有國所先。」墨筆眉批：「鑄鼎猶迂。」

「至吳，居虎丘山西寺講經論，學僧復隨之。東境守宰經途者，莫不畢至。」硃筆於「東境守宰」句旁批：「惹不耐煩。」

「胤開函，乃是大莊嚴論，世中未有。」硃筆旁批：「實實古怪。」

「至是，胤夢見一神女並八十許人，並衣恰，行列在前，俱拜牀下，覺又見之。」硃筆旁批：「怪。」

「武帝幸同泰寺講金字三惠經，敬容啓預聽，敕許之。」硃筆旁批：「何必爾！」

「敬容尋見東宮。簡文謂曰：『淮北始更有信，侯景定得身免。』敬容曰：『得景遂死，深是朝庭之福。』」「對曰：景翻覆叛臣，終當亂國。」墨筆眉批：「難爲敬容有見。」

卷三十一

「初裕曾祖澄當葬父，郭璞爲占墓地」云云。硃筆眉批：「景純風水。」

「永痛悼所失之子，有兼常哀，服制難除，猶立靈坐，〔一〕飲食衣服，侍之如生」云云。硃筆尾批：〔二〕「獃乎！」

「桂陽王休範作亂，永率所領屯白下。」「唱言臺城陷，永衆潰，棄軍還。」硃筆尾批：〔三〕「如此，景雲便無可者，但能精造紙墨人耳。」

「緒過江所未有，北士可求之耳。」硃筆旁批：「句都欠。」

「時帝欲用緒爲右僕射，以問王儉。儉曰：緒少有清望，誠美選也。南士由來少居此職。」〔四〕硃筆眉批：「此處以南北爲言，〔五〕不解南士。」

「及聞武帝欲以緒爲尚書僕射，儉執不可。充以爲愠，與儉書曰」云云。硃筆旁批：「不必，不必。」又硃筆眉批：「父不爲尚書僕射，有何可愠？而有此多言，不知言欲何爲。」

「瓌字祖逸，宋征北將軍、南兗州刺史永之子也。」墨筆旁批：「此處復綴此一句，何不列永下？」

「吳郡何晚，何須王反，聞之嗟驚，及是阿兄。」墨筆旁批：「字有誤。」

「安陸王緬臨雍州，行部登蔓山，有野老來乞。緬問：『何不事產而行乞邪？』〔六〕答曰：『張使

〔一〕「坐」，傅山全書初版本誤作「座」，據批點底本改。
〔二〕「尾批」，傅山全書初版本誤作「眉批」，據手稿改。
〔三〕「尾批」，傅山全書初版本誤作「眉批」，據手稿改。
〔四〕「由」，傅山全書初版本誤作「從」，據批點底本改。
〔五〕「此」，傅山全書初版本誤作「北」，據手稿改。
〔六〕「事」，傅山全書初版本誤作「行生」，據批點底本改。

君臨州理物，百姓家得相保。後人政嚴，故至行乞。』」硃筆旁批：「政嚴何故遂行乞？」

「率嗜酒，不事於家，尤忘懷。」硃筆旁批：「有脫文。」

「刦以刀斫其頰，眉目咄咄不易，餘無所言。」硃筆旁批：「何說？」

「帝時亦酣，謂曰：卿兄殺郡守，弟殺其君」云云。「卿兄殺郡守」旁墨筆批：「謂瓌殺劉遐。」又硃筆眉批：「至於殺君，此奴不在君側。」〔一〕

「稷雖居朝右，每慙口實。」墨筆眉批：「每慙口實，亦掉得不周。」

「州人徐道角等夜襲州城，乃害之。」墨筆眉批：「徐道角，元魏書作徐玄明。」

「嵊字四山」。「少敦孝行，年三十餘，猶班衣受稷杖。」硃筆旁批：「盛事。」

「種弟稜亦清靜有識度。」墨筆眉批：「前不曾列稜名。」〔二〕

卷三十二

「元嘉二十七年，魏太武南征。」硃筆於「征」字旁批：「侵。」

「靈寶知暢不回，勸義宣殺以徇衆，賴丞相司馬竺超人得免。」墨筆根批：「南齊書作超民。」

「儉立此地，舉袂不前。」墨筆旁批：「『此』字何謂？」

「融欲求鹽蒜，口終不言，方搖食指，半日乃息。」墨筆眉批：「吴巒亦噉蒜。」

「二五，謂孔珪及融並第五。」墨筆旁批：「前張稷亦第五。」

〔一〕「側」，傅山全書初版本誤作「例」，據手稿改。
〔二〕「曾」，傅山全書初版本脫，據手稿補。

「寶積永元中爲湘州行事蕭穎胄於江陵。」墨筆於「蕭穎胄」旁批：「三字多。」

「嘗夜有鬼呻，聲其凄愴。秋夫問何須。答言姓某，家在東陽，患腰痛死。雖爲鬼，痛猶難忍，請療之。」墨筆眉批：「此鬼姓斯，名僧平，爲樂游吏，患腰痛死湖北。〔一〕詳吳均續齊諧記。」又硃筆眉批：「療鬼腰痛，如此則鬼以何質爲痛？」

「常有嫗人患滯冷，積年不差。嗣伯爲診之曰：〔二〕此尸注也，當取死人枕煑服之乃愈」云云。硃筆眉批：「三痛皆以死人枕治。」

「此石蚘耳，極難療。當死人枕煑之。」硃筆於「當」字下增補一「取」字。〔三〕

卷末硃筆批：「徐家醫術，不可以一二句了之。附張融傳後，甚非法也，自當以藝術列之。」

卷三十三

「徐廣字野人，東莞姑幕人也。」「家貧，未嘗以產業爲意。妻中山劉謐之女忿之，數以相讓，廣終不改。如此數十年，家道日弊，遂與廣離。」墨筆眉批：「以貧而離，又一買臣妻。」

「及齊永明末，沈約所撰宋書，稱松之已後無聞焉。」硃筆旁批：「此句亦涵胡。」

「子野更撰爲宋略二十卷，其敍事評論多善，而云戮淮南太守沈璞，以其不從義師故也。」硃筆旁批：「此豈報復耶？」

〔一〕「患」，傅山全書初版本脫，據手稿補。

〔二〕「爲」，傅山全書初版本脫，據批點底本補。

〔三〕此條，傅山全書初版本脫，據手稿補。

「約懼，徒跣謝之，請兩釋焉。」硃筆旁批：「此句何謂？」

「遷中書侍郎、鴻臚卿，領步兵校尉。」硃筆眉批：「慶文論文：裴鴻臚者，子野也。」

卷三十四

卷三十四至三十七之册封面墨筆批：「鱝，沈攸之傳有此字。牛餓求艸，曰：『可與飲水。』江湛語。」[一]

「元凶弑立，以爲光禄大夫。」硃筆旁批：「差！」

「長子竣爲孝武南中郎諮議參軍。及義師入討，竣定密謀。」「延之曰：竣尚不顧老臣，何能爲陛下？」墨筆眉批：「此郤阿翁嗔不得乃郎，郎似憨，翁亦欠義。」

「嘗早候竣，遇賓客盈門」云云。墨筆改「峻」爲「竣」。墨筆眉批：「『候』之一字加不得。」

「及義恭出鎮，府主簿羊希從行，與朗書戲之，勸令獻奇進策。」墨筆於「與朗書戲之」旁批：「此戲何謂？」[二]墨筆眉批：「蕭惠開傳有『周朗偏奇』之言。」

卷三十五

「時彭城王義康專執朝權，而湛昔爲上佐，遂以舊情委心自結，欲因宰相之力繫主心。」墨筆於

[一] 此條，傅山全書初版本脱，據手稿補。

[二] 墨筆旁批文字，傅山全書初版本脱，據手稿補。

「昔爲上佐」旁批：「王。」硃筆於「宰相」旁批：「謂義康。」〔一〕

「老父悖耄，遂就殷鐵干祿。」硃筆旁批：「好郎！」〔二〕

「上與義康形迹既乖，〔三〕釁難將結，湛亦知無復全地。」〔四〕「十日，〔五〕詔收付廷尉，〔六〕於獄伏誅。」硃筆眉批：「湛之死，自因與義康逆宋文、殷景仁。卒云見湛爲祟，可也。」

「又曰：不言無戎應亂，殺我曰自是亂法耳。」墨筆改「戎」爲「我」。

「琛母孔氏時年百餘歲。晉安帝隆安初，瑯邪王廞於吳中作亂，以爲貞烈將軍。」「明帝泰始初，與四方同反。兵敗，奉母奔會稽。」墨筆眉批：「欽先奉王恭檄討國寶，後又討恭。前云母百餘歲，繫之大明元年後。大明凡八年。至明帝泰始初又有十來年，母尚在，奇哉！」

卷三十六

「秉之子徽，尚書都官郎，吳令。」墨筆眉批：「江徽與前江祿之子同名。」

〔一〕此條，傅山全書初版本脫，據手稿補。
〔二〕此條，傅山全書初版本脫，據手稿補。
〔三〕「既」，傅山全書初版本誤作「眖」，據批點底本改。
〔四〕「復」，傅山全書初版本誤作「後」，據批點底本改。
〔五〕「十日」，傅山全書初版本作「十月」，據批點底本改。
〔六〕「收」，傅山全書初版本脫，據批點底本補。

卷三十七

「率衆助脩之，失律下獄。」墨筆旁批：「此因重疊『脩之』兩字始明。」

「問其故，答云：〔一〕鹵簿固是富貴容，厠中所謂後帝也。」墨筆眉批：「『後帝』是何語？」

「慶之歎曰：『故是昔時沈公。』視諸沈爲劫者數十人。」墨筆眉批：「『視』字訛，當是『時』字。」又於「視」字旁硃筆批：「時。」

「及柳元景等連謀，以告慶之，慶之與江夏王義恭不厚，發其事。」墨筆旁批：「殻。」

「昭略曰：家叔晚登僕射，猶賢於尊君以卿爲初蔭。」墨筆旁批：「不解何語。」

「時人歡其累世孝義。」墨筆改「歡」爲「歎」。

〔一〕「云」，傅山全書初版本誤作「曰」，據批點底本改。

卷九十八　南史批注（下）

卷三十八

「魏兵大合，輕騎挑戰，安都瞋目橫矛，單騎突陣，四向奮擊，左右皆辟易，殺傷不可勝數。」墨筆眉批：「薛安都好漢哉！」

「誕登城望之，以鞍下馬迎元景。」硃筆旁批：「『以鞍下馬』何語？」

「復使元景率安都等北出，爽退乃還。」硃筆改「還」爲「還」。

「光祿大夫韋祖征州里宿德，世隆雖已貴重，每爲之拜。人或勸祖征止之，答曰：司馬公所爲，後生楷法，吾豈能止之哉！」硃筆旁批：「世隆前曾爲晉熙王安西司馬，既還尚右僕射，至此還護軍，而曰『司馬公』。」

「論者以爲梁禍始於朱异，成於仲禮。」硃筆旁批：「是。」〔一〕

「仲禮見備衞嚴，不敢動，遂不果。」硃筆旁批：「賴奴！」

卷三十九

「寶晊妃，悛女也。寶姪愛其侍婢，繪奪取，具以啓聞」云云。墨筆旁批：「爭姪女之寵，可

〔一〕此條，傅山全書初版本脫，據手稿補。

謂不識羞。」墨筆眉批：「奪婢一節可笑。」

「孝綽中冓爲尤，可謂人而無儀者也。」〔一〕墨筆尾批：「中冓爲尤，謂爲廷尉時携妾入廷尉府而母在下宅。『中冓』兩字未妥。」

卷四十

「元嘉二十一年來奔，求北還，構扇河陝。文帝許之。」墨筆旁批：「自北而南，不差。」

「後孝武伐逆」云云。墨筆旁批：「誅劭。」

「安都初征關陜，至白口，夢仰視天，見天門開。」墨筆旁批：「此夢遂應。」

「安都大怒，卽日乃乘馬從數十人，令左右執矟，欲往殺淑之。」墨筆旁批：「傖獰無狀。」

「行至朱雀航，逢柳元景，遥問曰：『薛公何之？』」「元景慮其不可，駐車紿之曰：〔二〕小子無宜，適卿往與手，甚快。」墨筆旁批：「柳公妙在不遽責之。」

「爽世梟猛，咸云萬人敵。」墨筆眉批：「魯爽好漢！」

「安都懼不免罪，遂降魏。」墨筆旁批：「又自南而北。」

卷四十一

「明帝輔政，誅賞諸事，唯與遥光共謀議。勸明帝併殺高、武諸子弟。」硃筆於「併殺」旁打

〔一〕「儀」，傅山全書初版本誤作「義」，據批點底本改。

〔二〕「紿」，傅山全書初版本誤作「詒」，據批點底本改。

「×」，又墨筆旁批：「何意？」

「遙光從容曰：文義之事，此是士大夫以爲伎藝欲求官耳。」墨筆旁批：「此句實然。」

「皇太子何用講爲？」硃筆旁批：「胡說！」

「遙光多忌，人有餉履者，以爲戲己，大被嫌責。劉繪嘗爲牋云：『智不及葵。』亦以忤旨。」墨筆眉批：「劉繪可謂睜眼大漏。」

「今若殺山陽，與雍州舉事，立天子以令諸侯，霸業成矣。山陽持疑不進，〔一〕是不信我，今斬送天武，則彼疑可釋。」墨筆眉批：「苦了王天武了！」〔二〕

卷四十二

「時沈攸之睒伐。」墨筆眉批：「睒，吐濫切，又上聲。」墨批根批：「睒，蠻夷贖罪貨也。」

「潁川荀丕獻書於嶷」云云。墨筆眉批：「荀丕事忽插入中間。」

「上曰：我使是人他家墓内尋人。」硃筆旁批：「亦可笑語。」

「嶷薨後，忽見形於沈文季曰：我未應便死，皇太子加膏中十一種藥，使我癰不差，湯中復加藥一種，使利不斷。吾已訴先帝，先帝許還東邸，當判此事。」墨筆眉批：「文惠太子傳不言。怪哉！」

「又嘗見形於第後園，乘腰輿，指麾處分」云云。墨筆眉批：「又怪。」

〔一〕「持」，傅山全書初版本誤作「遲」，據批點底本改。

〔二〕「王天武」，手稿作「王天虎」，據批點底本上下文改。

「約答曰：郭有道漢末之匹夫，非蔡伯喈不足以偶三絶」云云。〔二〕墨筆眉批：「沈瘦如此愼敬不妄。」

「子顯對曰：仲尼讚易道，黜八索；述職方，除九丘。」墨筆眉批：「述職方，除九丘，可見九丘是山經、地志之流。」

卷四十三

卷四十三至卷四十七之册封面墨筆批：「菻山，見崔慧景傳，似即蒜山之訛。」

「江夏王鋒字宣穎，高帝第十二子也。母張氏，有容德，宋蒼梧王逼取之。」硃筆於「蒼梧王」旁批：「該殺！」

「鋒聞歎曰：江祏遂復爲混沌書眉，欲益反弊耳。」硃筆眉批：「爲混浊書眉，書亦畫意耳。」

卷四十四

「豫章王嶷薨，太子見上友于既至，造碑文奏之，未及鐫勒」云云。墨筆眉批：「豫章嶷傳乃有嶷鬼見道，〔三〕太子加藥致死事。」

「先是，太妃以七月薨，子良以八月奉凶問。及小祥，疑南郡王應相待。」硃筆於「南郡王」旁

〔二〕「三」，傅山全書初版本誤作「之」，據批點底本改。

〔三〕「豫章」下，傅山全書初版本衍一「王」字，據手稿删。

批：「子夏何充孝子？」

「長史劉寅等連名密啓」云云。「於琴臺下併斬之。」墨筆眉批：「垣榮祖傳云，劉寅等逼迫巴東。」

「寶玄娶尚書令徐孝嗣女爲妃，孝嗣被誅離絕，東昏送少姬二人與之。寶玄恨望有異計。」硃筆眉批：「東昏難說不該殺。」

卷四十五

「二年，魏軍攻淮、泗，敬則恐，委鎮還都。」墨筆旁批：「何怯？」〔一〕

「恭祖心本不同，及至䔉山」云云。硃筆眉批：「䔉，恐卽蒜字。」

「性好談義，兼解佛理，頓法輪寺，對客高談。」硃筆旁批：「何迂！」

「恭祖請擊義師，又不許。」墨筆眉批：「突出『義師』兩字。」

「恭祖頓軍興皇寺，於東宮掠得女妓，覺來逼奪，由是忿恨。」墨筆於「覺」旁批：「賴貨。」〔二〕

「榮之故爲慧景門人。」硃筆旁批：「不知是何等門人。」

「敬則、遙光、顯達、慧景之應也。」硃筆旁批：「爲婁逞。」

〔一〕此條，傅山全書初版本脫，據手稿補。
〔二〕此條，傅山全書初版本脫，據手稿補。

卷四十六

「僧靜率力攻倉門，手斬粲於東門外。」墨筆眉批：「手殺袁粲。粲自分死。」

「與魏豹皮公遇，交槊鬬，豹皮公墮地，禽其具裝馬。」〔二〕墨筆旁批：「此句不解。」

「及將之鎮，明帝慮其不可復制，因其早入，引往後堂，執送廷尉盡之。」墨筆眉批：「『盡之』何文？」

卷四十七

「高帝以聞，猶懼不得留。」墨筆旁批：「原未離淮陰。」

「胤叔因白武帝，皆言伯玉以聞」云云。墨筆旁批：「是何必行？」

「而胤叔爲太子左率。」墨筆旁批：「先已陳得失者。」

「隨青州刺史垣護之入堯廟，廟有蘇侯神偶坐。護之曰：唐堯聖人，而與蘇侯神共坐，今欲正之，何如？」墨筆眉批：「蘇侯神是何神？」

「玩之爲少府，猶躡屐造席。高帝取屐親視之，訛黑斜鋭。蔑斷以芒接之。」〔三〕「訛黑斜鋭」旁墨筆批：「是何語？」

〔二〕「馬」，傅山全書初版本誤作「焉」，據批點底本改。

〔三〕「蔑」，傅山全書初版本脫，據批點底本補。

「其後員外郎孔瑄就儉求會稽五官。儉方盥，投皁莢於地曰：卿鄉俗惡，虞玩之至死煩人。」墨筆尾批：「佞幸傳，唐寓之其源始於虞玩之，而成於呂文度。」

卷四十八

「澄後來，更出諸人所不知事，復各數條，幷舊物奪將去。」硃筆於末句旁批：「不達。」〔二〕

「及武陵王曄守會稽，上爲精選僚吏，以慧曉爲征虜功曹，與府參軍沛國劉璡同從述職。」〔三〕墨筆眉批：「『述職』爾用。」

「梁天監初，爲右軍安成王主簿，與樂安任昉友，爲感知已賦以贈昉，昉因此名以報之。」墨筆根批：「昉賦載梁書倕傳。」

「齟齬妥帖之談。」墨筆旁批：「士衡文賦中語。」

「故知天機啓，則律呂自調。六情滯，則音律頓舛也。」硃筆旁批：「此又全是自然會處，不在講音律之工夫矣。」

卷四十九

「郡人王弼門族甚盛」云云。墨筆眉批：「王弼，與輔嗣同姓名。」

〔二〕此條，傅山全書初版本脱，據手稿補。

〔三〕「軍」，傅山全書初版本脱，據批點底本補。

「乃著辯命論以寄其懷。論成，中山劉沼致書以難之。凡再反，峻並爲申析以答之。」墨筆眉批：「今文選有重答劉秣陵沼書。其詞曰：『劉侯既重有斯難，值余有天倫之戚，竟未之致也。尋而此君長逝，化爲異物，緒言餘論，藴而莫傳。或有自其家得而示余者，〔一〕余悲其音徽未沬而其人已亡，青簡尚存而宿艸將列，泫然不知涕之無從也。雖隙駟不留尺波電謝，而秋菊春蘭英華靡絶，故存其梗概，更酬其旨。若使墨翟之言無爽，宣室之談有徵，冀東平之樹望咸陽而西靡，蓋山之泉聞絃歌而赴節，但懸劍空隴，有恨如何？』題目爲答書。卻非書也，似題答書，後數語自記，不與沼也。」

卷五十

「時有沙門訟田，帝大署曰：『貞。』有司未辯，偏問莫知。顯曰：『貞字文，爲與上人。』」墨筆眉批：「貞字解『與上人』也强。」

「魏剋淮南，乃度江。」硃筆旁批：「是。」

「高帝後謂慶符曰：卿兄高尚其事，亦堯之外臣」云云。「仍賜竹根如意、筍籜冠，〔二〕隱者以爲榮焉。」墨筆於「隱者以爲榮焉」旁批：「史家奴言。」

「明居士身彌後而名彌先，亦宋、齊之儒仲也。」墨筆眉批：「儒仲是王霸也。」

「故胸馳臆斷之侶，好名亡實之類。」此下墨筆補四句：「方分肉於仁獸，逞郤克於邯鄲。入鮑

〔一〕「示余」，傅山全書初版本誤作「禾餘」，據手稿改。
〔二〕「筍」，傅山全書初版本誤作「笱」，據批點底本改。

忘臭，效尤致禍。」又墨筆眉批：「梁書『之類』下有此四句。」

「決羽謝生，豈三千之可及；伏膺裴氏，懼兩唐之不傳。」墨筆眉批：「兩唐：唐林、唐尊。」

「湘東王繹嘗嫉其才學，聞其西上至夏口，乃密送藥殺之。」硃筆旁批：「奴才是何心行？」

「魏平荊州，依於王綝。綝平」云云。硃筆改兩「綝」字爲「琳」。

卷五十一

「昂弟昱字子眞，少而狂狷，不拘禮度。異服危冠，交遊冗雜，尤善屠牛業，以爲常。」墨筆眉批：「『狂狷』是何語？」

「有敕追還，今受菩薩戒。既至，恂恂盡禮，改意蹈道，持戒又精潔，帝甚嘉之。」墨筆眉批：「屠牛刀放下矣。」

「韶昔爲幼童，庾信愛之，有斷袖之歡」云云。硃筆眉批：「子山無格矣。」

「江本吳氏女也，世有國色，親從子女偏游王侯後宮難免。」末句旁硃筆批：「是何語？」

「豫神王綜以宏貪吝，遂爲錢愚論，其文甚切。」硃筆改「神」爲「章」。

「宏又與帝女永興主私通。」硃筆旁批：「狗奴！」

「賊遮得書，乃矯詔殺之。」硃筆旁批：「妙！」

「先是，正德妹長樂主適陳郡謝禧，正德姦之。」「正德」旁硃筆批：「狗！」

「賁字世文」，「常爲賊耳目。」硃筆旁批：「好宗室！」

卷五十二

「安成康王秀字彥達，文帝第七子也。」墨筆旁批：「武帝父順之追尊爲文帝。」

「鄱陽忠烈王恢字弘達，文帝第十子也。」「謚曰忠烈，恢美容質，善談笑，愛文酒，有士大夫風則。」墨筆眉批：「謚忠烈。烈字二：有功安民、以武立功曰烈，秉德尊義曰烈。」

「帝知暎聰解，特令問策，〔一〕又口對，並見奇。謂祭酒袁昂曰：吾家千里駒也。」硃筆旁批：「老公又搗一套。」

「又普通中北侵，攻穰城，城內有人年二百四十歲，不復能食穀，唯飲曾孫婦乳」云云。硃筆旁批：「如此二人，因暎見挺叉者，後遂及之，當別有記載可也，不然當全了卻暎事。敍之至末，留枕後，復突出暎一二句，是何等文？」又於「唯飲曾孫婦乳」旁硃筆批：「也無甚意思。」

卷五十三

「嘗逢喪車，奪孝子服而著之，匍匐號叫。籤帥懼罪，密以聞。帝始嚴責」云云。硃筆眉批：「柳津所謂陛下子有邵陵，臣有仲禮，不忠不孝者也。」

「於內人檻中禽瓜、撤、智英。子高驍勇，踰牆突圍，遂免。」硃筆旁批：「此處絕無分數。」

「後預餞衡州刺史元慶和，於坐賦詩十二韻，末云：『方同廣川國，寂寞久無聲。』大爲武帝

〔一〕「問」，傅山全書初版本誤作「對」，據批點底本改。

賞。」墨筆眉批：「廣川國不知何引。西漢廣川王去，凶惡自殺。去之祖越，父齊有罪，請與廣川勇士奮擊匈奴，上許之，未發而薨。綸義當謂請擊匈奴事耶？」

「武帝賞曰：『汝人才如此，何慮無聲。』旬日間拜郢州刺史。」末句旁硃筆批：「何也？」

「乃與元帝書曰：道之斯美，以和爲貴」云云。墨筆眉批：「此奴能爲此書耶？即代筆人亦不凡，可喜！」

「魏聞之，遣大將楊忠」云云，「通乃臥大鼓，使綸坐上殺之。」墨筆眉批：「臥大鼓何也？」

「武陵王紀字世詢。」墨筆眉批：「別字大智。」

卷五十五

「服翫車馬，皆窮一時之驚絕。」墨筆眉批：「『驚』字何義？」

「有眠牀一張」，「通用銀鏤金花壽福兩重爲脚。」墨筆眉批：「『壽福兩重爲脚』是何等格式？」

卷五十六

卷五十六至五十九之册封面墨筆批：「蔡興宗謂沈約『爲人倫師表』，〔二〕過矣。」

〔二〕「爲」，傅山全書初版本脫，據手稿補。

「纘字伯緒」，「尚武帝第四女富陽公主。」硃筆眉批：「纘與武帝是中表弟兄，〔一〕如何便尚武帝之女？」

「恭、祇嘗預東宮盛集」，「纘曰：『下官從弟雖並無多，猶賢殿下之有衡、定。』舉坐愕然，其忤物如此。」墨筆眉批：「張纘無他才能，而一味驕傲，自當死。」

「纘懼不免，請爲沙門，名法緒。」硃筆旁批：「此是纘迎合詧好佛之意。」〔二〕

「及軍敗退，行至湕水南，防守纘者慮追兵至，遂害之。」硃筆於「遂害之」旁批：「天道。」硃筆眉批：「無端謀人兄弟，使此心行，那得不死？」墨筆眉批：「湕，居偃反。」

「書二萬卷，並搥還齊。珍寶貨物，悉付庫。以粽密之屬，還其家。」墨筆眉批：「搥，力展切，擔運物也。『粽密之屬』何物？『密』或是『蜜』。」

「奉喪還鄉，秋水猶壯。巴東有淫預，石高出二十許丈。」〔三〕墨筆眉批：「『淫預』即『灩澦』也。」

卷五十七

「初，武帝將還，田子及傅弘之等並以鎮惡家在關中，不可保信，屢言之。」硃筆旁批：「南北之不能混一，豈不喫此殺王鎮惡之虧！」

〔一〕「中表弟兄」，手稿作「中外弟兄」，疑筆誤，此據文義。
〔二〕「纘」，傅山全書初版本誤作「緍」，據手稿改。
〔三〕「許」，傅山全書初版本誤作「餘」，據批點底本改。

「林子按劍曰：下官今日之事，自爲將軍辦之。然二三君子或同業艱難，或荷恩罔極，以此退撓，亦何以見相公旗鼓邪！」硃筆眉批：「『相公』二字僅見此。」

「尋紹疽發背死。武帝以林子之驗，乃賜書嘉美之。」〔二〕墨筆眉批：「『以林子之驗』不成話。」

「帝至閿鄉，姚泓掃境内兵，屯嶢柳。」墨筆眉批：「嶢柳一作堯柳。」

「約十三而遭家難，潛竄，會赦乃免。」硃筆旁批：「此句尚涵胡。」

「興宗常謂其諸子曰：『沈記室人倫師表，宜善事之。』」墨筆眉批：「『人倫師表』四字，沈瘦當不起。」

「雲出語約，約曰：『卿必待我。』雲許諾。而約先期入，帝令草其事。」「先期入」旁墨筆批：「何也？」硃筆眉批：「同入豈不好，有何異意而背約先入？」

「自負高才，昧於榮利。」墨筆旁批：「前云少嗜欲。」

「約出謂人曰：此公護前，不讓卽羞死。」硃筆旁批：「是何言？」

「臺城陷，衆乃降景。」〔三〕墨筆旁批：「何說？」

卷五十八

「衆懼不敵，請表益兵，叡曰：賊已至城下，方復求軍。」墨筆旁批：「此城是何城？」

「魏攻陷城。」硃筆旁批：「所築。」

〔二〕「乃」，傳山全書初版本誤作「而」，據批點底本改。

〔三〕「衆」，傳山全書初版本誤作「泉」，據批點底本改。

「乘勝至叡城下，軍監潘靈祐勸叡退還巢湖諸將又請走保三丈。」墨筆旁批：「叡此城又是何城？寫得恁胡塗。」

「魏軍又夜來攻城。」硃筆旁批：「此城是前截洲爲城之城。」

「軍中驚，叡於城上厲聲呵之。」硃筆旁批：「可笑。」

「道根等皆身自搏戰，〔一〕軍人奮勇，呼聲動天地，無不一當百。」硃筆旁批：「使上了。」

「叡至安陸，增築城二丈餘，更開大塹，起高樓。」墨筆眉批：「增築城僅二丈餘，亦勞築耶？」

「初，叡起兵，鄉中客陰雙光泣止叡」云云。硃筆旁批：「前不曾說起兵之由。」

「鼎字超盛，少通曉，博涉經史，明陰陽逆刺。」硃筆眉批：「鼎見隋書藝術傳。」

卷五十九

「此故汝之休徵也，汝才行若此，豈長貧賤也。」硃筆於「故」字旁批：「顧。」〔二〕

「昉尤長載筆，〔三〕頗慕傅亮才思無窮，當時王公表奏無不請焉。昉起草旣成，不加點竄。〔四〕沈約一代辭宗，深所推挹。永元中，紆意於梅蟲兒，東昏中旨用爲中書郎。」硃筆眉批：「文士不檢舉

〔一〕「皆」，傅山全書初版本脫，據批點底本補。

〔二〕此條，傅山全書初版本脫，據手稿補。

〔三〕「載」，傅山全書初版本誤作「爲」，據批點底本改。

〔四〕「點」，傅山全書初版本誤作「黜」，據批點底本改。

動，僉緣如此。」硃筆於「紆意於梅蟲兒」旁批：「可惜此舉。」

「時人云『任筆沈詩』，昉聞，甚以爲病。」墨筆旁批：「亦有何可病？」

「東陵之巨滑，皆爲匍匐委蛇，〔一〕折支舐痔。」墨筆眉批：「析支，趙岐曰：按摩，析手節，解罷枝也。」

「故桓譚譬之於闤闠。」墨筆眉批：「選注引國策譚拾子之言，誣拾爲桓，遂居譚上耳。」

「想慧、莊之清塵，庶羊、左之徽烈。」硃筆改「慧」爲「惠」。〔二〕

「到溉見其論，抵之於地，終身恨之。」硃筆旁批：「此恨何爲？」

「及將之縣，昉贈詩曰：唯手見知，唯余知子」云云。墨筆眉批：「王僧孺有忽不任愁之詩曰：去秋客舊吳，今春投故越。」

「僧孺幼貧，其母鬻紗布以自業。嘗携僧孺至市，道遇中丞鹵簿，驅迫墜溝中。」墨筆眉批：「鹵簿，中丞亦可稱，今但施之至尊耳。」

「及在南徐州，友人以妾寓之，行還，妾遂懷孕。」墨筆眉批：「寓妾是中厚舉動，而遂有孕，亦未必卽僧孺淫。僧孺或只不辨耳。」「行還，妾遂懷孕」旁硃筆批：「何說？」又墨筆批：「婦人無不可。」

「僧孺答曰：古人當以石爲針，必不用鐵。」旁硃筆批：「難說。」

「或注隆安在元興之後，或以義熙在寧康之前。」硃筆旁批：「東晉安帝名德宗，初號隆安，又

〔一〕「皆」，傅山全書初版本誤作「此」，據批點底本改。

〔二〕此條，傅山全書初版本脫，據手稿補。

改元興，又改義熙。寧康是孝武帝號，孝武是安帝父。」

卷六十

卷六十至卷六十四之册封面墨筆批：「上頓，王僧辯傳，與世説『飲酒爲上頓』同字，而此義别。張彪妻楊，本裴仁林妻，因亂爲彪掠，卒死張難。不死裴而死張，再婚之人亦有節概。」

「時祖暅同被拘縶，廷明使暅作欹器漏刻銘。」硃筆眉批：「『暅』字最雜錯，不知是從亙從直，韻會補上聲阮韻中列晅字曰：或作暅。暅，谷遠切。與晅同聲，是從亙不從直矣。又曰：又元韻。又曰證韻，古鄧切。最混。廣韻二十阮有暅字，云況晚切，又古鄧切。此字可見自唐時已無的音。」

卷六十一

「及年長，在鍾離數爲劫盜。嘗援面覘人船，船人斫之，獲其左耳。」墨筆眉批：「『援面』是何謂？」

「陳伯之擁强兵在江州，非代來臣，有自疑之意。」墨筆眉批：「『非代來臣』，四字何義？」

「慶之陷其四壘、九城，兵甲猶盛。」後一句旁硃筆批：「如此句屬誰家？」

「須平其城壘。一鼓悉使登城。」墨筆旁批：「此謂滎陽城也。」

「軍副馬佛念言於慶之」云云，「威震中原，聲動河塞，屠灝據洛，則千載一時。」墨筆眉批：「梁何有於洛？慶之能據，梁亦不嗔。」

「陳暄傳」傳尾墨筆批：「可惜一酒徒，不死於酒而死於悖。」

「蘭欽字休明，中昌魏人也。」「在洛陽，恆於市騙槖駞。」墨筆旁批：「是言趫捷邪？寫得無味。」

卷六十二

「武帝大怒，召主書於前，口受敕責琛曰」云云。「琛奉敕但謝過而已。」墨筆眉批：「經學至此見矣。」

「侯景陷城，琛被創未死，賊求得之，轝至闕下，求見僕射王克、領軍朱异，勸開城納賊。」墨筆旁批：「不知何禮。」

「謙之雖小，便哀感如持喪，長不昏娶，齊永明中手刃殺幼方。」硃筆旁批：「爲父報。」

「幼方子𢥞於津陽門伺殺謙之。」〔二〕硃筆批：「爲父報仇。」

「兄巽之卽异父也，又刺殺𢥞。」硃筆旁批：「爲弟報仇。」

「沈約面試之，因戲异曰：卿年少，何乃不廉？」墨筆眉批：「朱异咏貧士詩：『觸途皆可試，〔三〕惟貧獨未安。窗開兩片月，霜足一重寒。藁溼鋪牀冷，荷脆補衣難。若言爲客易，推劍與君彈。』自云：我寒士也，被貧怕了之人，故愛財。然學問不可廢。」〔三〕

〔二〕「伺」，傅山全書初版本誤作「侍」，據批點底本改。

〔三〕此句中，傅山全書初版本將「途」字誤作「運」字，並於「試」字下衍一「口」字。均據手稿改。又傅山手稿於「皆」字下脫一「可」字，據先秦漢魏晉南北朝詩梁詩卷三十五補。

〔三〕「然」，傅山全書初版本脫，據手稿補。

「好飲食，極滋味聲色之娱。」硃筆旁批：「也是一樂。」

「雖朝謁，從車中必齎飴餌。」硃筆旁批：「此太塡茹。」

「初，武帝夢中原盡平」云云。硃筆眉批：「此夢故來嗔。」

「异納其金，而不停北使，景遂反。」北使旁硃筆批：「謂謝徐二使。」

「乃謂使曰：鄱陽王遂不許國家有一客！」硃筆旁批：「憨蠻。」

「少時將娉舅息女，未成昏而協母亡，免喪後，不復娶。年六十餘，此女猶未他適，協義而迎之。」墨筆眉批：「此女大賢。」

卷六十三

「王神念子僧辨。」硃筆旁批：「楊白華附此無謂。」

「王神念太原祁人也」，「仕魏，位潁川太守，與子僧辨據郡歸梁。」墨筆旁批：「便明白起。」

「僧辨字君才，學涉該博，尤明左氏春秋」云云。墨筆眉批：「如此等傳，不得大手筆明豁寫去，如何成文？」

「時有安成望族劉敬躬者，田間得白蛆，化爲金龜。將銷之，龜生光照室。」〔一〕硃筆旁批：「也怪事。」

「僧辨以竟陵間部下皆勁勇，猶未盡來，意欲待集，然後上頓。」墨筆眉批：「『上頓』猶言『頓上』耶？」

〔一〕「生」，傅山全書初版本誤作「先」，據批點底本改。

「皆泪下霑衿。」墨筆旁批：「史家輒必用此套話。」〔一〕

「及發鵲頭，中江而風浪。」墨筆旁批：「甚文？」又墨筆眉批：「『中江而風浪』成何語？」

「有䰡魚躍水飛空引導。」墨筆眉批：「『魚躍水飛空引導』是何語？」〔二〕「元年卽詔僧辯急下赴援。」硃筆改「年」爲「帝」。〔三〕

「男女裸露，袒衣不免。」硃筆旁批：「『不免』是何語？」

「尋而洪雅降納。」墨筆旁批：「『洪雅降納』不明白。」

「賊知不設備，其黨吳藏、李賢明等蒙楯直進，僧辨尚據胡牀，不爲之重動，指麾勇敢，遂斬賢明。」墨筆旁批：「如此文章，前後茫無正經。初云『賊知不設備』，口氣是賊當得勝者。而下乃云『指揮勇敢，迎斬賢明』。前『知』字，當云『賊以爲不設備』始成文理。」

「未昏，而僧辨母亡。雖然情好甚密，其長子顗屢諫不聽。」墨筆旁批：「『雖然』二句，文意不知欲何爲也。」

「與曾愔不平，密召侯瑱見禽。〔四〕僧愔以名義責瑱，瑱乃委罪於羊鯤斬之。」墨筆旁批：「文章大不濟。禽是禽誰？見字何爲？」

「初，其父祉恆使侃南歸。侃至是將舉濟、河以成先志」云云。硃筆旁批：「此處不如梁書傳中語。」

〔一〕「話」，傅山全書初版本誤作「語」，據手稿改。

〔二〕「導」，傅山全書初版本誤作「等」，據手稿改。

〔三〕此條，傅山全書初版本脫，據手稿補。

〔四〕「瑱」，傅山全書初版本誤作「瑣」，據批點底本改。

「其從兄兖州刺史敦密知之，據州拒侃。侃乃率精兵三萬襲之。」硃筆眉批：「羊敦何爲者？」

卷六十四

「子春雖無佗才行，臨人以廉潔稱，閨門混雜而身服垢汙，腳數年一洗，言每洗則失財敗事云。」「腳數年一洗」旁硃筆批：「蠻子爾乎！」

「以陳武帝既非素貴，及爲之本郡，以法繩其宗門。」硃筆旁批：「不成話。」〔一〕

「龕好飲酒，終日恆醉，勇而無略。」硃筆旁批：「前云善用兵矣，此又曰無略。」又硃筆眉批：「醉鬼。」〔二〕

「及至，帝以下吏，而使廷尉卿黄羅漢、太舟卿張載宣喻琳軍。」〔三〕墨筆眉批：「太舟卿何官？」

「元帝乃鎖琳送。」墨筆旁批：「不成句。」〔四〕

「忖官正疑琳耳。」墨筆眉批：「稱帝爲官。」

「張彪不知何許人」，「所養一犬名黄蒼，在彪前後未曾捨離。」墨筆眉批：「黄蒼。」

「有容貌，先爲河東裴仁林妻，因亂爲彪所納。」硃筆旁批：「不死裴而死張。」

〔一〕「話」，傅山全書初版本誤作「語」，據手稿改。
〔二〕硃筆眉批文字，傅山全書初版本脱，據手稿補。
〔三〕「喻」，傅山全書初版本誤作「慰」，據批點底本改。
〔四〕此條，傅山全書初版本脱，據手稿補。

卷六十五

「始興王叔陵字子嵩、宣帝之第二子也。」「性不飲酒，唯多置餚胾，晝夜食噉而已。」硃筆旁批：「俗謂之喫勞。」

「晉世王公貴人，多葬梅嶺，及彭氏卒，叔陵啓求梅嶺葬之，乃發故太傅謝安舊墓，棄去安柩，以葬其母。」硃筆眉批：「謝公遝喫此奴大虧。」

卷六十六

「子晉乃僞以小船住鰨而釣。」墨筆旁批：「好掌視。」[一]

「黃法𣰰字仲昭，巴山新建人也。」墨筆眉批：「𣰰，玉篇音巨俱切。廣韵𣰰字下不列此字。玉篇解毛席也，似卽氍字矣。」

卷六十七

「及陳武帝受禪，王綝立梁永嘉王蕭莊於郢州，徵瑒爲少府卿。」末句旁硃筆批：「不差。」

「周遣大將軍史寧乘虛攻之。瑒兵不滿千人，乘城拒守，周兵不能剋。」硃筆旁批：「是。」

「既而遣使奉表歸陳。」硃筆旁批：「此歸陳，於梁則負，而寄南不北，尚有主意在。」

[一] 此條，傅山全書初版本脫，據手稿補。

「居家頗失於侈。」硃筆眉批：「何必不失？」

「後主又題銘後四十字，遣左戶尚書蔡徵就宅宣敕鐫之。其詞曰：秋風動竹，烟水驚波」云云。〔二〕硃筆旁批：「也文得緊。」

「後主通於摩訶之妻。」墨筆旁批：「胡事如何得爾？」

「摩訶請弼曰：今爲囚虜，命在斯須，願一見舊主」云云，「入見後主，俯伏號泣。」墨筆旁批：「怒於閤職矣。」

「隋文帝聞摩訶抗答賀若弼」云云。墨筆旁批：「『抗答』何說？」

「忠曰：兵法客貴速戰，主貴持重」，「北軍雖來，勿與交戰，分兵斷江路，無令彼信得通。」硃筆旁批：「此時蠻奴還象個樣！」

卷六十九

卷六十九至七十二之册封面墨筆批：「司馬筠傳，議皇子慈母之服，梁武細繹經文，皆在儒生之上，大可觀也。丘巨源傳中附孔廣事：張緒數巾車詣之，每歎云：『孔廣使吾成輕薄祭酒。』其語本之劉眞長謂許度卿『復少時不去，我成輕薄京尹』。」

「姚察字伯審」，「父僧垣，梁太醫正。」墨筆眉批：「北史藝術傳有姚僧坦傳，死於隋初。」

「察自居顯要，一不交通。」墨筆眉批：「『一不交通』是何語？」

〔二〕「水」，傅山全書初版本誤作「火」，據批點底本改。

卷七十

「洽累歷名邑而居處不理，遂坐無車宅死，令吏衣棺之，此故宜罪貶，無論褒恤。」墨筆旁批：「何說？」

「皇帝飛碁，臣抗不能斷。」墨筆於「皇帝」旁批：「妙。」〔二〕

「後琅邪王秀之爲郡，與朝士書曰：『此郡承虞公之後，善政猶存，遺風易遵，差得無事。』以母老解職，除後軍將軍。」墨筆旁批：「敍王秀之語當在後，『以母老解職』接『無事』下，文不分明矣。」

「永明中有江夏李珪之字孔璋，位尚書右丞，兼都水使者。」硃筆眉批：「王思遠傳有都水使者李珪之，當卽此『李』之訛耳。」

「末年，頭生二肉角，各長一寸。」硃筆眉批：「『頭生肉角』何說？」

卷七十一

「齊建元中，上書勸封禪。」墨筆旁批：「來了。」〔三〕

「晒自以名輩素在遠前，爲吏俱稱廉白，遠累見擢，晒循階而已，意望不滿，多託疾居家。」墨

〔二〕此條，傅山全書初版本脫，據手稿補。

〔三〕此條，傅山全書初版本脫，據手稿補。

筆旁批：「鄙哉！」

「二則嫡妻之子無母，使妾養之」云云。墨筆眉批：「看蕭老公讀禮之細。」

「嘗夢與皇侃遇於途，侃謂曰：『鄭郎開口。』侃因唾灼口中，自後義理益進。」墨筆眉批：「皇侃唾鄭灼口中，可謂唾餘。」

卷七十二

「祖冲之子暅之。」墨筆眉批：「冲之、暅之皆以制器作曆，見文學傳。」

「仲孚聰明有智略，羣盜畏服，所行皆果，故亦不發。」墨筆旁批：「『皆果，故亦不發』句不快。」

「孝武令朝士善曆者難之，不能屈。會帝崩，而施行。」墨筆改「而施行」爲「而未施行」。

「時有北人索馭驎者亦云能造指南車，〔二〕高帝使與冲之各造，使於樂游苑對共校試，而頗有差僻，乃毁而焚之。」墨筆旁批：「是焚那個？」

「敕希鏡注郭子。」墨筆眉批：「郭子何書？」

「吳均字叔庠，吳興故鄣人也。」「均文體清拔，有古氣，好事者或斆之，謂爲吳均體。」墨筆眉批：「西陽雜俎，庾子山作詩用西京雜記事，旋自追改曰：此吳均語，恐不足用也。」

〔二〕「者」，傅山全書初版本脫，據批點底本補。

卷七十三

劉瑜傳末墨筆批：「瑜是事母生沒稱孝者。董楊三世同居事與孝小異，而以一『又』字連，極可笑。」

「味之嘗避地墮水沈沒，進之投水極救，相與沈淪，久而得免。」硃筆旁批：「久而得免，進之獨免耶？並味之亦免耶？」

「丘傑字偉跱，吳興烏程人也。十四遭喪，以熟菜有味，不嘗於口。歲餘忽夢見母曰：死止是分別耳，何事乃爾荼苦」云云。墨筆眉批：「如此是死後有知。」

「震字彥文，新野人。喪父母，居貧無以葬，賃書以營事，至手掌穿，然後葬事獲濟。」墨筆眉批：「手卽賃書，何至掌穿？」

「渢妹適江祏弟禧，與祏兄弟異常。」硃筆旁批：「『異常』是何等語？」

「叔夜年十六爲新野太守，甚有名績，補遙光諮議參軍」云云。墨筆眉批：「遙光實不足與死之物。」

「吏部郎庾杲之嘗往候，頤之爲設食，唯枯魚菜葅。杲之曰：我不能食此。」墨筆旁批：「二十七種之人不食枯魚菜葅，何意？」

卷七十四

「武帝曰：梁有天下，遂不見此人。」墨筆於「天下」旁批：「何所謂？」〔一〕

卷七十五

「特進顔延之等當時名士十許人入山候之，見其散髮被黄布帊，席松葉。」墨筆眉批：「帊，普駕切。」

「兄亡，仍帳施靈。蚊甚多，通夕不得寢，而終不遂侵螫。」末句旁墨筆批：「是何語？」墨筆眉批：「『終不遂侵螫』，是何説？」

「歡上表進政綱一卷。」硃筆旁批：「多事了！」

「子良使景翼禮佛，景翼不肯。子良送十地經與之，景翼造正一論。」墨筆眉批：「不肯禮佛，是有所見，而正一論則又似渾同。」

卷七十六

「叔父璠之與顔延之友善，還袪蒙山立精舍講授，伯珍往從學。」墨筆旁批：「文句好沒來頭！」

〔一〕此條，傅山全書初版本脱，據手稿補。

「二年，伯珍移居之。」墨筆旁批：「此『二年』何來？」

「白雀一雙棲其戶牖，論者以爲隱德之感焉。」墨筆旁批：「可笑！」

「豫章王辟議曹從事，不就。家甚貧窶，弟兄四人皆白首相對，時人呼爲四皓。」墨筆眉批：「弟兄四人，白首相對，悲哉！」

「孝緒七歲出繼從伯胤之，胤之母周氏卒，遺財百餘萬應歸孝緒，孝緒一無所納，盡以歸胤之姊琅邪王晏之母，聞者咸歎異之。」「王晏之母」旁墨筆批：「是其姑。」又墨筆眉批：「事意同謝弘微。」

「色豔桃李，質勝瓊瑤。」硃筆於「桃李」旁批：「不成話。」[一]

「末年以蔬食斷酒，其恆供養石像先有損壞，心欲補之。」墨筆旁批：「不知何像？」

「道人、道士並在門中，道人左、道士右。」墨筆眉批：「道人是僧。」

「蔡仲熊嘗問仕何所至。了自不答，直解杖頭左索繩擲與之，莫之解。仲熊至尚書左丞，方知言驗。」硃筆眉批：「繩、丞同音邪？」

「先是，琅邪王筠至莊嚴寺，寶誌遇之，與交言歡飲。至亡，敕命筠爲碑。蓋先覺也。」[二]墨筆眉批：「誌公尚須碑文，何也？」

「庾詵字彥寶，新野人也。」「遇火，止出書數簣坐於池上。」墨筆眉批：「簣，玉篇、廣韻：古紅切，笠也。于書字義違。」

[一] 此條，傅山全書初版本脫，據手稿補。

[二] 「蓋」，傅山全書初版本誤作「益」，據批點底本改。

「乘舟從沮中山舍還，載米一百五十石。有人寄載三十石。及至宅，〔一〕寄載者曰：君三十斛，我百五十斛。」墨筆旁批：「無賴之常。」

「遇刺史陳伯之叛」，「伯之得其母郭，以蠟灌殺之。孝秀遣妻妾，入匡山修行學道。」硃筆眉批：「如何識殺母之罪？」

「王親祖道，幷贈篇什，隱者美之。」硃筆又去末句，並墨筆旁批：「厭！」

「豈其放情江海，取逸丘樊？不得已而然故也。」硃筆旁批：「亦非知音。」

卷七十七

卷七十七至八十之册封面墨筆批：「鷫字。趙鬼食鴨鷫，見茹法珍傳末，此卽所謂西京賦之趙鬼也。」

「及至，莫不喜悅，以兼太常丞撰立儀注。」墨筆於「喜悅」旁批：「是何語？」〔二〕

「爰執權日久，上在蕃，素所不憎。及景和世，屈辱卑約，爰禮敬甚簡，益銜之。」墨筆眉批：「『素所不憎』與下文『益銜之』文義不稱。」〔三〕

「明寶、幼欲取其日向曉，佃夫等勸取開門鼓。」墨筆旁批：「『欲取』兩字何謂？」〔四〕

〔一〕「至宅」二字，傅山全書初版本誤作「舍」，據批點底本改。

〔二〕此條，傅山全書初版本脫，據手稿補。

〔三〕此條中兩「憎」字，傅山全書初版本均誤作「悦」，據批點底本與手稿改。

〔四〕此條，傅山全書初版本脫，據手稿補。

「帝素不悅寂之，見輒切齒。寂之既與佃夫等成謀」云云，「帝見寂之至，引弓射之，不中，乃走。寂之追殺之。」墨筆眉批：「一場快事。」

「初，惠開在益州，土反，被圍危急。」墨筆旁批：「『土反』是何謂？」〔二〕

「喜公稽顙流血乃止。自此以後，權寄彌隆，典籤遞互還都，一歲數反，時主輒與閒言，訪以方事。」硃筆旁批：「『乃至』下接『自此後權寄彌隆』，文義不甚相關。」

卷七十八

「憍陳如心悅，南至盤盤。」墨筆旁批：「盤盤是名，此又以爲國。」

「孝武孝建二年，斤陁利國王釋婆羅那鄰陁遣長史竺留陁及多獻金銀寶器。」墨筆旁批：「此條前云『干陁利國』，既有之矣。」

「琳著高屐，披貂裘。」墨筆眉批：「慧琳相尔俗惡。」〔三〕

卷七十九

「滑國者，車師之別種也。」「其獸有師子、兩脚駱駝。」墨筆眉批：「兩脚，不知何物。」

〔二〕此條，傅山全書初版本脫，據手稿補。
〔三〕此條，傅山全書初版本脫，據手稿補。

卷八十

「因謂左右黄慧弼曰：我昨夢天下太平，爾其識之。」硃筆旁批：「好夢！」

「舍人傅岐曰：侯景以窮歸義，棄之不祥。」硃筆旁批：「胡塗了，何不云逕殺卻以爲貞陽也？」〔二〕

「募敢死士，厚衣袍鎧，名曰僧騰客。」墨筆眉批：「僧騰是何名？」

「邵陵王綸、柳仲禮甚於讐敵，臨城公大連、永安侯確逾於水火。」墨筆根批：「『甚于仇敵、逾于水火』是何等史？」

「初，景既平建鄴，便有篡奪志，以四方須定，〔三〕故未自立。」硃筆又去「平」字，並硃筆眉批：「『平』字如何下得！」

「王偉固執不可，乃禪位於棟。」硃筆旁批：「此處如何用『禪位』字？」

「醜徒數萬，同共吹脣唱吼而上。」硃筆眉批：「『吹脣唱吼』是何語？」

「牀上常設胡牀及筌蹄，著靴垂脚坐。」墨筆眉批：「『垂脚坐』有何異？」

「及聞義師轉近，猜忌彌深，牀前蘭錡自遶，然後見客。」墨筆眉批：「『蘭錡』不解是何等物。」

「留異，東陽長山人也，世爲郡著姓。異善自居處，言語醖籍，爲鄉里雄豪。多聚惡少。陵侮貧賤，守宰皆患之。」硃筆眉批：「醖藉如何爲雄豪，又多聚惡少也？」

〔二〕「云」，傅山全書初版本脱，據手稿補。

〔三〕「以」，傅山全書初版本誤作「及」，據批點底本改。